LA FRANCE EN ÉTHIOPIE

HISTOIRE
DES
RELATIONS DE LA FRANCE
AVEC
L'ABYSSINIE CHRÉTIENNE

SOUS LES RÈGNES DE LOUIS XIII ET DE LOUIS XIV
(1634-1706)

D'après les Documents inédits des Archives du Ministère des Affaires Étrangères

PAR

Le Vte DE CAIX DE SAINT-AYMOUR

AVEC UNE CARTE

PARIS
CHALLAMEL AINÉ, ÉDITEUR
LIBRAIRIE ALGÉRIENNE ET COLONIALE
5, rue Jacob, 5

1886

LA
FRANCE EN ÉTHIOPIE.

OUVRAGES DU MÊME AUTEUR :

Mémoire sur l'origine de la ville et du nom de Senlis. — Senlis, 1863. — In-8°.

La question de l'enseignement des langues classiques et des langues vivantes. — Paris, 1866. — In-8°.

La langue latine étudiée dans l'Unité Indo-Européenne. — *Histoire, Grammaire, Lexique.* — Paris, 1868. — 1 vol in-8°.

La grande voie romaine de Senlis à Beauvais et l'emplacement de Litanobriga. — Senlis, 1873. — In-8°, 2 cartes.

Note sur un temple romain découvert dans la forêt d'Halatte. — Paris, 1874. — In-12.

Indicateur de l'archéologue et du collectionneur — (publié avec M. G. de Mortillet). — Paris, 1872-74. — 2 vol. in-8°, 280 fig.

Etude sur quelques monuments mégalitiques de la vallée de l'Oise. — Paris, 1875. — In-8°, 50 fig.

Notice sur des tombes découvertes dans le cimetière de Mont-l'Evêque (Oise). — Senlis, 1876. — In-8°, fig.

Un sceau du prieuré de Bray-sur-Aunette. — Senlis, 1875. — In-8°, fig.

Le Musée archéologique, *recueil illustré de monuments*, etc., publié avec la collaboration d'archéologues français et étrangers. — Paris, 1876-77. — 2 vol. grand in-8°, fig.

Annuaire des sciences historiques. — Paris, 1877. — 1 vol. in-12.

Les Pays Sud-Slaves de l'Austro-Hongrie (*Croatie, Slavonie, Bosnie, Herzégovine, Dalmatie*). — Paris, 1883. — In-18 jésus, 58 gravures.

Notice sur Hugues de Groot (*Hugo Grotius*), suivie de lettres inédites. — Paris, 1884. — In-8°.

Les intérêts français dans le Soudan Ethiopien. — Paris, 1884. — In-18 jésus, 3 cartes.

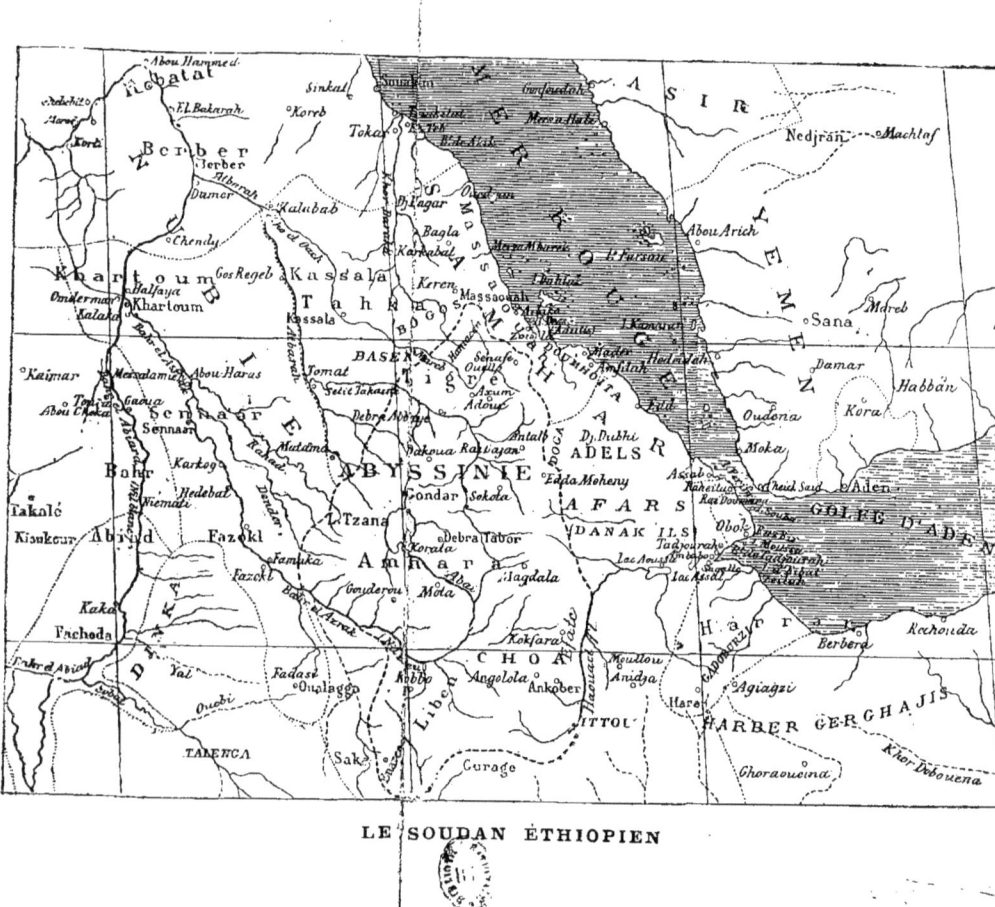

LE SOUDAN ÉTHIOPIEN

LA FRANCE EN ÉTHIOPIE

HISTOIRE
DES
RELATIONS DE LA FRANCE
AVEC
L'ABYSSINIE CHRÉTIENNE
SOUS LES RÈGNES DE LOUIS XIII ET DE LOUIS XIV
(1634-1706)

d'après les Documents inédits des Archives du Ministère des Affaires Étrangères

PAR

Le Vte DE CAIX DE SAINT-AYMOUR

AVEC UNE CARTE

PARIS
CHALLAMEL AINÉ, ÉDITEUR
5, RUE JACOB, 5

1886

A M. J. GIRARD DE RIALLE

Ministre Plénipotentiaire,
Chef de la Division des Archives
au Ministère des Affaires Étrangères.

Mon cher ami,

Il y a bientôt un quart de siècle que nous nous connaissons. Si cette vieille amitié, née de communes études et entretenue par une bonne et cordiale sympathie réciproque, ne suffisait pas à m'autoriser à mettre votre nom en tête de ce petit livre, je devrais du moins ce souvenir à l'obligeant Directeur des Archives du Ministère des Affaires Étrangères.

Grâce à la bienveillance de la Commission des Archives diplomatiques et aux facilités que vous m'avez données, le riche dépôt qui vous est confié m'a été ouvert dans des conditions particulièrement agréables. En attendant que j'essaie d'en tirer quelque travail plus intéressant, permettez-moi de vous dédier cet opuscule, faible témoignage de ma reconnaissance et de mes sentiments affectueux.

Vte AM. DE CAIX DE SAINT-AYMOUR.

Paris, mai 1886.

AVANT-PROPOS

I

Les trois études dont la réunion forme ce petit volume sur « *la France en Ethiopie* » ont eu pour point de départ les recherches auxquelles j'ai dû me livrer aux Archives du Ministère des Affaires Étrangères pour écrire mon opuscule sur « *les Intérêts français dans le Soudan Ethiopien* », paru en juillet 1884 (1). En remontant aux origines du sujet que je traitais alors, je constatai qu'il existait de nombreux documents encore inédits et relatifs aux rapports qui avaient subsisté au XVIIe siècle entre la France et l'Abyssinie. Je vis, en outre, que ce qui avait été publié à ce

(1) Paris, Challamel aîné, éditeur.

propos dans quelques recueils spéciaux était rempli d'erreurs, que le rôle joué par le principal agent de la France dans ces négociations avait été presque partout complètement dénaturé, et enfin que la noble victime de la catastrophe qui avait si tragiquement terminé les tentatives faites par Louis XIV pour entrer en communication régulière avec l'Ethiopie, n'avait même pas sa place dans les Biographies générales. Je résolus donc d'utiliser ces documents mis gracieusement à ma disposition, avec la permission de la Commission des archives diplomatiques, par mon excellent et savant ami M. J. Girard de Rialle, directeur des Archives au Ministère des Affaires Etrangères. C'est ainsi que je fus amené à composer l'étude que son ordre chronologique a placée la troisième dans ce volume et qui traite des « relations de la France et de l'Ethiopie sous le règne de Louis XIV. »

Pour le travail que j'ai intitulé : « Un prince Ethiopien à la Cour de France », j'ai eu moins à emprunter aux Archives du quai d'Orsay ; je crois néanmoins que cette étude peut présenter quelque intérêt en donnant, d'après les documents les plus authentiques, le récit d'une aventure singulière sur laquelle j'espère avoir pu jeter quelque lumière, ou du moins avoir recueilli des renseignements qui fourniront le moyen à d'autres plus habiles de faire cette lumière plus complète.

Enfin, j'ai fait précéder ces deux études d'une sorte d'introduction permettant de jeter un rapide coup d'œil sur « les premières relations de l'Ethiopie avec l'Europe chrétienne » jusqu'au commencement du XVIIe siècle.

II

Le présent volume donne donc en abrégé l'histoire des rapports de la Chrétienté avec l'Empire des Négous jusqu'au XVIIIe siècle. Il constitue pour ainsi dire la première partie d'un travail d'ensemble dont les « *Intérêts français dans le Soudan Ethio-*

pien » formeraient la seconde partie. J'avais même eu d'abord l'intention d'introduire dans « *la France en Ethiopie* » une seconde édition complétée des « *Intérêts français dans le Soudan Ethiopien* » ; mais j'ai dû renoncer à ce projet dont la mise à exécution aurait donné à mon volume une ampleur vraiment démesurée.

Peut-être réaliserai-je plus tard ce projet sous la forme d'un livre spécial qui résumera l'histoire contemporaine des acquisitions des nations européennes dans la mer Rouge; mais le moment ne me paraît pas encore venu pour l'historien de s'occuper de cette question : la parole est pour l'instant aux politiques et aux diplomates. J'avoue d'ailleurs qu'il me serait impossible de considérer avec le sang-froid nécessaire les empiètements quotidiens de l'Angleterre et de l'Italie dans ces parages. Depuis deux ans, en effet, la dernière de ces puissances a fait de notables progrès sur le littoral abyssin : avec la connivence de la Grande-Bretagne, toujours prête à nous susciter des rivaux et disposée à donner — à d'autres qu'à nous — ce qui ne lui appartient pas, quand elle est impuissante à le garder elle-même, les Italiens ont occupé Massouah et une partie du pays d'Arkiko, prenant ainsi pied d'une façon inquiétante dans l'Ethiopie septentrionale. Nous avons, il est vrai, dans le même temps, exercé les droits que nous tenions de traités antérieurs sur Obock et le golfe de Tadjourah, et nous nous sommes ainsi assurés, à côté de la colonie italienne d'Assab, notre entrée sur le Choa et l'Ethiopie méridionale. Ne serait-il pas temps de faire de même au Nord, et d'occuper l'île de Dessi et la baie d'Adulis qui sont à nous et qui nous ouvriraient une porte sur le Tigré et l'Amhara ? Ainsi nantis de deux gages précieux, nous pourrions considérer d'un œil plus indifférent les projets peu dissimulés de nos avides voisins sur l'Empire des Négous, et l'Abyssinie, rassurée par notre présence qu'elle sait bien n'être nullement menaçante pour son indépendance, pourrait résister plus sérieusement à l'ambition sans scrupules de l'Italie.

Nous ne comprenons pas que notre gouvernement puisse hésiter à planter le drapeau français sur Adulis, *territoire français*. Que craint-il ? Des traités authentiques, reconnus par l'Italie et l'Angleterre elle-même, cèdent cette baie à la France. Veut-il attendre que le non-usage de notre droit le fasse tomber tellement en oubli que nos rivaux finissent par le considérer comme définitivement abandonné ? Prenons-y garde : ce qui est facile aujourd'hui et ne coûterait rien au pays peut devenir demain impossible et ruineux. Nous avons assez gaspillé notre empire colonial — l'avenir de notre richesse et l'espoir de notre race — pour nous montrer plus soucieux de conserver ce qui nous en reste. Que l'on songe bien à ceci : Etablir aujourd'hui à Zoulla (Adulis) quatre hommes et un caporal, c'est se maintenir à peu de frais une porte ouverte sur tout le Soudan Oriental, c'est-à-dire sur un pays où vivent des millions d'hommes qui bientôt entreront dans le grand courant économique de la consommation universelle ; il faut donc occuper ce point, non seulement parce que notre honneur nous en fait une loi, mais encore parce que notre intérêt bien entendu nous en fait une nécessité.

III

Je reviens à mon sujet dont m'a quelque peu éloigné une préoccupation patriotique que je n'ai pu dissimuler. Je n'ai plus, du reste, qu'un mot à dire, et ce sera pour m'expliquer très loyalement sur un point que j'ai à cœur d'élucider.

Je ne voudrais pas, en effet, qu'un seul de mes lecteurs pût penser, quelles que soient d'ailleurs mes sympathies ou mes antipathies personnelles, que j'aie pu mettre quelque partialité dans mes jugements sur le rôle des Ordres religieux dans les rapports de la France avec l'Ethiopie au XVIIe siècle. En ouvrant les volumes de documents qui ont servi de base à mon travail, j'ignorais complètement quelle attitude les Jésuites ou les

Franciscains avaient pu avoir dans toute cette affaire, et je ne savais même pas qu'ils y eussent été mêlés, de près ou de loin. On se tromperait donc étrangement si l'on cherchait ici autre chose qu'une étude d'histoire, faite avec toute la sérénité d'esprit, sinon avec tout le talent nécessaire. « *In primisque hominis est propria Veri inquisitio atque investigatio* », dit quelque part Cicéron (1). Cette recherche du vrai m'a toujours paru la seule raison d'être, j'allais dire la seule excuse de l'histoire.

Si j'ai dû parfois flétrir les intrigues de certains Ordres religieux, c'est qu'elles m'ont paru, à la lumière des documents irréfutables dont je me suis servi, blâmables, anti-chrétiennes et anti-françaises ; et je n'ai pas besoin d'assurer que je n'ai pas voulu ici écrire un pamphlet rétrospectif : le choix du sujet aurait été tout au moins singulier et j'aurais pu facilement en trouver de plus actuels.

« La première loi de l'histoire est de ne

---

(1) Offic., I, iv, 13.

pas mentir : la seconde, de ne pas craindre de dire la vérité ; et en outre, que l'histoire ne prête au soupçon ni de flatterie, ni d'animosité. »

Historiens libres-penseurs ou croyants pourraient prendre pour devise ces belles paroles du Pape actuellement régnant, Léon XIII, et elles me serviraient au besoin de justification, si la sévérité de certains jugements portés dans ce petit livre, sur les agissements des Ordres religieux mêlés aux événements qu'il raconte, blessait quelques lecteurs prévenus ou de parti pris.

I

INTRODUCTION

PREMIÈRES RELATIONS DE L'ÉTHIOPIE AVEC L'EUROPE CHRÉTIENNE

INTRODUCTION

PREMIÈRES RELATIONS DE L'ÉTHIOPIE AVEC L'EUROPE CHRÉTIENNE

L'histoire du pays que nous appelons aujourd'hui l'Abyssinie, et dont le véritable nom devrait toujours être l'Ethiopie (1), est fort obscure à ses origines, et nous n'avons pas à nous y arrêter dans ce travail. Il nous suffira de dire que d'après la chronique des rois d'Axum, le principal monument de cette histoire, la Reine de Saba, qui régnait sur le Tigré actuel et les deux rives de la mer Rouge, ayant entendu parler de la sagesse du roi des Juifs, Salomon, alla lui

(1) Le nom d'Abyssinie qui, d'après M. Noël des Vergers (UNIVERS PITTORESQUE, *Abyssinie*, p. 5), viendrait de Habesch (Habesch dont les Portugais ont fait Habeschi, puis Abexim), peuple mélangé, ou mieux, d'après M. Raffray (*Abyssinie*, 1880, p. 11), peuple sans généalogie, — semble une injure aux Abysssins modernes et n'est pas usité par eux. Ils s'appellent eux-mêmes du nom de leurs différents royaumes ou provinces : Amharites, Tigréens ou, d'une manière plus générale, « Caschtam » qui signifie *Chrétiens*; mais leurs livres les désignent sous le nom d'Ethiopiens.

faire visite. Séduite par la splendeur du grand roi, elle abandonna le culte des astres pour celui du vrai Dieu, et son admiration ayant fait place à un sentiment plus tendre, elle en eut un fils qu'elle appela Ménélik, qui réunit sous son sceptre toutes les tribus éparses de l'Ethiopie et leur imposa la nouvelle religion. Nous ne savons presque rien de l'histoire de ce peuple jusqu'au iv° siècle après Jésus-Christ, époque où nous apprenons par la légende de saint Frumence, premier apôtre d'Ethiopie, et par une lettre de l'Empereur Constance adressée au roi Aeizana, et à Saiasana, son frère, la conversion au christianisme des Ethiopiens qui embrassèrent sous Justinien la doctrine d'Eutychès et l'ont conservée jusqu'à nos jours.

Pendant les siècles qui suivirent jusqu'à Mahomet, les rois d'Ethiopie furent maîtres ou suzerains de toute l'Arabie méridionale; mais leur décadence commença avec l'apparition de l'Islamisme. Nous n'avons pas à faire ici l'historique des luttes que soutinrent alors les chrétiens d'Ethiopie contre les Mahométans, ni celle de la révolte qui plaça sur le trône pendant onze règnes des xi°, xii° et xiii° siècles une famille issue de la colonie juive de Samen et qui força la dynastie Salomonienne à se réfugier dans le Choa où elle se maintint jusqu'à sa restauration vers l'année 1225 (1).

(1) Voir, pour tous les détails de cette histoire ancienne de

Les relations entre l'Ethiopie et l'Europe chrétienne commencèrent seulement vers le milieu du xv⁰ siècle, en 1439, époque à laquelle l'Empereur Zara Jacob envoya au Concile de Florence deux religieux du couvent que depuis longtemps ses prédécesseurs entretenaient à Jérusalem pour servir de refuge à ceux de ses sujets qui allaient visiter le tombeau du Christ. C'est sans doute cette ambassade d'un caractère tout religieux, qui amena à la cour du Négous un peintre vénitien, Francisco di Branca-Leone, dont la présence est signalée en Ethiopie quelques années plus tard et qui mourut dans ce pays après y avoir longtemps vécu.

Quoi qu'il en soit, ces rapports isolés n'auraient sans doute pas eu de suite, si les Portugais, ces intrépides explorateurs de l'Inde et de l'Afrique au xv⁰ et au xvi⁰ siècles, n'avaient cru devoir profiter du désir que le légendaire « prêtre Jean (1) » semblait avoir de reprendre des relations avec ses coreligionnaires européens, pour lui envoyer des ambassadeurs en 1490. L'un de ces ambassadeurs, Affonso de Peïra, mourut en voulant gagner l'Ethiopie par terre. L'autre, nommé Pedro de Covilham, fut plus

---

l'Ethiopie, J. Bruce, *Voyage en Nubie et en Abyssinie*, trad. de l'Anglais (Paris, 1790), in-4⁰ ; l'Univers Pittoresque (Paris, Didot, 1847), *op. cit.*, et dans la même collection, le *Portugal*, par Ferd. Denis, *passim*.

(1) C'est ainsi qu'au moyen âge les géographes désignaient le roi fabuleux de l'Ethiopie chrétienne.

heureux, et il arriva (par mer dans les Etats de l'Empereur, Iskander (Alexandre), petit-fils de Zara Jacob, dont il reçut un accueil favorable. Mais ce souverain — mettant déjà en pratique cette politique d'isolement qui s'est traduite jusqu'à nos jours par le refus des princes abyssins d'admettre auprès d'eux des missions diplomatiques permanentes — interdit à Pedro Covilham de retourner en Europe, tout en le traitant bien, du reste, et en lui permettant de correspondre avec son roi. L'envoyé portugais profita habilement de ce séjour forcé pour se rendre de plus en plus favorable l'empereur éthiopien et lui donner une haute idée de la puissance des rois de Portugal.

Aussi, lorsque, quelques années plus tard, le sultan Sélim eut conquis l'Egypte, et son vizir, Sinan-Pacha, occupé les côtes de la péninsule arabique et Souakim, sur le littoral africain, l'Impératrice Hélène, veuve d'Alexandre, et régente pendant la minorité de son petit-fils David III, après la mort de l'Empereur Naod, eut la pensée de demander assistance au souverain du Portugal. Il est probable que le bruit qu'avaient fait les conquêtes des Portugais dans les Indes fut aussi pour beaucoup dans cette détermination. Toujours est-il qu'Hélène chargea un marchand arménien, nommé Mathieu, qui commerçait en Ethiopie, de se rendre à Lisbonne et d'obtenir — en échange d'une cession de territoire — le secours des flottes portugaises contre les Mahométans, qui infestaient tout le littoral éthiopien.

Mathieu eut toutes les peines du monde à éviter d'être pris par les Arabes, et ayant enfin réussi à s'embarquer, il se rendit d'abord dans l'Inde. Là, il fut en butte aux tracasseries du vice-roi d'Albuquerque qui le retint pendant plusieurs années et qui ne lui permit de quitter Goa pour Lisbonne qu'en 1513. Au contraire, l'envoyé éthiopien fut bien accueilli par le roi Emmanuel, trop habile politique pour ne pas profiter de cette circonstance si favorable aux intérêts de son royaume, et il repartit, ramenant avec lui une ambassade pour le Négous (1). Malheureusement l'ambassadeur portugais, Galoan, mourut en chemin, et ce fut seulement le 16 avril 1520, que la flotte portugaise commandée par Lopez de Segueyra parut devant l'île de Massouah. L'ambassade du roi Emmanuel se composait d'une quinzaine d'Européens (2), sous la conduite de Roderigo de Lima, en remplacement de Galoan. Il y avait alors plus de dix ans

---

(1) Il existe, parmi les manuscrits de la collection d'Inguimbert, à la bibliothèque de Carpentras, plusieurs documents relatifs à la mission de Mathieu en Europe (n°s 480, 564, etc.), et notamment des « *Interrogationi fatte a Matteo, ambasciatore del Preste-Gian a papa Paolo terzo delle cose pertinenti allo stato Ecclesiastico, etc.* »

(2) Parmi ces Européens se trouvait un chapelain, Francisco Alvarez, qui nous a laissé de ce voyage un curieux récit : *Historiale description de l'Ethiopie*. (Anvers, 1558, in-8°.)

que l'arménien Mathieu avait quitté l'Ethiopie !

Après quelque temps passé auprès du « Baharnagach » ou « seigneur de la mer », sous le gouvernement duquel était placé le littoral éthiopien, les deux ambassadeurs quittèrent la côte pour aller trouver le Négous, qui se trouvait alors dans le sud de son empire où il guerroyait contre les païens Gallas. Mais le pauvre Mathieu, épuisé par les fatigues de ses longs voyages, mourut au monastère de Bisan, avant d'avoir pu arriver auprès de son souverain.

Roderigo de Lima passa près de six ans en Ethiopie, et, malgré ses demandes réitérées pour obtenir congé, il n'en serait peut-être pas plus sorti que son prédécesseur Pedro Covilham si une caravane chrétienne qui se rendait au pèlerinage de Jérusalem n'avait pas été massacrée par les Musulmans. Ce fâcheux incident, joint à une recrudescence des attaques de la part des infidèles, engagea l'Empereur David à renvoyer en Europe l'ambassadeur portugais et à accepter les offres d'alliance intéressées de son frère de Lisbonne. Roderigo de Lima s'embarqua donc enfin à Massouah, au mois d'avril 1526, en compagnie d'un envoyé du Négous, pour aller solliciter le secours dont celui-ci avait besoin.

Mais cette singulière manière de comprendre le droit des gens et de respecter l'inviolabilité des ambassadeurs ne semble pas avoir été du goût des princes européens, car l'appel du Négous paraît, cette fois, n'avoir pas été entendu et David eut bientôt à regretter la façon singulière dont ses prédécesseurs et lui-même comprenaient les immunités diplomatiques.

En effet, une année ne s'était pas écoulée depuis le départ des Portugais, qu'un chef musulman de Zeylah, le fameux Mohamed Gragné ou le Gaucher, nominalement soumis à l'Empereur d'Ethiopie, commença contre lui une guerre qui devait durer vingt-six ans et qui mit plusieurs fois la race de Salomon à deux doigts de sa perte.

Depuis l'arrivée des Mahométans sur le littoral africain de la mer Rouge, ils avaient fait des progrès inquiétants dans les parties basses de l'Empire du Négous, sans pénétrer cependant dans la grande forteresse du plateau éthiopien; néanmoins, leurs chefs s'étaient toujours reconnus vassaux de l'Empereur chrétien. Mais lorsque Mohamed Gragné, muni des armes nouvelles dont l'invention fut le résultat de la découverte de la poudre à canon, eut déployé l'étendard du Croissant, tous les petits chefs musulmans de la côte d'Adel et de la basse Ethiopie se joignirent à lui, ainsi qu'un certain nombre de rebelles appartenant à la religion du Christ. David III, mal préparé à résister à cette attaque, et réduit à un armement suranné, — fut battu en diverses rencontres, et bientôt poursuivi de province en province, plus démoralisé après chaque campagne annuelle, il n'évitait une complète destruction que par suite de la nature du sol de son pays qui lui permettait de se dérober à une action décisive (1).

C'est alors qu'il pensa de nouveau à demander du secours aux Portugais, et il profita de la mort de l'Abouna ou patriarche d'Ethiopie, pour essayer de sauver sa couronne, en intéressant la chrétienté à sa conservation. L'Abouna étant alors à la nomination du Négous (2), il désigna pour cette haute dignité ecclésiastique un Portugais nommé Juan Bermudès, venu comme médecin avec l'ambassade de Roderigo de Lima, et qui, resté auprès de David, lui avait rendu de grands services et était devenu son favori.

Juan Bermudès, bien qu'il ne fût pas dans les ordres, accepta le patriarchat, mais à la condition, peut-être posée d'accord avec l'Empereur, que son choix serait confirmé par le Pape, et qu'il recevrait, à Rome même, l'investiture ecclésiastique. Il partit donc pour l'Europe, chargé, cela va sans dire, pour la cour de Portugal, d'une

---

(1) Davidis, Æthiopiæ regis, legationes ad Clementem, Papam VII, etc., *Bononiæ*, 1533, in-4º.

(2) L'Abouna est l'évêque, le chef purement spirituel du clergé. Seul, il ne peut se marier, et l'usage veut qu'il soit étranger. A côté de l'Abouna se trouve un autre fonctionnaire, l'Etchéquié, qui est le chef temporel du clergé, et qui doit toujours être choisi parmi les indigènes. L'Abouna et l'Etchéquié ont tous deux également le pouvoir d'excommunier. Voir RAFFRAY, *L'Abyssinie*, Paris, Plon, 1880, p. 306.

mission que les progrès menaçants de Mohamed Gragné rendaient de plus en plus urgente.

Bermudès, arrivé à Rome en 1538, y fut naturellement bien accueilli par le pape Paul III qui, après lui avoir donné les ordres mineurs et majeurs, le sacra non seulement Abouna d'Ethiopie, mais encore patriarche — *in partibus infidelium* — d'Alexandrie. Le nouveau prélat se rendit ensuite à Lisbonne où il fut également bien reçu par le roi Jean III, qui reconnut ses nouvelles qualités et lui remit une lettre pour le vice-roi des Indes. Cette lettre enjoignait au vice-roi d'envoyer le plus tôt possible une flotte dans la mer Rouge au secours de l'Empereur d'Ethiopie et de débarquer à Massouah 400 soldats portugais pour aider ce prince à vaincre Mohamed Gragné. Muni de cet ordre, Bermudès se hâta de s'embarquer pour Goa, où il arriva en 1539.

Ce ne fut cependant que deux ans après, en 1541, que la flotte portugaise des Indes parut à l'entrée de la mer Rouge, sous le commandement du vice-roi Etienne de Gama, qu'accompagnait le nouvel Abouna. Après avoir fait une démonstration devant la ville de Zeylah, capitale de Mohamed Gragné — où il perdit 60 hommes, imprudemment descendus à terre et tombés dans une embuscade — Gama franchit le détroit de Bab-el-Mandeb, s'empara d'Arkiko, près de Massouah, et tua le gouverneur musulman de cette ville, Nour, dont il envoya la tête à l'impératrice-mère

Sabel Weughel, qui se trouvait alors dans le Tigré. En effet, l'empereur David était mort pendant le voyage de Juan Bermudès, et il avait été remplacé par son jeune fils, nommé Claudius.

Ayant ainsi une porte ouverte sur l'Ethiopie, le vice-roi des Indes y fit entrer un petit corps d'un millier de Portugais, sous le commandement de son frère Christophe de Gama; et cet excellent officier eut bientôt la gloire, en mars 1542, de battre pour la première fois, à Aïval, l'invincible Mohamed Gragné, qui fut blessé dans l'action. Malheureusement le chef musulman prit bientôt sa revanche, et, quelques jours après, Christophe de Gama, abandonné lâchement au milieu d'un combat par ses auxiliaires éthiopiens qu'effrayaient, dit-on, le bruit de la mousqueterie de leurs alliés européens, fut fait prisonnier et décapité par les ordres de Gragné. Les débris du petit corps qu'il commandait restèrent néanmoins au service du Négous Claudius, et contribuèrent puissamment à consolider son pouvoir et à chasser les infidèles du territoire éthiopien. Ce fut un de ces soldats portugais qui, dans un combat livré en 1543, eut le bonheur de tuer le terrible Mohamed Gragné et de mettre ainsi fin à cette lutte sanguinaire qui durait depuis un quart de siècle et qui avait failli rayer l'Ethiopie de la carte des nations chrétiennes.

La paix rétablie, les aventuriers européens ne quittèrent pas le pays qu'ils venaient de délivrer, mais, au contraire, ils y prirent femme et constituèrent peu à peu une caste turbulente qui eut une part active à tous les désordres, à toutes les discordes intestines dont le pays fut dans la suite le théâtre. De son côté, le patriarche Juan Bermudès, s'étant rendu insupportable par son orgueil et son intolérance, fut bientôt après exilé au pays de Kaffa, au sud du Choa, d'où il parvint à s'échapper et à gagner Massouah, puis de là Goa, où il arriva en 1556 (1). Dans cette fuite, il ne fut accompagné que par une dizaine de ses compatriotes ; les autres aimèrent mieux rester en Ethiopie où ils s'étaient fait une seconde patrie, et cela — chose bien remarquable pour ce temps — malgré les excommunications que le patriarche exilé avait lancées contre l'Empereur et ses sujets ; puis, peu à peu, ayant abandonné tout rapport direct avec l'Europe, ils disparurent et se fondirent complètement dans la population indigène.

Le renvoi du patriarche Bermudès eut pour résultat un changement de politique du Négous et un retour aux vieilles traditions d'isolement qui, jusqu'à nos jours, ont empêché l'Ethiopie chrétienne d'arriver au développement auquel semblerait devoir la faire parvenir rapidement son ancienne civilisation et l'intelligence remar-

---

(1) Juan Bermudès mourut à Lisbonne, vers 1575, et laissa sur l'Abyssinie une *Relation* qu'il dédia au roi Don Sébastien, son bienfaiteur, successeur de Jean III.

quable de plusieurs de ses souverains. David III et son fils Claudius avaient, en effet, recherché l'amitié des Portugais contre leurs ennemis musulmans ; mais quand, avec leur aide, ils se furent débarrassés des hordes de Mohamed Gragné, leurs vieux préjugés religieux contre le catholicisme latin et la cour de Rome reprirent le dessus, et poussés, d'ailleurs, par le fanatisme de leurs sujets et du clergé national, restés fidèles aux doctrines d'Eutychès, ils rompirent toute relation officielle avec l'Europe civilisée.

Cette rupture ne fut pas telle cependant, qu'une mission catholique ne pût venir, en 1558, s'établir au Tigré. Mais, bien qu'elle eût été accueillie sans hostilité apparente — peut-être à cause de l'appui que lui donnaient les Portugais restés dans le pays — elle n'obtint aucun résultat sur les indigènes et elle disparut bientôt au milieu de l'indifférence générale. En 1597, on fait encore mention d'un prêtre de Goa qui vint alors apporter les secours de son ministère aux derniers survivants restés catholiques romains de l'expédition faite, cinquante ans auparavant, sous la conduite de Christophe de Gama. Mais toutes ces tentatives isolées n'avaient aucune importance politique.

Il était réservé aux Jésuites de rouvrir momentanément l'Ethiopie chrétienne à l'influence de l'Europe ; mais là comme partout — et notamment en Chine et au Japon — ils ne surent pas faire profiter leur ordre des premiers avantages qu'ils avaient remportés et ils compromirent par leur orgueilleuse intolérance les intérêts de la civilisation dont ils avaient été d'abord les courageux initiateurs.

Un Père de cette Compagnie, Pierre Paëz, né en Espagne vers 1564, résolut, en effet, d'aller évangéliser l'Éthiopie. Après avoir échoué dans une première tentative et être resté pendant plusieurs années captif des Arabes, il réussit enfin à prendre terre à Massouah au mois de mai 1603, et à se faire accueillir dans le monastère de Frémona, au Tigré, où il resta enfermé pendant près d'un an, étudiant sans relâche la langue Ghéez, qu'il parvint à posséder avec une perfection rare même chez les indigènes instruits. L'Empereur Jacob (ou Sertza-Denghel), ayant entendu parler de lui par un de ses officiers portugais, l'invita à venir le trouver, mais cet empereur étant mort dans l'intervalle, c'est à son successeur, Jacob (ou Za-Denghel) que Paëz fut présenté au mois d'avril 1604, dans un lieu appelé Dancas. Le lendemain de cette présentation l'Empereur voulut que Paëz disputât avec des prêtres indigènes, et il fut tellement frappé par les éloquents discours du Jésuite qu'il résolut d'embrasser la religion catholique et qu'il le dit à Paëz sous le sceau du secret. Il écrivit en même temps au Pape et au Roi d'Espagne, leur demandant des instructeurs pour son peuple. Le zèle du Négous fit transpirer ses intentions, malgré toute la prudence de Paëz ; une révolte éclata parmi les principaux seigneurs, et Za-Denghel, abandonné par une partie de son armée, périt dans une bataille livrée aux rebelles dans la province de Godjam, le 13 octobre de la même année.

Deux des princes vainqueurs se disputèrent alors le trône ; l'un, Hasse Yakoub ou Jacob, dont nous retrouverons le nom dans la seconde étude de ce volume, l'autre, Melek-Seghed ou Socinios, dont nous avons à nous occuper maintenant. En effet, c'est ce dernier prétendant qui l'emporta sur son rival, et c'est lui qui continua la filière des Négous éthiopiens.

Au moment où cette lutte rapide se terminait, le P. Paëz était dans le Tigré ; Socinios, bien que jusque-là fidèle au rite abyssin, mais fasciné par la supériorité reconnue du jésuite européen, l'appela immédiatement auprès de lui et le combla de faveurs : il donna aux Jésuites une grande terre à Gorgora, dans le Dembea, et leur permit d'y bâtir un couvent. Il se fit aussi construire par le P. Paëz dans le même pays un palais à l'européenne, et il lui permit (1618) d'aller visiter les sources du Nil éthiopien (l'*Astapus* des anciens) et d'étudier toutes les curiosités de la contrée.

Cependant l'Empereur, qui avait embrassé en secret le catholicisme, n'osait renoncer publiquement à l'hérésie eutychéenne à laquelle il savait, par l'expérience de son prédécesseur, que ses sujets étaient fortement attachés ; il déclara néanmoins par un écrit qu'il punirait quiconque ne ferait pas profession de croire qu'il y avait deux natures en Jésus-Christ, la nature divine et la nature humaine confondues dans une seule personne et pourtant distinctes entre elles. C'était ruiner d'un seul coup la croyance des monophysites éthiopiens dont la religion reposait précisément sur la croyance que la nature divine absorbait et annihilait complètement dans le Christ la nature humaine. Aussi, un sourd mécontentement commença-t-il à régner dans l'Empire, et quand le Négous eut interdit l'antique repos du sabbat, le samedi, et l'eût remplacé par le repos dominical à la mode des Latins, de grands soulèvements éclatèrent partout. Socinios, en effet, ne s'attaquait plus là seulement à une question obscure de théologie, mais à une véritable tradition nationale, conservée de siècle en siècle par ce peuple qui, comme nous l'avons vu plus haut, prétend tenir son antique civilisation d'un essaim d'Israël venu au pays des Sabéens avec le premier Ménélik.

Socinios alors jeta le masque et, ayant vaincu les rebelles, il fit publiquement profession de catholicisme (1622) à Axum même, avec son frère, son premier ministre et tous les nobles attachés à sa cour. Païz, ayant reçu l'abjuration du souverain, retournait à Gorgora en chantant le cantique de Siméon, lorsqu'il fut saisi d'une fièvre violente et mourut entre les bras de son confrère Antonio Fernandez, le 20 mai 1622 (1). Privé des avis de ce sage conseiller, l'Empereur commença à persécuter cruellement ceux de ses sujets qui persistaient à rester fidèles à la doctrine d'Eutychès. Malheureusement le successeur de Paëz, le P. Affonso Mendez, jésuite portugais sacré en 1625 à Lisbonne patriarche d'Ethiopie, était loin d'avoir l'habileté et la prudence de son prédécesseur. Dès qu'il fut arrivé, en compagnie d'un nombreux renfort de missionnaires, il encouragea Socinios dans sa féroce persécution contre les dissidents ; et quand ce prince, effrayé des révoltes que soulevaient sa conduite, se montra disposé à montrer plus de tolérance, le patriarche s'éleva violemment contre les tendances plus pacifiques que laissait voir l'Empereur et lui reprocha avec hauteur sa modération.

Cette conduite de l'Abouna ne fut pas du goût de Socinios, habitué à trouver moins de résistance à ses volontés, et rendu fort inquiet

---

(1) Le P. Paëz a composé en Amharique un *Traité des mœurs des Abyssins* ; il a traduit dans la même langue un *Traité de la doctrine chrétienne*. On a de lui plusieurs lettres dans les *Litteræ annuæ*. Il laissa, en outre, un ouvrage mss. sur l'Abyssinie de 1555 à 1622, dont une partie, celle qui a rapport à la découverte du Nil abyssin, a été donnée par Kircher, dans son *Œdipus Ægyptiacus*, puis traduite en français et imprimée à la suite de la version d'un opuscule de Vossius, sous le titre de : *Dissertation touchant l'origine du Nil*, etc. Paris, Billaine, 1667, in-4º de 92 p.

d'ailleurs par les progrès des Gallas païens qui, profitant des dissensions des chrétiens, faisaient depuis quelque temps de victorieuses incursions dans les provinces méridionales de l'Ethiopie; aussi, ayant quelque temps après éprouvé un grave échec contre ses sujets révoltés, il permit à son fils Facilidas de lui transmettre leurs doléances, et celui-ci lui exprima avec tant de chaleur combien était désastreuse pour sa puissance une pareille lutte contre ses sujets, même quand ses armes étaient victorieuses, qu'il se décida à faire des concessions. Il rendit donc, par un édit, à ses sujets eutychéens la liberté religieuse en mettant sur un pied d'égalité les monophysites et les catholiques latins. Ce décret, qui ruinait ses espérances, exaspéra le fanatique Mendez et lui inspira des démarches empreintes d'une telle insolence qu'elles produisirent un effet tout contraire à celui qu'il s'en promettait. Aussi, le 14 juin 1632, Socinios, secouant définitivement le joug du jésuite patriarche, rétablit l'ancien rite éthiopien comme religion d'Etat, et, fatigué de la lutte qu'il avait soutenue dans sa puissance et dans ses sentiments intimes, il résigna le pouvoir et abdiqua en faveur de son fils Facilidas, qui avait eu le courage de lui ouvrir les yeux sur les dangers que faisait courir sa politique fanatique à la race de Salomon (1).

(1) Socinios mourut dans la retraite, le 7 septembre de cette même année 1632.

Facilidas ne perdit pas un moment et ordonna l'expulsion du patriarche et des missionnaires latins, dont la présence était un danger permanent pour la tranquillité publique ; et pour rompre plus complètement avec le souvenir de toutes ces dissensions intestines, il abandonna l'antique capitale, Axum, et transporta le siège de son gouvernement dans une nouvelle ville qu'il fonda à Gondar.

La Compagnie de Jésus, alors comme aujourd'hui, savait se plier aux circonstances et faire des concessions quand la réussite était encore possible à ce prix, quitte à se montrer intraitable quand, se sachant irrévocablement condamnée, elle trouvait avantageux de se donner au moins le mérite de la persécution et du martyre. Fidèle à ce principe de son ordre, Mendez et ses collaborateurs offrirent d'abord de se soumettre à certaines conditions, espérant au moins être autorisés à rester en Éthiopie et pouvoir plus tard profiter de quelque circonstance favorable pour reprendre l'influence qu'ils avaient si imprudemment perdue par leur faute. Mais ils avaient à faire à un prince semi-barbare, sur lequel l'habile casuistique des jésuites avait peu de prise, et assez intelligent, d'ailleurs, pour comprendre qu'après ce qui s'était passé, le patriarche n'aurait qu'un désir, celui de prendre sa revanche. Du reste, l'Empereur, aussi bien que ses sujets, ne pouvaient oublier tout le mal que leur avait causé la présence de ces étrangers envahissants, et le décret d'exil fut maintenu. Tout ce que les missionnaires purent obtenir, ce fut un sursis dont ils profitèrent immédiatement pour rejoindre un gouverneur de province qui s'était révolté contre Facilidas, et pour envoyer en Espagne un émissaire chargé de solliciter le secours du roi catholique, et de lui offrir, en échange de son intervention, l'empire d'Ethiopie. Mais ils n'eurent pas le temps d'attendre une réponse qui, d'ailleurs, ne vint pas, car le *Ras* auprès duquel ils s'étaient réfugiés ayant fait sa paix avec le Négous, ils furent trop heureux d'être reconduits sains et saufs à Massouah, d'où le pacha turc leur permit de se rendre en Europe (1).

Tous les missionnaires portugais ne quittèrent pas cependant l'Ethiopie en même temps que le patriarche Mendez; plusieurs, plus audacieux ou moins clairvoyants, restèrent cachés dans le pays, et périrent tour à tour misérablement, victimes de la juste colère du Négous contre la félonie de leur chef. On a conservé le nom de Gaspare Paëz, mis à mort le 25 avril 1635 (2), et celui du dernier d'entre ces religieux, Bernard Voguezra, qui fut pendu publiquement par ordre de Facilidas, vers la fin du règne de ce prince.

---

(1) Nous verrons plus loin comment cette île de la mer Rouge était depuis peu tombée aux mains des Musulmans.
(2) On a de lui plusieurs lettres dans les *Litteræ annuæ*, de 1624 à 1626.

Depuis cette époque, le séjour du pays fut absolument interdit à tous les missionnaires, et le souvenir de la néfaste influence qu'avaient eu sur leur développement national les jésuites du xviie siècle, rendit pendant deux cents ans l'accès de l'Ethiopie presque impossible aux voyageurs. Le peuple y était, en effet, plus hostile encore que ses souverains aux étrangers et surtout à ceux qu'animaient l'esprit de prosélytisme religieux. Nous en avons eu la preuve dans ce fait qui nous est rapporté par le révérend Gobat, missionnaire protestant contemporain, qu'au commencement du xviiie siècle, l'empereur usurpateur Oustas fut renversé du trône pour avoir voulu défendre contre le peuple de Gondar, des Pères Dominicains qui avaient eu l'audace de s'aventurer jusque-là ; plus tard. sous David IV, trois capucins furent encore lapidés par la populace.

Un voyageur français fut le seul Européen qui put, dans le courant du xviie siècle, pénétrer en Ethiopie, et il fut même possible de croire un instant qu'il parviendrait à renouer entre ce pays et l'Europe chrétienne, et cela au profit de la France, les relations si malheureusement interrompues par suite de l'esprit d'envahissement et d'intolérance des missionnaires portugais.

Mais avant de raconter cette tentative de la politique française, il nous faut revenir un peu en arrière et faire le récit d'une aventure assez singulière qui, dans les dernières années du règne de Louis XIII, avait attiré un moment l'attention de l'Europe occidentale sur les affaires de l'Ethiopie.

II

UN PRINCE ÉTHIOPIEN A LA COUR DE FRANCE

1634-1638

UN PRINCE ÉTHIOPIEN A LA COUR DE FRANCE

1634-1638

I

Nous avons vu plus haut (p. 15) que l'empereur Sertza-Denghel ou Malac-Segued, — petit-fils de Claudius, qui régna 33 ans et mourut en 1596 — avait eu pour successeur son neveu Za-Denghel, fils de son plus jeune frère Lezara Christos.

Sertza-Denghel avait cependant deux fils naturels, dont l'un, nommé Jacob, ou Hasse-Yakoub, prince de Naria, lui était particulièrement cher et avait été traité jusque-là comme héritier présomptif (1). Mais, quelles que fussent ses qualités, ce jeune prince n'avait que sept ans à la mort de son père, et le sage Négous avait sacrifié sa tendresse pour son fils à ce qu'il croyait être l'intérêt de l'Etat.

Cependant cette décision ne fut respectée ni par la veuve de Sertza-Denghel qui voulait assurer l'Empire à son fils, ni par les grands vassaux de la couronne qui préféraient voir sur le

---

(1) Les fils naturels étaient, en Abyssinie, parfaitement aptes à succéder à la couronne. (BRUCE, *op. cit.*, II, p. 256.)

trône un faible enfant qu'un homme énergique, capable de les maintenir dans le devoir. Ils s'emparèrent donc par surprise de Za-Denghel avant même qu'il eût pu prendre possession du pouvoir suprême, et ils envoyèrent une troupe de soldats pour arrêter Socinios, fils naturel de Facilidas, petit-fils de David III, et par conséquent cousin issu de germain de Za-Denghel.

Socinios étant, avec Za-Denghel, le seul membre adulte de la famille impériale, ils voulaient le mettre hors d'état de contrecarrer leurs desseins.

Malheureusement pour eux, leur double coup de main ne réussit pas. Za-Denghel s'échappa presque aussitôt de l'île de Deck, située dans le lac Tzana, où il avait été emprisonné, et il se réfugia dans les montagnes impénétrables du Godjam; puis, une fois en sûreté, il s'empressa de recruter des partisans et il en trouva un grand nombre; d'un autre côté Socinios, prévenu à temps, put gagner sans encombre un de ses apanages où il était hors de toute atteinte.

Les conjurés n'en firent pas moins couronner solennellement le petit Jacob et gouvernèrent l'Ethiopie sous son nom pendant tout le temps que dura sa minorité. Mais quand le jeune prince fut arrivé à l'âge d'homme, et qu'il s'aperçut que ses tuteurs n'avaient d'autre but que de se servir de son nom pour satisfaire leur ambition et voulaient le réduire au rôle de Négous fainéant, il secoua le joug, bannit au loin les principaux d'entre eux et prit d'une main ferme les rênes du gouvernement.

Cette conclusion inattendue ne pouvait convenir aux anciens protecteurs de Jacob; et bientôt, désespérant de faire revenir ce jeune prince à des sentiments plus favorables à leurs visées ambitieuses, ils résolurent de rappeler au trône Za-Denghel qu'ils en avaient chassé, pensant que peut-être il serait de meilleure composition que Jacob, et voulant, dans tous les cas, se venger de celui-ci en le renversant.

Dans l'état d'anarchie où se trouvait alors l'Ethiopie, en proie au régime féodal le plus dissolvant, la réussite de ce nouveau complot ne présentait pas de difficultés insurmontables; et bientôt Jacob, abandonné de tous, fut arrêté dans sa fuite et livré à son rival, qui, plus humain peut-être que les mœurs de son pays, ne lui fit subir aucune mutilation (1) : on se contenta de l'exiler dans le lointain et sauvage royaume de Naria, au milieu des montagnes du Kaffa.

Lorsque Za-Denghel eut péri à la bataille de Bartcho dans le Godjam le 19 octobre 1604, sous les coups de ses sujets révoltés à la suite de sa conversion à l'Eglise romaine, Socinios, son cou-

---

(1) On coupait, en pareil cas, au prétendant que l'on voulait rendre incapable de régner, le nez, une oreille, la main ou le pied; parce que suivant les lois éthiopiennes nul ne pouvait parvenir à la royauté ou à la prêtrise, s'il n'avait tous les membres bien intacts.

sin, sortit de sa retraite à la tête d'une armée peu nombreuse, mais toute dévouée à sa cause et parfaitement disciplinée, et vint réclamer la couronne. Il négocia en même temps avec les grands vassaux dont plusieurs avaient déjà envoyé des messagers à Jacob pour le tirer de son exil. Dès que ces messagers eurent appris à Jacob la mort de Za-Denghel et lui eurent annoncé que la grande majorité des seigneurs éthiopiens le demandaient pour roi, il accourut aussi vite que le lui permit la distance et les difficultés du chemin, et la guerre commença aussitôt entre les deux compétiteurs. Les forces de Jacob étaient beaucoup plus nombreuses que celles de son rival; elles comprenaient en outre le corps de Portugais armés d'arquebuses qui depuis le règne de David faisaient toujours pencher en Ethiopie la balance des combats; mais Socinios suppléait à l'infériorité numérique de ses troupes et à leur armement insuffisant, par une habile tactique et par une entente de la guerre vraiment remarquable. Il parvint à diviser les armées de son adversaire, en surprit une partie qu'il détruisit complètement, et enfin il attaqua Jacob lui-même qui avait imprudemment rassemblé le gros de ses forces au fond d'une étroite vallée, — à Lébart — dans une situation qui ne lui permettait pas de profiter des avantages que lui donnait sa supériorité numérique. La victoire de Socinios fut décisive, car son rival disparut tué dans le combat où périt en même temps l'Abouna Petros, qui avait pris parti contre lui. Melek-Segued — c'est le nom que lui donnaient les Abyssins — fut donc reconnu Négous par tous les Ethiopiens, et commença un règne qui devait durer plus d'un quart de siècle et qui fut marqué, comme nous l'avons vu plus haut, par de terribles guerres religieuses.

II

La disparition de l'empereur Jacob ou Hasse Yacoub à la bataille de Lébart n'avait pas débarrassé Socinios de tout souci, s'il faut en croire les documents très discutables, mais dont, faute de mieux, nous sommes obligés maintenant de nous servir (1).

(1) Le principal de ces documents est une rarissime plaquette in-4° dont voici le titre complet : *Les Estranges événemens du voyage de son Altesse le Sérénissime prince Zaga-Christ d'Ethiopie, du Grand Empire des Abyssins, issu de la lignée de David et de Salomon, fils de l'Empereur Jacob, appelé communément le Preste Ian, avec la defaicte de l'Empereur Iacob, et la foitte de ses deux enfans, Cosme et Zaga-Christ*, escrits par le Sieur de Réchac, le Ieune (Le P. Jean de Sainte-Marie, d'après BRUNET : *Manuel du libraire*, Table Méthod., n° 28420). A Paris, chez Lovis Sevestre... MDCXXXV. 63 p. pet. in-4°. — L'ouvrage dont nous nous servirons le plus, après celui-ci, est intitulé : *Les imposteurs insignes*, par Jean-Baptiste de Rocolès, historiographe de France et de Brandebourg. Amsterdam, chez Abraham Wolfgang, 1683. 1 vol. in-12. « Le faux Zaga-Christ roy d'Ethiopie » se trouve à la p. 387 et est précédé d'un portrait de fantaisie. — Il y a une autre édition de Bruxelles (in-12, 1728), contrefaçon criblée de fautes ridicules.

D'après ces documents, Yakoub laissait deux fils qui séjournaient en ce moment à Aïch, dans une île du lac Tzana (1). Le vainqueur n'eut naturellement rien de plus pressé que de s'assurer de la personne de ces deux jeunes princes; mais ceux-ci, avertis immédiatement de la catastrophe par un message de leur mère Nazarena, et devinant les intentions de leur ennemi, prirent les devants et, se partageant l'or et les pierreries qu'un fidèle serviteur, nommé Zaslace, venait de leur apporter de la part de la Reine, ils se hâtèrent de fuir ; pour plus de sécurité et pour mieux dépister leurs persécuteurs, ils se divisèrent : Cosme, l'aîné, alors âgé d'environ dix-huit ans, se dirigea vers le Midi et l'on n'entendit plus dès lors parler de lui; Zaga-Christ, le plus jeune — il avait environ seize ans — tourna, au contraire, vers le Nord, et se dirigea vers Sennaar. C'est en 1629, vers la fin de l'été, qu'eurent lieu, dit-on, cette séparation et ce départ (2).

Zaga-Christ était accompagné d'une troupe composée d'environ cinq cents fidèles serviteurs,

---

(1) Suivant Bruce, la bataille dans laquelle Yakoub perdit la vie eut lieu le 10 mai 1607. Le récit de Réchac place cet événement en 1628. Nous ne nous chargeons pas de mettre d'accord ces contradictions que l'incertitude de la chronologie éthiopienne suffirait peut-être à expliquer.

(2) Je ne sais sur quelle autorité M. Parisot dans la *Biographie Michaud* fait arriver Cosme, à travers l'Afrique, jusqu'au cap de Bonne-Espérance. S'il y était parvenu, on en aurait eu certainement des nouvelles.

parmi lesquels un certain nombre de religieux; quarante chameaux portaient ses bagages et son trésor.

Il parvint, non sans difficultés, à gagner le royaume de Fungi, autrement dit de Sennaar, dont le souverain, quoique païen, était tributaire de l'Abyssinie. Ce prince s'appelait Orbat.

Il traita d'abord favorablement le jeune fugitif, espérant sans doute tirer parti de cette circonstance pour consolider et augmenter sa propre puissance. Ce qui le prouve, c'est qu'il lui proposa, au bout de quelque temps de séjour, d'épouser sa fille, lui promettant, s'il acceptait, de lui donner son assistance pour retourner en Éthiopie et combattre Socinios. Mais Zaga, par le conseil de ses amis, refusa cette alliance, à moins que la jeune princesse ne se fît chrétienne. Le roi païen, outré de dépit, en présence de cette injure, modifia alors complètement son attitude vis-à-vis de son hôte, et lui refusa nettement le passage à travers son territoire. Il lui extorqua, en outre, une somme de 500.000 écus d'or, suivant Réchac, ou 400.000 sequins, d'après Rocolès.

Heureusement pour l'infortuné Zaga-Christ, il avait conservé d'affectueuses relations avec le fils d'Orbat, appelé Ganem, jeune homme à peu près de son âge, et avec un ancien renégat chrétien, nommé Salem, devenu lieutenant ou vice-roi du roi de Fungi dans une province voisine. Ce Salem essaya aussi d'exploiter à son profit la présence du jeune prince éthiopien; il lui proposa donc de lever cinq mille soldats parmi ses vassaux personnels et de l'aider à sortir par la force des Etats d'Orbat, à la condition qu'il lui donnerait le royaume de Bécla (?) quand il serait remonté sur le trône d'Ethiopie.

Zaga, n'ayant pas le choix des moyens, accepta ce marché, et ayant réussi à échapper à l'étroite surveillance dont il était l'objet, il rejoignit Salem qui avait pris les devants; puis, tous deux allèrent sommer un autre vassal des Négous nommé Sumpsir, de se joindre à eux. Mais celui-ci résista, et tout en repoussant victorieusement leur attaque, dans laquelle Zaga-Christ fut blessé d'une flèche aux reins, il dépêcha vers Socinios pour l'avertir de ce qui se passait. Salem, alors, se retira à Bécla pendant que Zaga, abandonnant ses projets de retour en Ethiopie, se rendait à Souakim, d'où il espérait gagner le Caire. Mais le pacha turc de Souakim, étant alors en guerre avec les tribus arabes du désert situé au nord de cette ville, dissuada Zaga de tenter le passage de ce côté et lui conseilla de retourner vers Orbat. Bien que ce parti lui parût aussi difficile à prendre que dangereux à exécuter, le jeune prince éthiopien fut bien obligé de s'y résoudre, faute de mieux. « Ainsi, dit Réchac (page 27), le prince Zaga-Christ partit de Suachem et vint à deux journées du lieu où le roy Orbat faisoit sa résidence; de là il enuoya de ses gens portans lettres tant de sa part que du Bacha de Suacquem, qui requéroient pardon d'auoir attenté contre son estat, et alléguoient pour excuses du souslèvement d'armes qu'il auoit fait contre luy, que Salem, de son propre mouvement, s'estoit offert à ce remuement, voire l'auoit sollicité d'accepter en ce point son seruice. Par les mesmes dépêches, il le supplioit d'auoir esgard aux atteintes du désespoir qui saisissent un prince de telle naissance comme il estoit, se voyant fugitif, à la mercy des ennemys dans les plus infortunés désastres que peut souffrir la noblesse d'un cœur et d'un courage royal, et qu'ainsi pardonnant aux extrémitéz qu'il ressentoit dans ces mal-heurs, il luy voulut donner passage par ses terres pour prendre le chemin du Grand Caire... »

Quelqu'invraisemblable que fût cette preuve de longanimité de la part d'un roi barbare justement offensé, Zaga obtint le passage et des guides pour l'accompagner à travers les terres d'Orbat. Il dut ce résultat, d'après son narrateur officiel, à l'intervention de la reine et de Ganem, fils d'Orbat.

Pendant que ceci se passait, Socinios, prévenu, comme nous l'avons vu, par Sumpsir, envoyait en toute hâte vers Orbat, pour s'emparer de Zaga, un corps d'armée commandé par un rénégat vénitien nommé Lombardo ; mais ce rénégat, se souvenant des bonnes relations qu'il avait eues antérieurement avec le prince fugitif et touché de son infortune, envoya un chrétien copte l'avertir de la mission dont il était chargé et retarda de deux jours son arrivée, de sorte que Zaga ne fit savoir à Orbat son retour vers Fungi, que lorsque Lombardo, ne l'ayant point trouvé, en fût reparti bredouille pour retourner vers son maître.

Zaga reprit donc sa route vers l'Egypte. Nous ne suivrons pas le prince exilé à travers les trois déserts successifs qu'il dut franchir pour parvenir au Caire ; nous avons hâte d'y arriver avec lui pour abandonner enfin le romanesque récit de Réchac, récit impossible à contrôler, et nous trouver en présence de faits que des documents historiques viennent appuyer.

Réchac, dans la narration, d'apparence fort vraisemblable, d'ailleurs, du voyage de son héros depuis le Fungi jusqu'en Egypte, prétend que Zaga-Christ perdit la plupart de ses gens dans ce périlleux trajet ; d'après lui, cent cinquante d'entre eux auraient abandonné leur maître dans le désert, découragés par le manque d'eau et les fatigues excessives qu'ils avaient à endurer, et quinze autres auraient péri, écrasés par l'éboulement d'une citerne pendant une halte. Le prince fugitif n'arriva donc au Caire qu'avec une trentaine de compagnons d'infortune, et démuni de presque tout son bagage et de ses trésors qui, pour comble de malheur, lui avaient été volés par un chef arabe sur les terres duquel il avait dû passer.

III

Il fut néanmoins accueilli dans la capitale de l'Egypte comme prince et fils de Négous, par tous les Coptes en résidence dans cette ville. Chose plus importante encore pour lui et plus intéressante pour ce récit, le Pacha turc lui-même le reçut au château avec tous les honneurs dus au rang qu'il s'attribuait.

Ceci me paraît bon à remarquer, car nous ne sommes plus ici en présence d'un récit plus ou moins romanesque, mais bien de faits précis qui ont été contrôlés par tous les habitants du Caire et par tous les Européens, assez nombreux, qui déjà à cette époque commerçaient dans cette ville sous l'autorité de leurs consuls.

Après avoir pris quelque repos dans la capitale de l'Egypte, Zaga se remit nuitamment en chemin avec une quinzaine de serviteurs seulement ; les autres demeurant au Caire, malades ou trop fatigués pour continuer leur voyage. Huit missionnaires Récollets, qui allaient en Terre-Sainte, se joignirent à lui pour traverser le désert, et ils arrivèrent ensemble à Jérusalem au commencement du carême de l'année 1632.

Le prince descendit au couvent des Abyssins de Jérusalem dont les religieux reconnurent sa qualité ; mais il vit bientôt qu'il avait plus d'avantages à devenir catholique qu'à rester copte, et il prit prétexte de la cérémonie du feu sacré qui se faisait le samedi saint, pour élever des doutes sur sa foi et témoigner au gardien des Récollets de Jérusalem le désir qu'il avait d'être instruit dans la religion romaine. Il se fit donc catéchiser par ce religieux et demanda à être reçu dans la communauté latine. Mais les Récollets le refusèrent, de crainte que cette conversion éclatante ne leur attirât quelque désagrément.

Ils savaient, en effet, que les religieux abyssins, préoccupés des tendances que marquait leur prince, avaient déjà porté plainte au Cadi et au Pacha. Ses serviteurs commençaient aussi à murmurer : le bruit de son départ pour l'Europe où on leur avait fait croire qu'ils courraient les plus grands dangers, soit à cause du climat, soit par le fait des corsaires qui infestaient les mers qui y conduisaient, décida la plupart d'entre eux à prendre parti contre lui ; et quand les religieux Récollets se déterminèrent, pour mettre à l'abri cette précieuse conquête, à le faire partir secrètement pour Nazareth où ils avaient un couvent de leur ordre, et qui était alors sous la domination d'un émir, nommé Fechradin, complètement indépendant du Pacha turc de Jérusalem, — leur hostilité ne connut plus de bornes.

Zaga-Christ resta enfermé dans ce couvent depuis le second jeudi d'après Pâques jusqu'au mois de septembre 1632, et il y apprit à parler, lire et écrire l'italien, et quelque peu le français. Mais s'il était là à l'abri des revendications violentes de ses coreligionnaires et des autorités turques, il fut en butte aux obsessions d'une caravane arménienne de passage, qui venait de solenniser la Pâque à Jérusalem, et dont l'évêque, tant pour se venger d'une inconvenante sortie que lui fit le prince, avec toute la chaleur d'un néophyte, que par jalousie pour la belle prise que faisaient en lui ses rivaux du rite latin, essaya, ne pouvant ébranler sa foi, de le priver des trois derniers serviteurs qui lui demeuraient. Il fit donc à ces pauvres gens un tableau effroyable de ce qui les attendait dans leur voyage en Europe, leur promit monts et merveilles s'ils voulaient le suivre en Arménie et réussit enfin à leur faire abandonner le pauvre Zaga-Christ qui resta alors absolument seul avec les Pères Récollets. « Peu de jours après, dit Rocolès (p. 398), le P. Jacques de Vendôme, récollet, qui pour lors étoit gardien du couvent de Nazareth, reçut une lettre du P. Paul de Lande, chef des missionnaires du royaume d'Egypte, qui étoit présent au Grand Caire lorsqu'on y reçut avec tant d'honneur le prince Zaga; sçachant qu'il étoit au couvent de Nazareth, il manda qu'on le traitât comme une personne de sa qualité, et qu'on le tînt clos et couvert, d'autant que le Bacha du Caire l'avoit envoyé chercher à Jérusalem avec dessein de l'envoyer à Constantinople au Grand Seigneur. Sur cet avis, l'on forma résolution de ne laisser entrer aucun Turc chez eux, ni de laisser point sortir le prince. Peu de temps après, le même Père Paul étant fait gardien de Jérusalem, vint d'Egypte à Nazareth, où il donna au prince Zaga l'absolution première de son hérésie et le reçut à la communion de l'Eglise catholique le jour de saint Pierre l'an 1632. »

Nous passons sur le récit de la singulière rencontre que fit Zaga, à Nazareth, du renégat vénitien Marc Lombardo à qui il avait dû la vie au pays de Fungi, ainsi que sur la conversion opérée par le prince fugitif de Réiis Hanna, supérieur des Abyssins de Jérusalem — lequel fut plus tard, en 1633, envoyé de la part du Pape vers Socinios, — pour arriver enfin aux relations directes de Zaga-Christ avec l'Europe.

IV

La miraculeuse conversion d'un prince éthiopien à Jérusalem avait fait du bruit jusqu'à Rome, et il est à penser que les Récollets ne perdirent pas cette occasion de faire montre de leur zèle pour la religion catholique; le Pape ordonna donc au gardien de Jérusalem de lui envoyer Zaga-Christ.

« … On le fit embarquer, dit Rocolès, à qui nous empruntons ce récit (Ed. de 1693, p. 400), — avec ces deux rénégats Lombardo et le Malthois qui avoient été réconciliés et remis au giron de l'Eglise par le Père Jacques Vendosme, gardien de Nazareth, lequel donna au prince deux religieux pour le conduire à Rome. » Il passa pour y arriver par Zante, Corfou, Otrante, Lecce dans la Pouille, et Naples, et partout il fut reçu avec les honneurs royaux tant par les autorités civiles que par les dignitaires ecclésiastiques.

« Le Pape (Rocolès, *loc. cit.*) lui donna un palais pour son logement, l'entretint environ deux ans qu'il demeura à Rome. Pour lors, M. le duc de Créqui y étoit ambassadeur, où le voyant souvent, lui persuada de voir la France et de venir à Paris (1) : ce qu'il fit et y a demeuré environ trois ans. »

En passant de Rome en France, Zaga s'arrêta successivement à Venise, Parme, Plaisance, Mantoue et Turin, recevant partout les mêmes honneurs, et il arriva enfin à Paris, « après avoir traversé toutes les Italies (2) », en 1634.

Si nous en croyons le seul document original que nous ayons pu rencontrer, c'est-à-dire une lettre écrite de Paris probablement, par le prince

---

(1) J'ai vainement cherché à retrouver dans les Archives du Ministère des Affaires étrangères quelque trace des négociations qui ont dû précéder le départ de Zaga pour la France.

(2) Réchac, *op. cit.* p. 55.

exilé au cardinal de Richelieu, le 15 décembre 1635, le bon accueil qu'il reçut à la cour de France ne l'empêcha pas de tomber dans un état véritablement misérable.

« ... Dieu, dit-il, dans ce document dont l'original est en italien, Dieu a voulu augmenter encore mes disgrâces, pour me mortifier et me punir de ce petit reste de vanité jusqu'à un certain point excusable chez moi, et m'obliger à étaler mes misères à Son Eminence par écrit, puisque je ne puis espérer pouvoir le faire de vive voix. »

On pourrait croire, d'après cela, qu'il avait demandé une audience et qu'elle lui avait été refusée.

« ... J'avais mis, continue-t-il, toute mon espérance dans l'honneur que j'avais reçu d'être admis à faire la révérence à Son Eminence, et je m'imaginais alors, en reconnaissant en elle les héroïques vertus que je connaissais déjà auparavant par la renommée, que Dieu m'avait seulement rendu malheureux pour vous donner l'occasion de m'être favorable et de me secourir dans mes désastres et dans mon infortune. Mais d'autres soins, et de plus grande importance, vous occupent, et je suis trop peu de chose pour distraire un moment Votre Eminence du gouvernement de ce royaume le plus puissant du monde..... Cependant je prie S. E. de considérer que toute la France et même l'univers entier sait que je suis ici attendant son secours, et que peut-être elle ignore que je suis réduit à toute extrémité et que mon hôte se demande s'il ne va pas me mettre dehors faute d'argent. Si j'étais d'une condition à pouvoir gagner ma vie par un travail manuel ou même à attendre la pitié de tout autre que du Roi et de S. E., la nécessité me forcerait à le faire (1)... »

L'état de gêne constaté par cette lettre n'empêcha pas Zaga-Christ d'avoir à Paris des aventures assez extraordinaires, et comme le dit Rocolès, « n'ayant peu se signaler en son pays à la tête des armées, il fit beaucoup parler de lui à Paris pour être un très vaillant champion en la lice de Vénus. L'honnêteté — ajoute le grave historiographe — m'empêche de m'expliquer là-dessus davantage. Il fit plusieurs Actéons, à ce que je me suis laissé dire lors que je vins à Paris pour la première fois deux ou trois ans après sa mort, et qu'un de ces Actéons des plus hauts, gâta avec de l'eau forte sa femelle par vengeance ineffaçable et perpétuelle de l'embarras qu'elle lui avait procuré, ou mis sur sa tête, par l'affection qu'elle avoit eue pour ce Zaga-Christ. »

On voit que la coutume de *vitrioler* par jalousie n'est pas d'invention contemporaine !

(1) Cette lettre est signée « Zaga-Christo », et ces mots sont suivis d'une ligne de caractères cophtes. ARCHIVES DU MINISTÈRE DES AFFAIRES ÉTRANGÈRES, *Indes orientales*, tome II, fol. 1.

La principale aventure de notre héros fut celle qu'il eut avec la femme d'un conseiller au Parlement, aventure qui lui donna maille à partir avec la justice française.

V

Ce conseiller au Parlement était un assez pauvre sire, nommé Saulnier (1), qui, pour son malheur, avait épousé une véritable luronne. Cette femme alla, comme tout le monde, voir Zaga-Christ par curiosité, mais bientôt « sachant la réputation qu'il avoit pour ces choses de nuit, nous raconte Tallemant, et que, comme un géant de l'Amadis, il se servoit dans ses combats d'une antenne au lieu d'une lance (2), elle eut bientôt conclu avec lui (3). Le mari ne s'en doutoit point; mais des Roches (4), chanoine de Notre-Dame,

---

(1) Voir Tallemant des Réaux : Historiettes, 3ᵉ édition publiée par Monmerqué. Paris (Garnier), 1875.

(2) Cette réputation devint proverbiale, si nous en croyons deux passages des *Lettres de Madame de Sévigné*. (Edit. Montmerqué, Paris, Hachette, tomes III, 304, et VIII, 419.)

(3) L'auteur des « Galanteries des Rois de France » (Ed. de 1752, tome II, p. 147) dit que ces amours n'étaient pas désintéressées de la part de Zaga et que sa maîtresse « lui donnoit tout ce qu'elle pouvoit épargner de la dépense de sa maison. » Bien que Zaga fût un assez piètre personnage, il n'est pas nécessaire de lui attribuer cette infamie — d'ailleurs assez commune à cette époque, il faut bien l'avouer — sur la foi d'un auteur qui ne paraît pas très bien renseigné sur son compte, puisqu'il le fait mourir prisonnier au Châtelet.

(4) « Michel le Masle, sieur des Roches, portefeuille du Cardinal. Il a de bons bénéfices. » (Note de Tallemant.)

enragé de ce que Zaga-Christ lui enlevoit ses amours, car on a tout su ensuite par une lettre, le fit avertir de tout… Le mari fait informer des déportements de sa femme. Les amants, voyant cette persécution, résolurent de s'enfuir, et prirent ce qu'ils purent. Mais ils furent arrêtés à Saint-Denis. Elle fut mise en religion où elle traita avec son mari. Elle disoit qu'elle aimoit mieux quatre mille écus dans son buffet qu'un sot sur son chevet. Zaga-Christ ne voulut point répondre devant Laffemas, au Fort-Levêque, et dit que les rois ne répondoient qu'à Dieu seul…. »

Quelque prétentieuse que fût cette attitude du prince éthiopien, elle convenait mieux au rôle qu'il voulait jouer que les débauches par lesquelles il se signalait d'autre part et elle lui valut peut-être l'indulgence qui accueillit sa dernière escapade et l'abandon des poursuites commencées contre lui (1).

Le cardinal de Richelieu paraît d'ailleurs avoir eu vis-à-vis de Zaga-Christ une attitude plutôt bienveillante; peut-être ce grand ministre pensait-il qu'un jour ou l'autre ce fugitif pourrait servir quelque dessein du roi de France sur l'Egypte. On sait, en effet, que le grand Leibnitz engagea, un demi-siècle plus tard (en 1672) Louis XIV à faire

(1) J'ai tenté vainement de retrouver quelque pièce concernant ce curieux épisode. Les Archives Nationales n'en possèdent point et il n'y a rien non plus sur les procès de la Saulnier dans les volumineux recueils de Factums de la Bibliothèque Nationale.

la conquête de l'Egypte, peut-être pour détourner de l'Allemagne l'attention et les armes de la France (1). Mais le roi eut la sagesse de refuser la proie que le savant allemand présentait à ses convoitises. Il ne serait cependant pas impossible d'admettre que l'idée de se rendre maître de la grande route des Indes — ce rêve poursuivi jusqu'à nos jours par tant de nations et tant de grands hommes — ait germé dans le cerveau du cardinal. Peut-être aussi n'avait-il en vue que la question des missions à envoyer en Ethiopie et de la conversion du peuple de ce pays au catholicisme romain. Toujours est-il qu'il admettait avec beaucoup de bonne grâce Zaga à lui faire sa cour ; et c'est dans une visite qu'il fit à Rueil en 1638 que ce prince fut pris de la pleurésie dont il mourut, en ce lieu même, et dans le château du Cardinal (2). Il fut enterré dans l'église de ce village, à côté d'un autre prince d'un mérite bien différent, Dom Antoine de Portugal, prieur de Crato, qui était venu, lui aussi, quelques années auparavant, chercher un asile et un appui auprès du roi de France.

On lui fit une épitaphe qui résume assez bien,

---

(1) Voir notamment : *Mémoire de Leibnitz adressé à Louis XIV, sur une expédition à entreprendre en Egypte*, dans MICHAUD : *Histoire des croisades*, pièces justificatives, tome IV, et les *Œuvres de Leibnitz*, publiées par M. le comte FOUCHER DE CAREIL. Paris (Didot). Tome V, (1864).

(2) « ... Il mourut en la fleur de son âge, d'une pleurésie à Ruel où il faisoit sa cour au cardinal de Richelieu... »

semble-t-il, l'opinion que les contemporains ont eue de lui :

« Ci-gît du roi d'Ethiopie
« L'original... ou la copie.
« Le fut-il ? Ne le fut-il pas ?
« La mort a fini les débats » (1).

VI

Le moment est venu d'examiner la question de savoir si Zaga-Christ fut réellement un prince du sang d'Ethiopie obligé par les guerres civiles de sa patrie de quitter l'Afrique, ou bien un vulgaire imposteur cherchant à exploiter à son profit la

---

(1) Dans les *Récréations historiques* de Dreux du Radier (Paris, 1767, tome I, p. 224), on trouve cette variante :

« La mort termine les débats. »

Dans le *Patiniana* (p. 61 de l'édition de Paris, 1701), les deux derniers vers du quatrain sont les suivants :

« La mort a vuidé les débats,
« S'il fut prince ou ne le fut pas. »

Ces vers seraient, d'après Michault (*Mélanges historiques et philologiques*, Paris, 1754, tome I, p. 314) du poète Des Marets. On trouve aussi sous le portrait fantaisiste publié par Rocolès dans son édition de 1683 un autre quatrain qui est loin de valoir cette épitaphe et que nous reproduisons cependant ici à titre de curiosité.

« Zaga-Christ publié pour roy d'Ethyopie,
« Ayant imbû Paris de ses grands accidents,
« Fût cru tant seulement en être la copie,
« Et non l'original, par les hommes de sens. »

Colletet fit une épigramme sur lui (p. 214) et on trouve dans la cinquième partie des Recueils de Sercy (p. 336) un sonnet satirique assez original.

crédulité des cours et l'ignorance de l'opinion européenne.

La biographie Michaud le qualifie sans plus d'examen d' « imposteur qui dans le XVIe siècle entreprit de se faire passer en Europe pour le fils du roi abyssin Hasse Yakoub. » Il nous serait peut-être facile de relever la légèreté avec laquelle fut écrit cet article, en faisant remarquer qu'il faudrait mettre « dans le XVIIe » et non « dans le XVIe » siècle et que, si c'est là une inadvertance, il est bien fâcheux qu'elle se reproduise dans les diverses éditions de ce fameux ouvrage. Mais ce n'est pas la seule erreur que l'on pourrait reprocher à l'auteur de cet article ; et il suffit, d'autre part, de le lire avec quelque peu d'attention pour voir que le biographe a été fort embarrassé de prendre parti sur la véritable qualité qu'il devait attribuer à son héros. Comment, en effet, en aurait-il pu être autrement en présence des documents qu'il avait entre les mains et d'après lesquels il écrivait sa notice, documents qui permettent au moins le doute à tout homme qui les examine sans parti pris ? Laissons donc là l'opinion de M. Parisot et tâchons, en étudiant après lui les mêmes documents et en les éclairant, si cela est possible, par des renseignements nouveaux, de faire un peu de lumière sur ce curieux épisode de l'histoire du XVIIe siècle.

Et d'abord, en négligeant absolument le roman raconté par Réchac et en ne prenant ce récit et celui de Rocolès qu'au moment où le prétendu prince arriva au Caire, n'est-il pas bien étonnant que cet infortuné jeune homme, dénué de toutes ressources, ait pu entraîner avec lui jusqu'à la capitale de l'Egypte et à travers mille fatigues et mille dangers, trente-cinq compagnons de misère ? N'est-il pas plus surprenant encore, que laissant les malades au Caire, quinze des plus valides l'aient accompagné jusqu'à Jérusalem, persistant ainsi à partager sa mauvaise fortune ? Quel bénéfice ces pauvres gens pouvaient-ils espérer retirer de ce voyage en compagnie d'un prince misérable et sans ressources ? Remarquons en outre que ces fidèles serviteurs, ou tout au moins ceux qui arrivèrent jusqu'à Jérusalem, étaient bien certainement de véritables Abyssins ou des Nubiens ; la description qu'en donnent les religieux de terre sainte (1) ne peut laisser aucun doute à cet égard. Il n'est pas jusqu'aux difficultés religieuses qui surgissent alors entre le maître et les serviteurs qui ne semblent donner à la qualité des uns et des autres un véritable caractère d'authenticité. Des aventuriers levantins, complices d'une escroquerie internationale, n'auraient pas fait tant de difficultés pour abjurer en apparence l'hérésie eutychéenne et se faire catholiques. Ils n'auraient pas non plus

(1) Dans l'ouvrage de F. Eugène Roger, récollet, que nous citons plus loin.

tant appréhendé les dangers qui les attendaient en Europe s'ils avaient été des habitants du Delta du Nil, très familiers avec la Méditerranée et ayant de très fréquents rapports de commerce et de politique avec l'Europe occidentale.

Pourquoi, d'ailleurs, les moines catholiques refusent-ils d'abord de recevoir l'abjuration de Zaga, « de peur, suivant l'expression de la *Biographie Michaud,* de peur que l'éclat d'une conversion si importante ne les exposât à des persécutions de la part des Mahométans ou des chrétiens du rite Cophte ? »

Il ne faut donc nullement s'étonner que Zaga-Christ ait été reçu au Caire par le Pacha turc avec les honneurs royaux, et à Jérusalem par les Moines Abyssins comme un prince de leur sang royal.

Et cependant, en ce qui concerne le Pacha, il est bon de faire remarquer qu'à cette époque d'ignorance, les Turcs s'imaginaient que les Ethiopiens pouvaient leur couper à volonté le Nil, père nourricier de l'Egypte, et que, sous l'influence de cette crainte, ils reconnaissaient toujours en Abyssinie le fait accompli et ne prenaient jamais parti dans les querelles des Ethiopiens.

Qu'arrivé à ce point de son triste exode, Zaga-Christ ait cru plus habile d'embrasser la religion des princes occidentaux à qui il allait demander asile et qu'il ait, soit calcul, soit conviction, fait montre d'un zèle quelque peu exagéré, cela n'a pas lieu de surprendre ceux qui connaissent l'histoire des controverses religieuses au XVII⁰ siècle.

Mais le prince fugitif ne fut pas seulement reconnu comme tel par le Pacha du Caire et les moines de Jérusalem; le Pape, comme nous l'avons vu plus haut, lui donna un palais et, après quelques hésitations, le traita en prince pendant les deux ans qu'il passa à Rome. On peut, il est vrai, objecter que la cour pontificale voulait ainsi récompenser sa conversion et s'en servir au besoin pour la réussite de ses projets de mission éthiopienne au moment où elle envoyait à Socinios le moine Abyssin Reiis Hanna (voir plus haut, p. 40); mais comment se fait-il alors que le duc de Créquy, ambassadeur de France auprès du Saint-Père, ait engagé un aventurier misérable et sans ressources à se rendre en France ? Comment se fait-il que cet aventurier, rendu à la cour de Louis XIII, y ait été reçu sinon avec les honneurs royaux, du moins avec la considération due à un personnage tout à fait au-dessus de l'ordinaire ? Comment se fait-il que ce personnage, tombé par suite de chagrins ou de mauvaises habitudes contractées en Orient, au dernier degré d'une honteuse débauche, soit resté le pensionnaire du Roi, et, bien que poursuivi au criminel, soit enfin mort à Rueil dans le palais même du Cardinal qui l'admettait encore à lui faire sa cour ? Comment se fait-il enfin qu'il ait été enterré par les soins de Richelieu lui-même dans l'église de ce petit village où il résidait et dont il était seigneur, et à côté d'un autre réfugié royal, celui-là sans tache, le prince Antoine de Portugal ?

Tout cela ne peut s'expliquer que par un doute — si doute il y avait — de tous points favorable au prince Ethiopien, doute dont nous trouvons l'expression dans l'épitaphe plaisante que nous avons citée plus haut et plus complètement encore dans l'ouvrage de Rocolès.

Cet auteur, presque contemporain de Zaga-Christ, puisqu'il est né en 1630, ne prend que bien mollement parti contre le prince réfugié. Il dit, en effet, en rapportant sa mort : «... On publia en même temps une épitaphe qui fit douter de la vérité de sa qualité de Prince, et de ce qu'il se disoit : ce qui fit qu'on crut qu'il étoit un imposteur ; c'est ce qui me met en train de réciter son histoire, ne décidant rien sur la vérité du fait s'il étoit l'original ou la copie de ce Zaga-Christ, véritable fils du Roi d'Ethiopie... »

Puis, plus loin, le même auteur dit encore : « L'imposture de cet infortuné Prince n'aboutit point à prétendre de se faire rétablir sur le trône de son père Hasse Jacob. Il n'en eut pas la pensée, s'éloignant si fort de son pays et venant à l'autre extrémité du monde : il sçavoit fort bien que les Princes chrétiens étoient dans une impossibilité naturelle de lui donner du secours, pour raison de la trop grande distance ; mais sa seule prétention étoit de s'accréditer, et par le titre d'une grandeur et d'une puissance si extraordinaire, dont son père Jacob avoit été en possession, et qui lui étoit due naturellement, de fléchir le Pape et les têtes couronnées de l'Europe de quelque commisération extraordinaire de son infortune, laquelle excitat leur magnificence à lui donner un entretien sortable à un Prince. Le peu de cas que les Princes, en la cour desquels il fut quelque tems, firent de lui, me fait juger, qu'ils ne le crurent pas être tel qu'il se disoit, et par conséquent qu'il y avoit de l'hablerie, pour ne dire de l'imposture, en son fait... »

Comme on le voit, tout cela n'est pas bien méchant et la distinction que fait ensuite l'auteur entre les *hâbleurs* et les *imposteurs* me semble encore plus favorable à Zaga ; j'en fais cependant grâce au lecteur. Rocolès termine ainsi : « Le principe de la loi par *Barbarus Philippus*, esclave et préteur à Rome, est que *error communis facit jus*, qu'une erreur publique établit un droit. Je l'ai mis au rang des imposteurs puisque tout le monde l'a crû tel, à la réserve de quelques Moines de la Palestine ; tel a été Eugène Roger Frère Laye, récollet, qui en a écrit ce que j'ai rapporté, dans son livre des *Relations* ou *Histoire de la Terre-Sainte* (1). »

(1) Rocolès, *op. cit.*

Nous verrons tout à l'heure que l'unanimité ne fut pas aussi grande que veut bien le dire Rocolès, mais je tiens à faire remarquer de nouveau que cet auteur, presque contemporain (1), s'excuse avec affectation d'avoir été pour ainsi dire obligé, par la pression de l'opinion générale, de le comprendre dans la galerie qu'il consacre aux imposteurs de toutes les nations.

Un autre écrivain qui s'est occupé de Zaga-Christ, lui est moins favorable : je veux parler de Ludolf (2). Cet auteur qui, comme le constate, malgré son parti pris personnel, M. Parisot lui-même, « laisse percer une espèce d'antipathie pour Zaga », affirme que ce prétendu Ethiopien avait oublié d'apprendre la langue amharique. Nous citons M. Parisot (3) : « Sans prétendre soutenir ce dernier (Zaga), ne pourrait-on pas remarquer que les assertions souvent tranchantes de nos savants d'Europe, qui reprennent ici un barbarisme, et là une faute de langue, sont loin d'être des preuves péremptoires ou des sentences sans appel; et que d'autre part, un

---

(1) On sait, comme nous l'avons déjà dit, que Rocolès naquit en 1630 ; il raconte lui-même quelque part qu'il vint à Paris seulement deux ou trois ans après la mort de Zaga. La première édition de son livre parut dès 1683.

(2) LUDOLFUS : *Historia Æthiopica...* et *Ludolfi ad suam Historiam Æthiopicam commentarius*. Francfort-sur-le-Mein, in-fol., 1681 et 1691. — Voir aussi : *Nouvelle histoire d'Abyssinie ou d'Ethiopie*, tirée de l'histoire latine de Ludolphe. Paris, 1684 ou 1693, in-12, fig.

(3) *Biograph. Univ.* de MICHAUD.

prince élevé dans un coin du royaume, au milieu du tumulte de la guerre et dans un pays à demi civilisé, que d'ailleurs il abandonna à l'âge de seize ans, pourrait fort bien pécher contre la grammaire, sans qu'on puisse en conclure qu'il n'est point né dans le pays ? Les critiques de Ludolf, si l'on met à part quelques exagérations, ne portent guère que sur des vétilles grammaticales. Nous ne devons point omettre que tous les Récollets de Jérusalem étaient persuadés de l'origine abyssinienne de leur néophyte et que Eugène Roger, un d'entre eux, dit formellement dans sa *Description de la Terre-Sainte* que telle était à Jérusalem l'opinion universelle. Mais la multitude de puérilités et d'anachronismes entassés dans cet ouvrage dispense de le croire et de le réfuter. »

Ainsi donc, M. Parisot reconnaît que c'est seulement sur des vétilles grammaticales que Ludolf met en doute l'identité du prince éthiopien. Cette objection ne nous paraît, pas plus qu'à lui, péremptoire. Il est certain, en effet, que Zaga pouvait parler un dialecte un peu différent de l'amharique connu à cette époque par les savants européens et par Ludolf lui-même. Cette explication paraît d'autant plus vraisemblable que ces différences dialectiques, favorisées par les divisions topographiques et politiques du pays, y ont toujours existé et y persistent encore aujourd'hui.

Pour en revenir au rédacteur de la *Biographie Michaud*, il nous paraît, en se dispensant de réfuter le F. Eugène Roger, sous prétexte de puérilités ou d'anachronismes, faire bien bon marché du témoignage d'un homme de bonne foi qui a vécu cinq mois entiers avec le jeune Zaga-Christ et qui affirme que, pendant tout le temps qu'il a été en Egypte et autres lieux de l'Orient, il n'a jamais trouvé « un seul Oriental qui ait voulu disputer sa naissance (1). » Il n'y a là, me semble-t-il, ni puérilité, ni anachronisme, mais une affirmation nette, absolue, sans réplique et qu'on ne pourrait détruire qu'en prouvant la mauvaise foi du témoin oculaire qui l'a faite.

Le F. Eugène Roger déclare encore (p. 404) ce que nous avons déjà constaté nous-mêmes, qu'en arrivant au Caire, Zaga fut reconnu par tous les Cophtes tant religieux que laïques.

Passons à d'autres témoignages.

Michault, dans ses *Mélanges historiques et philologiques* publiés à Paris en 1754, s'exprime ainsi (tome I, p. 309) sur le compte de Zaga-Christ :

« Remarques sur quelques articles des *Borboniana* (Mélang. d'hist. et de littér. de Nicolas Bourbon).

« Le Prince d'Ethiopie supposé est infaillible-

---

(1) *La Terre Sainte, ou description topographique très particulière des saints lieux et de la terre de Promission... avec une relation véritable de Zaga-Christ, prince d'Ethiopie...* pa-

ment un imposteur. On dit qu'il est Grenadin ; pour moi, je le tiens pour Prince d'*Utopie*. Il est extrêmement impudent ; mais c'est une qualité nécessaire à un imposteur. Il contrefait assez bien le Prince : il est effronté (1). Quand de belles dames le vont voir, il cajole et particularise fort avec elles. Il est abondamment pourvu des avantages de la nature (2) ; on dit que c'est par là qu'il a gagné les bonnes grâces de Mme S*** (Saulnier). » (Nicolas Bourbon.)

Comme on le voit, cette opinion semble écrasante pour notre héros ; elle le serait, en effet, si elle ne précédait immédiatement la note qu'il nous reste à reproduire et qui émane, dit Michault, de Peiresc (3).

Eugène Roger, Récollect, missionnaire de Barbarie. A Paris, chez Antoine Bertier. MDCLXIV, 1 vol. in-4°. (Voir notamment les pages 401, 404.)

(1) « Quant à la manière dont il jouait son rôle, les auteurs contemporains nous apprennent qu'il s'en acquittait avec beaucoup d'aisance, et que même il ne manquait ni de grâce, ni de noblesse. » Biogr. Michaud.

(2) « C'est à ces qualités qu'il faut rapporter un trait de la scène IV d'une comédie intitulée : *La C*** Imaginaire*. On y dit, en parlant des femmes :

« Les nouveautés enfin, charment si fort leurs sens,
« Que s'il pouvoit venir encore en cette ville
« Un roi d'Ethiopie, il seroit difficile
  « Qu'il pût les contenter. »

Nous avons rappelé plus haut, p. 44, les passages de Madame de Sévigné faisant allusion à la réputation devenue proverbiale du roi d'Ethiopie.

(3) Michault semble avoir eu connaissance d'un bon nombre de manuscrits de Peiresc, car il en publie plusieurs dans ses *Mélanges*.

Or, tous ceux qui se sont occupés, ne fût-ce qu'un instant, du xviiᵉ siècle, n'ignorent point que Peiresc était le plus savant, le mieux informé, et, en même temps le plus honnête et le plus scrupuleux des Mécènes de son temps ; et qu'il entretenait notamment avec l'Egypte, et aussi avec l'Ethiopie, des relations aussi régulières que le lui permettait l'époque à laquelle il vivait (1). L'opinion d'un pareil homme est donc d'un grand poids pour élucider le petit problème historique qui nous occupe. Voici donc comment s'exprime Peiresc :

« Le prince d'Ethiopie, qui est venu de Rome en 1633, naquit à Dambéa, l'une des principales villes du royaume. Il fut nommé sur les fonts de baptême *Saga-Christos*, qui vaut autant dire que *Don de Christ*. En son enfance, il eut encore d'autres noms, comme celui de *Mammo* ; et son gouverneur l'appelloit ordinairement *Lexana Christos*, c'est-à-dire *Langue de Christ*. Il y a cinq ans que, fuyant la persécution de son oncle, usurpateur de l'Empire, il partit d'une Isle qui se nomme Itaïk et par les chemins il changeoit de nom, à mesure qu'il changeoit de pays. Parmi les Gentils, ils se faisoit appeler *Ithassi*; parmi

---

(1) Peiresc correspondait notamment avec un sieur Vermeil qui était alors (en 1634) à la cour du Négous. Nous donnons dans l'appendice de ce volume (A) une curieuse lettre inédite du savant Président. Ce document fera voir quelle était sa passion d'information et quelle confiance on peut avoir dans ses affirmations, si scrupuleusement contrôlées.

les Arabes, *Abdelmasse*; et lorsqu'il commença à pratiquer avec les Italiens, il prit celui d'*Athanasio*, prenant ainsi des noms conformes au langage des nations avec lesquelles il conversoit. Son père s'appeloit *Clarso* avant qu'il fût empereur, et fut laissé fort jeune par lui, âgé seulement de cinq à six ans : auquel âge il fut proclamé Empereur par tous les grands de l'Empire, suivant le serment qu'ils en avoient fait à son père défunt, lequel se nommait *Malach Sagad*, qui avoit pareillement tenu l'espace de 30 ans les rênes de l'Empire. Il faut que, suivant la coutume du pays, en parvenant à l'Empire, il eût changé de nom, et qu'au lieu de celui de *Clarso* qu'il avoit auparavant, il eût pris celui de *Jacob*; lequel par un cas du tout étrange et inhumain, fut saisi et pris prisonnier par un nommé Talasse, qui le tint en prison en la ville d'*Inurrea* l'espace d'un an. Mais Dieu qui protège toujours les innocents, et a un soin très particulier des princes légitimes, lui suscita un moyen de pouvoir sortir de prison ; après laquelle sortie il fut de nouveau couronné Empereur et se maria avec une princesse étrangère, duquel mariage il eut trois fils légitimes, et un bâtard, l'un desquels fils légitimes est ce prince qui est aujourd'hui à Rome, appelé *Saga-Christos*. Quant au bâtard, il eut nom *Claudio*, lequel fut étranglé par le commandement du soldat *Sagad*, qui règne maintenant en Ethiopie, lequel fut nommé sur les fonts de baptême *Susnéos*, et son père s'appeloit *Faciladas*, frère du grand-père de *Saga-Christos*, si bien qu'il se trouve par là qu'il étoit grand oncle de ce prince, et *Susnéos* fils de *Faciladas*, oncle. Faciladas, frère du grand-père de *Saga-Christos*, eut pour apanage, ou plutôt pour lieu de sa demeure, le royaume de *Galla*, sans toutefois le tenir en titre de royaume ; et pendant son séjour en *Galla*, il connut charnellement une esclave de laquelle naquit *Susnéos* dont j'ai déjà parlé et qui règne aujourd'hui. Ensuite *Faciladas*, par finesse et par fourberie, se fit roi du royaume de *Galla*, et mourut. Son fils appelé *Susnéos*, suivant les mauvais desseins de son père, commença à faire la guerre à outrance contre son cousin-germain Jacob, empereur et père de *Saga Christos*, lequel après plusieurs batailles données de part et d'autre, demeura vaincu, et mourut d'une blessure qu'il reçut en la tête dans la ville de Gogian : ses enfants ayant appris sa mort, à la persuasion de leur mère s'enfuirent pour sauver leur vie, l'un desquels est venu jusqu'à Rome. Celui qui règne aujourd'hui ne se fait plus nommer *Susnéos* mais *Sagad*, suivant la coutume du pays, ainsi que je l'ai déjà dit, qui est de changer de nom quand ils viennent à l'Empire. Sa Sainteté, nonobstant tout ce que les bons Pères Récolets lui ont pu témoigner, ne l'a point encore voulu reconnoître pour tel, ni même permettre qu'il lui baisât les pieds : il lui a simplement accordé pour son entretien la part de la Chambre, qui consiste en fort peu de chose (1). »

Sans nous arrêter aux erreurs qui peuvent se trouver dans la première partie de cette note, on voit que, pour ce qui concerne les événements relatifs à Zaga-Christos lui-même ou à son père, elle concorde parfaitement avec ce que nous apprend l'histoire d'Ethiopie.

En dehors de ce fragment imprimé dans l'ouvrage de Michault, je puis citer une autre note inédite et autographe de Peiresc (2) qui confirme son opinion sur le compte de Zaga-Christ; voici cette note : « Le sieur Magi avoit reçu au Cayre le prince fuitif (sic, pour fugitif) d'Æthiopie Saga-Christos, qui est à présent à Rome. Il estoit fort jeune prince accompagné de deux serviteurs abyssins, et porta des attestations au Bassa du Cayre de sa qualité, luy demandant secours ; mais il le renvoya à Constantinople ; plusieurs chrétiens le recognoissoient pour celuy qu'il se disoit en l'église des Abyssins du Cayre et tous les chrétiens cophtes... (3) »

Pour résumer en quelques mots cette discussion, nous dirons que Zaga-Christ a contre lui

---

(1) On a vu plus haut que le Pape lui accorda bientôt après les honneurs princiers. D'après ce détail, il est permis d'affirmer que Peiresc écrivait cette note vers 1634. — Cité dans Michault, op. cit., I, p. 310-314.
(2) J'en dois la communication à l'obligeance de M. Barrès, Conservateur de la bibliothèque de Carpentras.
(3) Bibliothèque de Carpentras, MANUSCRITS DE PEIRESC. Registre LXXIX, vol. I, fol. 256.

l'opinion du compilateur Michault et de l'historien Ludolf, et pour lui la réserve et les contradictions de Rocolès et de Parisot, ainsi que l'affirmation positive de Fr. Eugène Roger et de Peiresc ; et nous devons faire remarquer que le premier avait vécu cinq mois entiers avec lui en Orient, et que le second tenait les renseignements qu'il possédait de témoins oculaires.

Je ne parle pas, à dessein, de Réchac qui n'était évidemment que le porte-voix de Zaga-Christ lui-même.

On voit que les témoignages favorables sont ici dominants.

Si l'on ajoute à ces témoignages que Zaga a été reconnu comme prince d'Ethiopie au Caire, à Jérusalem, à Rome et dans toute l'Italie, et enfin traité comme tel en France par le cardinal de Richelieu, il sera difficile de ne pas au moins hésiter avant de le classer définitivement parmi les imposteurs.

VII

Est-ce à dire pour cela que les documents relatés dans cette étude nous permettent d'affirmer que Zaga-Christ était bien le fils du Negous Hasse-Yakoub ? Nous n'irons certainement pas jusque-là, bien qu'en somme rien ne nous semble s'opposer à ce que le récit fait par Zaga soit conforme à la vérité, au moins en ce qui concerne sa filiation.

Ce que nous croyons, du moins, parfaitement probable, c'est que le héros des aventures dont nous avons fait plus haut le récit, était bien quelque prince ou seigneur éthiopien (1) obligé par les discordes civiles de fuir sa patrie, et qui, amené par les circonstances à chercher un refuge en Europe, crut faire acte de bonne politique en embrassant la religion catholique romaine, et parvint ainsi à suppléer au profond dénuement dans lequel l'avaient mis les événements de sa carrière aventureuse.

Si le voyage du prétendu prince éthiopien ne fut marqué, en fin de compte, par aucun événement dont ait à se préoccuper l'histoire, il eut du moins ce résultat d'attirer de nouveau l'attention de l'Europe chrétienne — et surtout de la

---

(1) « Madame de Rambouillet, dit en note Tallemant des Réaux (*loc. cit.*), alla voir dans Ramusio (*a*) et trouva que les esclaves, en Éthiopie, étaient marqués au-dessus du sourcil. On dit qu'on lui trouva cette marque... » Cet on-dit ne me paraît pas tout à fait concluant, pas plus que l'affirmation de Ramusio. Je pense, du reste, que Zaga-Christ, qui fait raconter avec détails par Réchac (Chapitres II, III, IV) des accidents de chasse ou des épisodes de son combat contre Sumpsir, pour expliquer des cicatrices qu'il portait à un doigt de pied, à la cuisse et aux reins, n'aurait pas manqué de rendre compte, à plus forte raison, par quelque histoire analogue, d'une cicatrice qu'il aurait eue au visage. Les gens faisant métier d'imposture sont, par état, plus prévoyants.

(*a*) J. B. Ramusio est un compilateur du XVI° siècle dont Brunet (*Manuel du Libraire*) cite entr'autres la *Terza editione delle navigationi e viaggi raccolti da*, etc. Venezia (Giunti), 3 vol. in-folio.

France — sur l'empire d'Ethiopie. Il eut, non moins certainement, une influence considérable sur les tentatives faites un demi-siècle plus tard par Louis XIV pour nouer des relations régulières avec les chrétiens d'Abyssinie. A ce titre, et malgré la médiocrité du sujet, nous avons cru devoir nous y arrêter quelques instants.

Nous abordons maintenant le récit des tentatives auxquelles nous faisons allusion plus haut.

III

RELATIONS DE LA FRANCE ET DE L'ÉTHIOPIE

SOUS LE RÈGNE DE LOUIS XIV

VOYAGE DE PONCET

AMBASSADE DE M. DU ROULE

I

MÉMOIRES SUR L'ÉTHIOPIE ENVOYÉS A LA COUR DE FRANCE A LA FIN DU XVIIᵉ SIÈCLE

Le Négous Susneos ou Sultan-Segued (1) était mort, comme nous l'avons vu plus haut, en novembre 1632. Cet événement ayant été suivi de l'expulsion des Jésuites et d'une violente persécution contre les catholiques, les relations avaient été complètement interrompues entre l'Europe et l'Ethiopie chrétienne.

La seule trace que nous rencontrions dans les documents qui datent de cette époque, d'une tentative faite pour pénétrer en Abyssinie, se rapporte au fait suivant. Vers 1675, des Ethiopiens revenus au Caire firent à leur roi un récit si avantageux d'un religieux capucin qu'ils y avaient rencontré et qu'ils lui peignirent comme un grand médecin, que ce prince, dont le fils était depuis longtemps malade, fit dire à ce religieux de faire le voyage d'Ethiopie et qu'il serait le bienvenu dans ses Etats. Mais des moines franciscains ayant eu vent de la chose, voulurent

(1) Segued ou Sagued (Saghed) signifie en éthiopien Auguste, Vénérable ; tous les Empereurs abyssins, depuis David, ont pris ce surnom.

aussi en profiter ; et, sans attendre le capucin, ils partirent pour la Haute-Egypte. Ils furent d'abord parfaitement reçus en Ethiopie, où les ordres étaient donnés de faire bon accueil à des religieux francs, mais quand ils eurent audience du Négous, et que celui-ci eut été informé que le capucin qu'il attendait n'était pas parmi eux, il entra dans une si violente colère qu'il les fit mettre à mort. « Ainsi, par leur imprudence, on perdit une occasion favorable de rentrer en Ethiopie (1). »

Néanmoins, et en dépit de cette catastrophe, on n'avait pas abandonné tout espoir d'entrer en relations suivies avec le mystérieux empire chrétien du Soudan. Parmi les souverains d'Europe, le roi Louis XIV était peut-être celui qui se préoc-

---

(1) « Mémoire (de M. de Maillet) sur les veües que l'on a de pénétrer en Ethiopie » (1697). Nous publions plus loin ce Mémoire en Appendice (B) à cause de son importance particulière. — Ce document fait partie du CARTON ETHIOPIE aux *Archives du Ministère des affaires étrangères*, ainsi que presque toutes les pièces que nous citons dans ce travail. Pour éviter des renvois perpétuels et inutiles, nous croyons devoir avertir une fois pour toutes le lecteur que la plupart des documents que nous citerons ici ou qui nous fourniront les éléments de notre récit se trouvent dans ce CARTON ou dans la *Correspondance Consulaire du Caire*, ou encore dans la « RELATION HISTORIQUE D'ABISSINIE, du R. P. Jérôme Lobo, trad. du portugais, continuée et augmentée de plusieurs dissertations, lettres et mémoires, par M. Le Grand, prieur de Neuville-les-Dames et de Prevessin. A Paris, Vᵉ Coustelier, 1728, in-4º. » — Lorsque nous citerons d'autres documents que ceux qui sont reproduits dans cet ouvrage ou conservés dans le CARTON ETHIOPIE et la CORRESPONDANCE DU CAIRE des *Archives du Ministère des affaires étrangères*, nous en indiquerons soigneusement l'origine.

cupait le plus de cette question. Il y avait, du reste, un intérêt tout particulier, à cause du commerce important que faisait la France, dès cette époque, avec les Indes Orientales, par suite de la création, sous les auspices de Colbert, d'une compagnie destinée à exploiter les richesses de ces pays d'Orient.

La question religieuse jouait aussi son rôle — et un rôle très important — dans ces préoccupations. La France, en effet, était depuis longtemps habituée à considérer les intérêts des catholiques orientaux comme les siens propres ; on se souvient que leur protection lui appartenait en vertu des capitulations passées avec la Porte. Il n'est donc pas étonnant que le grand roi vieilli, placé sous la double influence de son confesseur, le P. de La Chaize, et de la dévote madame de Maintenon, qu'il avait fait asseoir à côté de lui sur le trône de saint Louis, ait rêvé de ramener dans le giron de l'Eglise romaine les sujets du fameux Prêtre Jean, plongés depuis tant de siècles dans les erreurs de l'hérésie eutychéenne.

Aussi voyons-nous, dès les dernières années du XVIIe siècle, le ministère français chercher à se renseigner sur les moyens de faire pénétrer à la fois des missionnaires et des commerçants français en Ethiopie.

La France était alors représentée en Egypte par un homme arrivé d'emblée à cette haute situation par la protection toute-puissante du comte de Pontchartrain, ami de sa famille (1), mais qui suppléait à son inexpérience par une intelligence rare ouverte à toutes les questions et par un grand amour du travail.

Benoist de Maillet, qui se qualifie dans les pièces officielles de « chevalier, seigneur de Mézeray », était né à Saint-Mihiel, le 12 avril 1656 (2), d'une famille noble, mais peu fortunée. Il passa sa jeunesse dans une oisiveté studieuse et fut nommé consul général en Egypte, aux lieu et place de M. de Marlot, en 1692. Il devait rester au Caire jusqu'en 1708, après avoir joué le principal rôle dans les événements que nous avons entrepris de raconter (3).

(1) Le Consulat du Caire était alors, de tous ceux du Levant, le plus avantageux pour son titulaire. Le Caire n'étant pas, à cette époque, un lieu de passage, le Consul y avait peu de dépenses ; de plus, il était le seul de tout l'Orient qui ne payât pas de loyer. Au temps de M. de Maillet, les appointements étaient de 4000 livres, plus 6500 livres pour frais de table et entretien de l'aumônier, du chancelier, du drogman et des domestiques. Enfin, le Consul avait le privilège d'entrer en franchise en Egypte cent tonneaux de vin par an, et les droits sur chaque tonneau étant de 2 piastres 1/2, le bénéfice qu'il retirait de ce privilège pouvait presque suffire à payer toutes ses dépenses. — *Mém. de la Chambre de Commerce* (de Marseille), vers 1700. Dans la CORRESPONDANCE CONSULAIRE DU CAIRE, aux *Archives des Affaires étrangères*.

(2) Suivant Durival (*Description de la Lorraine*), Dom Calmet (*Bibl. de Lorraine*) le fait naître à Bar-le-Duc, en 1659.

(3) Du Caire, M. de Maillet s'en alla consul à Livourne ; il fut ensuite nommé inspecteur des établissements français dans le Levant et sur les côtes barbaresques ; puis il se retira définitivement à Marseille avec une pension considérable de la cour et il s'occupa de mettre en ordre les nombreux matériaux qu'il avait rapportés de ses voyages, et qui lui servirent à composer plu-

Ce fut donc à son protégé que s'adressa le comte de Pontchartrain, alors ministre — il devint chancelier en 1699 — pour obtenir les renseignements qu'il désirait avoir sur l'Ethiopie. Le résultat des premières recherches auxquelles se livra M. de Maillet fut un « mémoire sur les vues que l'on a de pénétrer en Ethiopie par les routes du Nil ou de la mer Rouge par rapport à l'introduction du commerce des Indes orientales. » Ce travail est daté de 1697. En dehors d'intéressantes notes historiques, géographiques et même ethnographiques, il nous apprend qu'il partait chaque année du Caire pour Sennaar, capitale du pays de Fungi, deux grandes caravanes, et que des négociants turcs étaient, dès cette époque, établis à demeure dans cette dernière ville, où l'on jouissait d'une sécurité suffisante. Mais l'auteur du mémoire préfère beaucoup la route par Suez et Massouah, avec escale à Djeddah, où il conseille fortement d'établir un agent consulaire

---

sieurs ouvrages dont on trouvera la liste dans les Biographies. Benoist de Maillet mourut à Marseille, le 30 janvier 1738, à l'âge de quatre-vingt-deux ans. — Nous possédons de lui un portrait gravé en 1737 par J.-C. de Lacroix, qui le représente en buste cuirassé et vêtu d'une façon quelque peu prétentieuse. L'ensemble de la physionomie est intelligent, le front haut, les yeux petits, le nez un peu fort. Sous ce portrait est une légende en hollandais que des tirages postérieurs traduisent ainsi en français : « Benoist de Maillet, gentilhomme lorrain, consul général du Roy de France, en Egypte et en Toscane, puis visiteur général des Echelles du Levant et de Barbarie, et désigné par Sa Majesté comme envoyé vers le Roy d'Ethiopie : Auteur des Mémoires sur l'Egypte et l'Ethiopie. »

français. Il voit à cette route, entre autres avantages, celui de se rendre peu à peu maître du commerce de la mer Rouge. Toute cette question est traitée d'une façon très remarquable, et M. de Maillet fait notamment sur la manière d'arriver par la lenteur et la patience à obtenir des Turcs et des Orientaux, en général, ce que l'on peut désirer, des réflexions fort justes et qui seraient encore de nos jours applicables en bien des circonstances. Comme nous publions en appendice (B) ce très intéressant travail, nous y renverrons le lecteur et nous ne nous y arrêterons pas plus longtemps ici.

Nous trouvons ensuite dans nos documents, à la date du 22 avril 1698, un autre « Mémoire sur le commerce de la mer Rouge et les desseins qu'on pourrait entreprendre de ce costé là, fait pour réponse à une lettre de M. l'Ambassadeur au sieur de Maillet, consul d'Egypte. » Si nous ne reproduisons pas ce mémoire en appendice comme le précédent, c'est qu'il s'occupe exclusivement de la question commerciale : mais nous en donnerons un résumé suffisant pour en faire apprécier l'importance.

M. de Maillet débute par traiter la question d'un canal entre la mer Rouge et la Méditerranée et nous trouvons ce passage assez curieux pour le citer textuellement.

« Il ne serait pas impossible, dit-il, à un prince qui règneroit tranquillement en Egypte, de séparer l'Egypte de l'Asie par un canal qui joindroit la mer Rouge à la Méditerrannée. Il n'y a, du fond du golfe de la mer Erythrée où est scitué le bourg de Suëz que deux bonnes journées jusqu'au Caire, et du même lieu jusqu'à Jaffa, ou en droiture jusqu'à la Méditerranée, que trois à quatre journées. Cette dernière route seroit préférable à la première quoy que plus courte (1) parce que par la première il faudroit joindre la mer Rouge au Nil à un endroit qui influe sur toute l'Egypte inférieure qu'on rendroit au moins par là stérile, quand on (n') auroit pas à craindre qu'elle fût inondée. Aussi voit-on par des travaux, encore des vestiges dans les déserts voisins de Suëz qui tirent à la Méditerranée, que l'on avoit entrepris par cet endroit l'union des deux mers, ouvrage qui demanderoit une dépense prodigieuse, quand sous le sable à travers desquels il faudroit le conduire, il ne se trouveroit pas à une certaine profondeur un roc sollide ainsy qu'il est ordinaire dans la plupart des déserts d'Egypte. Il est sûr d'ailleurs que cette entreprise ne pourroit être formée en veüe d'enrichir l'Egypte par la facilité du commerce des Indes dans la Méditerranée, puisque le canal qu'on feroit à ce dessein d'une mer à l'autre, s'il n'estoit que pour des petites barques, engageroit toujours à des déchargements et des rechargements qui, pour

---

(1) Lisez : quoique cette première route soit plus courte.

peu de dépense qu'ils demandassent, égaleroient presque le prix des voitures (transports) qui se font aujourd'hui par chameaux du Suëz au Caire, qui sont très médiocres et le pourroient estre beaucoup moindres si l'on y apportoit un bon ordre ; et que si le canal au contraire estoit assez large et profond pour faire passer les vaisseaux d'une mer à l'autre, il se pourroit faire dans la révolution des années qu'un prince étranger se rendît maître des forts qu'on bastiroit pour la seureté des passages, ce qui seroit d'autant plus aisé qu'on pourroit attaquer ceux qui sont (seraient) en Asie sans qu'on pût les secourir d'Affrique que très difficilement. Un roy d'Egypte s'exposeroit donc par là sans aucune utilité au danger de perdre un commerce puissant qui sera toujours invinciblement en ses mains tant que cette séparation subsistera. »

M. de Maillet rappelle ensuite que le grand Colbert avait voulu faire passer par la mer Rouge les marchandises de la Compagnie Royale française des Indes, et qu'il avait fait proposer au Pacha d'Egypte de lui donner deux pour cent de tout ce qui transiterait de Suez à Alexandrie. La Sublime Porte, paraît-il, aurait adhéré à cet arrangement, mais tous ces pourparlers n'auraient pas abouti pour diverses raisons.

La première avait été l'opposition violente faite à ce projet par les marchands égyptiens du Caire « qui sont la plus part janissaires ou Azaps ou sous la protection des milices qu'ils achètent d'une partie des proffits qu'ils font », et qui se seraient trouvés ruinés par cette combinaison ; il eût donc fallu acheter toutes les « puissances » de l'Egypte, ce qui eût nécessité des dépenses hors de toute proportion avec le but à atteindre, et n'aurait même pas assuré la réussite, toujours à la merci d'un acte de fanatisme ou d'un soulèvement populaire.

Un autre obstacle avait été l'impuissance du Pacha d'Egypte à faire quoi que ce soit, contre le gré des janissaires. Ce pacha, en effet, bien que nommé par la Sublime Porte, dépendait de cette milice turbulente et il était toujours menacé d'être déposé sinon massacré, du jour au lendemain, dès qu'il avait cessé de leur convenir. Il est facile de comprendre que, dans ces conditions, il ne devait pas être très désireux de se prêter à un essai qui pourrait compromettre sa situation et ne lui donnait, en échange, que l'espérance d'avantages problématiques à recueillir dans un avenir plus ou moins éloigné.

Enfin, une dernière difficulté qui avait fait échouer le projet du grand Colbert était l'impossibilité d'obtenir l'adhésion du roi de la Mecque qui prélevait 10 à 12 pour cent sur toutes les marchandises passant par Djeddah, où les navires avaient l'habitude de relâcher pour faire des vivres ; ce roitelet n'aurait donc pas souffert qu'on le privât de ce bénéfice sans chercher à exercer de terribles représailles; de plus, il se serait plaint à la Porte de la diminution des douanes de Djeddah dont la moitié était appliquée au nom du Grand Seigneur à divers usages pieux à la Mecque et aux autres saints lieux du Mahométisme, et il eût été bien difficile au Khalife de passer outre sans exciter d'une manière dangereuse, même pour lui, le fanatisme musulman.

Quant à la navigabilité de la mer Rouge, l'auteur du Mémoire prétend que l'on a beaucoup exagéré ses difficultés. On pourrait, au besoin, éviter la dangereuse escale de Djeddah et venir directement et sans se ravitailler, d'un port de l'Yémen à Suez. « Ce que je viens d'avancer, ajoute-t-il, se justifie aujourd'hui par l'arrivée depuis quelques jours au Suëz d'un vaisseau indien en droitture sans avoir touché à Gedda. Il a esté accueilly très favorablement; on prétend l'engager à faire encore un second voyage et en exciter d'autres pour la même entreprise par l'exemple de ces bons traitements... »

Mais ce fait isolé qui, suivant le Mémoire, doit faire espérer le succès dans l'avenir, ne peut constituer présentement un état normal et ne tranche pas, comme nous l'avons vu plus haut, les difficultés résultant de la routine et de la malveillance des puissances riveraines. Il faut donc trouver un autre moyen.

Ce moyen, M. de Maillet l'indique. Ce serait

sous prétexte que la France a un gros commerce dans les Indes et que les marchands seraient désireux d'avoir plus promptement des nouvelles de leurs vaisseaux qui doivent passer par le cap de Bonne-Espérance, d'avoir à Suez « une tartane d'avis pour faire passer à Suratte ou ailleurs des nouvelles. » Les matelots qui monteraient cette tartane courraient certainement de sérieux dangers sur la côte d'Arabie, s'ils étaient forcés d'y toucher : mais la grande utilité qui pourrait résulter de cette tentative mériterait bien qu'on la hasardât.

« On éviteroit, avec un si foible commencement, les inconvéniens de la jalousie des marchands d'icy, et enfin ce seroit beaucoup d'introduire la coutume de voir de nos bastiments sur la mer Rouge ; cette coutume est toute puissante parmy ces gens cy ; il n'y a qu'à trouver les voyes d'en faire naistre des nouvelles ; pour cela les changements ou innovations doivent estre, s'il se peut, insensibles. On ne réussiroit pas avec plusieurs millions à la conservation d'un projet qu'on entreprendroit à découvert, qu'on y parviendroit en quelques années par des routes imperceptibles. S'il y en a une à ce dessein, c'est celle de la tartane dont je parle et de l'établissement de quelqu'un au Moka, lieu situé à l'embouchure de la mer Rouge où l'on va charger les caffés, où la pluspart des vaisseaux indiens s'arrestent sans venir à Gedda ; pays d'une entière liberté dépendant du Roy de l'Hiémen qui fait sa résidence à douze journées de là dans les terres. L'air du Moka n'est pas sain, mais il est fort bon à Aden qui n'est esloigné du Moka que de deux journées et de cinq ou six par mer ; ce dernier lieu n'est pas fréquenté, parce qu'estant hors du golfe et exposé aux corsaires, on a jugé à propos de transférer le commerce au Moka appartenant au même prince ; on pourroit y passer une partie de l'année, le négoce de Moka ne tombant qu'en certaine saison ; de ce lieu à la coste d'Ethiopie et à Mesoua, résidence du pacha d'Abissinie, il n'y a que deux jours de trajet. Ce seroit le moyen de pénétrer avec le temps en Ethiopie et de s'ouvrir un chemin en des pays que l'on a toujours en veüe de rendre véritablement chrétiens. »

Après avoir donné quelques détails sur la nature du commerce que pourrait faire immédiatement le petit bateau dont il demande l'établissement à Suez, M. de Maillet ajoute : « La tartanne deviendroit barque en peu de temps, et la barque donneroit lieu à une seconde... », et il serait d'autant plus facile de créer une flotte commerciale française dans la mer Rouge et de se rendre maître du transit des Indes de ce côté, que les Turcs sont absolument hors d'état de lutter dans cette mer avec une nation européenne ; ils ont seulement à Suez une vingtaine de vieux bâtiments à un seul pont et sans aucune défense, qui font une fois par an le voyage de Djeddah ; ces bâtiments sont à la merci du premier corsaire venu, et s'ils étaient détruits ou s'ils périssaient de vieillesse, il serait impossible d'en reconstruire. Les Turcs seraient donc les premiers à se servir des vaisseaux français pour le transport de leurs marchandises, s'engageraient à n'en pas prendre d'autres et fourniraient à Suëz des magasins et tout ce qui serait nécessaire. Ces bâtiments auraient en outre le transport des pèlerins à la Mecque et absorberaient bientôt le trafic du café. Quant à celui des Indes, ce serait plus long et plus difficile, à cause des corsaires portugais et des « fourbans anglois qui se sont fortifiés dans l'isle de Madagascar où ils ont une forteresse de cent cinquante pièces de canon... »; mais cela viendrait cependant avec le temps.

Seulement, il faut se hâter de prendre un parti, dit l'auteur du Mémoire. En effet, « on veut que les Anglois dont il en a passé quelques uns par cette mer durant la dernière guerre, ne la fassent parcourir aujourd'huy de nouveau par le nommé Vesler, vice-consul de cette nation à Tripoly de Sirie, que pour reconnoistre des liaisons qu'on pourroit establir entre les lieux où ils sont establis aux Indes et l'Egypte où ils comptent de l'estre au premier jour... Quoy qu'il en soit, les avis que j'en ai eus de divers lieux et l'envie aussi de les devancer et de contribuer aux anciens desseins de la Cour m'ont engagé d'envoyer sur les pas de cet Anglois un nommé Dominique

Paschal, marchand de cette Echelle. Il s'est embarqué avec l'Anglois même pour Gedda, où je le crois arrivé. Il le suivra à Moka et jusques à Suratte ; je luy ay donné des lettres pour le directeur de là, avec lequel je suis en correspondance. Il emporte aussy de grands Mémoires sur toutes les informations qu'il doit prendre durant la route, tant sur le commerce que sur les mœurs et les coutumes que sur la navigation de la mer Rouge, à la connaissance de laquelle je l'ay surtout chargé de s'appliquer. Je puis dire que ce marchand fait le voyage sur ma bourse, au moins aux risques de ma bourse que je lui ay ouvert en cette occasion beaucoup plus largement que le danger d'une longue navigation et d'une navigation inconnue ne le semblait permettre, ne pouvant compter de trouver à faire des assurances. Ce marchand ne peut estre de retour avant la fin de l'année prochaine ; il doit m'écrire amplement de Gedda par le retour de la caravanne (1). »

Non content de faire ainsi des sacrifices personnels (2) à la réussite de l'idée qu'il poursui-

---

(1) Dominique Pascal fut pris par un corsaire anglais et était encore à Bassora le 8 juillet 1700. Tous les Anglais de Suratte avaient été emprisonnés par représailles et on attendait la mise en liberté de Pascal et de ses compagnons de voyage pour les relâcher. (*Lettre de M. de Maillet*, du 8 novembre 1700, dans la CORRESPONDANCE CONSULAIRE DU CAIRE.)

(2) S'il faut en croire les ennemis de M. de Maillet, l'envoi de Pascal ne fut pas aussi désintéressé. En effet, le voyage n'ayant pas réussi, M. de Maillet demanda à la Chambre du Commerce de Marseille qui devait profiter de l'ouverture de ce nouveau

vait, M. de Maillet s'était mis en rapport avec le Pacha, relativement à la fameuse tartane qui devait être l'embryon de la flotte française qu'il rêvait de créer dans la mer Rouge. Ce gouverneur, plus hardi sans doute que ses prédécesseurs, et convaincu que ce projet ne pouvait lui donner que des profits, s'était déclaré prêt à accueillir favorablement et à protéger de tout son pouvoir l'établissement, à Suez, de ce petit bateau ; mais le consul, ne sachant si l'on consentirait à Versailles à ce modeste essai, attendait des ordres pour continuer les négociations de cette affaire qu'il déclarait pouvoir toujours reprendre quand on le voudrait. « Mais pour y parvenir, disait-il en terminant le Mémoire que nous venons d'analyser, — il faut sacrifier du temps et de l'argent et réserver ces espérances à un avenir qui ne frappe pas comme le présent. Il est même très possible que rien ne réussira, et je serois trez fasché d'avoir promis la moindre chose, puisqu'elles sont à ce sujet autant dans les mains de la fortune que dans celles d'un grand ménagement et de la meilleure conduitte. »

débouché, de prendre à sa charge une partie des frais, mais elle refusa par lettre du 10 mai 1698, alléguant que le Consul ayant pris sur les sommes avancées par lui un change considérable, avait fait un acte de commerce dont il devait supporter les conséquences, bonnes ou mauvaises. A la suite de ce refus, M. de Maillet ayant essayé de se faire rembourser de force en s'adressant à la cour, fut débouté de sa demande. (CORRESP. CONSUL. DU CAIRE.)

Ce Mémoire si intéressant était bientôt suivi, le 12 mai 1698, d'un troisième travail où le consul s'occupait plus particulièrement de l'Ethiopie, mais sur lequel nous ne nous arrêterons pas ici, attendu que tous les renseignements qu'il nous fournit trouveront naturellement leur place dans la suite de ce récit.

Enfin, nous avons une nouvelle preuve de l'intérêt qu'attachait la Cour de France à être bien renseignée sur ces questions dans un quatrième Mémoire que nous trouvons dans nos documents et qui était adressé en novembre 1699 par un M. de Ressons au comte de Pontchartrain. Ce Mémoire avait pour objet spécial le commerce dans la mer Rouge. M. de Ressons — qui, d'après un passage de son travail, avait voyagé en Egypte — attribue l'échec ancien du canal de la mer Rouge à la Méditerranée à ce fait que « lorsqu'on eut nivelé, l'on trouva la mer Rouge plus haute, et que l'on convinst que l'on inonderoit l'Egypte qui est fort basse si l'on ouvroit ce canal. Cette raison, à ce que l'on prétend, jointe à ce que les Turcs n'entreprennent jamais de tels ouvrages disant qu'il faut laisser le monde comme Dieu l'a fait, est cause que les choses ont resté en cet estat. Cependant je suis persuadé, Monseigneur, que si les François avoient occupé ces pays là comme eux, que si l'on n'eust pas fait la jonction, l'on auroit au moins fait un canal depuis le Caire jusques à une lieue du Suës n'y ayant que deux journées, mesme dans un pays fort uny... »

M. de Ressons, s'il revenait en ce monde, verrait son affirmation réalisée et au delà. La France, sans occuper « ces pays-là », a fait, par le génie persévérant d'un de ses enfants, M. le comte Ferdinand de Lesseps, et par la toute-puissance de son épargne, ce que tant d'autres, avec lui, avaient rêvé !

L'auteur du Mémoire examine aussi le moyen d'exécuter l'idée de M. de Maillet et d'envoyer des vaisseaux dans la mer Rouge. « ... Comme il seroit très difficile, dit-il, de faire faire le tour aux bastiments que l'on voudroit passer dans la mer Rouge, mon sentiment seroit de porter d'abord au Rousset (Rosette), pour tenter ce commerce, une petite frégatte à platte varangue en fagot; du Rousset, de la faire remonter en pièces par le Nil sur des germes jusques au Caire, et du Caire faire porter les pièces à dos de chameau jusques au Suës pour la bastir sur les lieux. Pour cela, Monseigneur, il faudrait embarquer sur une ou deux flûtes tout ce qui seroit nécessaire, charpentiers, calfats, manœuvres, masture, cloux et généralement tout ce qu'il faudroit, ensuite prendre l'équipage françois de cette frégatte qui seroit dans les flûtes, mesler parmy une douzaine de patrons turcs ou indiens qui conduisent ordinairement les bastiments de la mer Rouge, establir une compagnie de marchans au Suës, etc.

C'est au moment où la Cour de France s'occupait avec l'activité dont les quatre Mémoires que nous venons d'analysér nous fournissent la preuve, de se renseigner sur les moyens de pénétrer dans la mer Rouge et le Soudan éthiopien, que survint un petit événement qui parut offrir à ses représentants l'occasion désirée d'entrer enfin en relations avec ces contrées mystérieuses.

II

ORIGINES DU VOYAGE DE CHARLES PONCET EN ÉTHIOPIE

Malgré leur rupture complète avec l'Europe chrétienne, les Négous d'Ethiopie avaient continué à entretenir des rapports avec le patriarche cophte du Caire, qui était, comme on sait, le chef religieux de leur clergé. Ces rapports se poursuivirent sous Facilidas ou Adiam-Segued, fils de Susneos (mort vers 1664), sous son fils Joannès, autrement Aelaf-Segued (mort en 1680), et sous son petit-fils Yaso-Adiam-Segued ou Ayasous.

Cet Ayasous, que les Francs appelaient Yasous ou encore Jésus, avait commencé à régner à 22 ans, et il en avait 39 en 1698. Il n'avait qu'une fille de sa femme légitime, mais ses concubines lui avaient donné dix garçons et vingt filles; c'était, du reste, un prince pieux (1), grand chas-

---

(1) "... Il se retire deux mois avant Pâques dans l'intérieur de son palais, remettant le gouvernement entre les mains de ses Ministres et passant tout ce temps en jeûnes et en oraisons; la semaine sainte estant arrivée, on représente tous les actes de la Passion où le Roy faitle premier personnage et se rend après la fête au soing de ses Estats. Il a fait bâtir une superbe église qui n'a esté achevée qu'après quinze ans; les Hollandais luy ont fourny la principale des cloches... » (*Mém. de M. de Maillet*, mai 1698.)

seur devant le Seigneur et assez tolérant pour un Négous ; il avait donné une preuve remarquable de sa mansuétude en n'emprisonnant pas étroitement ses frères, comme c'était jusque-là la coutume de ses prédécesseurs.

Ce prince entretenait aussi d'assez bons rapports de voisinage avec l'Egypte, et, depuis son avènement, les relations de l'Ethiopie avec le Caire étaient même devenues assez fréquentes. Sous les règnes précédents, l'Ethiopie ne communiquait avec l'extérieur que par Massouah, où résidait, depuis l'année 1558, un pacha turc. Ce pacha envoyait chaque année à Gondar, la principale résidence du Négous, un officier chargé de lui présenter ses compliments et d'accompagner les convois qui portaient à ce prince les marchandises étrangères dont il avait besoin ; mais un de ces agas turcs ayant eu l'imprudence de se mettre ostensiblement à la recherche des mines d'or qu'on disait abonder en Abyssinie, la méfiance et la jalousie du Négous s'éveillèrent et il ne voulut plus permettre à cette caravane de Massouah l'entrée de ses Etats.

Comme il fallait cependant se procurer des denrées que son pays ne lui fournissait pas et dont il lui était impossible de se passer, le souverain éthiopien prit le parti d'envoyer quelques-uns de ses sujets, par des voies différentes, aux Indes, en Perse, en Arabie et en Egypte. C'est surtout ce dernier voyage qui était le plus important; aussi se faisait-il, au moins sous le règne de Yasous, et au moment où se passent les événements que nous racontons, d'une façon tout à fait régulière ; c'était par cette voie que l'Ethiopie recevait les objets de fabrique européenne qui lui étaient indispensables.

Le chef de cette caravane allant d'Ethiopie en Egypte était, dans les dernières années du XVIIe siècle, un nommé Hadgi-Ali, musulman de religion, ou qui, tout au moins, en faisait profession pendant son séjour au Caire. C'était un homme habile et intelligent qui avait déjà réussi sans encombre à plusieurs reprises le long et périlleux voyage d'Egypte, où il apportait chaque fois, dit-on, pour cinq cent mille écus de poudre d'or, civette et ambre gris qu'il échangeait contre des marchandises qui lui étaient commandées (1).

Pendant un de ces séjours au Caire, Hadgi-Ali, qui souffrait d'une espèce de lèpre, maladie si commune dans ces climats, avait eu l'occasion de recourir aux lumières d'un médecin ou apothicaire français établi dans cette ville, le sieur Charles-Jacques Poncet, originaire de la Franche-Comté.

Ce personnage ne dépassait pas en moralité la moyenne des aventuriers qui allaient, à cette

---

(1) "... Cet envoyé ne garde aucune suitte depuis son entrée en Egypte, est vêtu pour l'ordinaire assé mal et affecté cet air d'indigence pour se délivrer des vexations que l'esclat et l'opinion des richesses attirent toujours en Turquie... " (*Mém. de M. de Maillet*, du 12 mai 1698.)

époque, chercher fortune dans les Echelles du Levant; il passait pour beau parleur et grand ivrogne, et M. de Maillet le traite quelque part de « très petit esprit (1) »; son instruction, d'ailleurs, était médiocre, et il écrivait fort mal le français. Quelques années auparavant, M. de Marlot, consul de France au Caire, avait été obligé de le faire embarquer de force pour en débarrasser la colonie franque; mais Poncet trouva moyen d'y revenir après une assez longue absence, accompagné d'un huguenot, nommé Juveni, avec l'aide duquel il avait établi une petite boutique de pharmacie dont il préparait et débitait lui-même les drogues. Dans un pays où ceux qui font profession de guérir leur prochain se servent plus volontiers d'amulettes que de médicaments, Poncet ne tarda pas à se faire une réputation méritée; il eut bientôt la clientèle des premières maisons du Caire et devint même le médecin en titre du pacha. De pareils succès eussent pu l'amener assez vite à une fortune honorable, si une proposition émanée d'un malade reconnaissant n'était venue réveiller tout à coup les instincts d'aventure qui sommeillaient en lui.

Hadgi-Ali, en effet, ce caravanier abyssin dont nous avons parlé tout à l'heure, avait conservé un souvenir plein de gratitude du savant *frengui* qui l'avait guéri au Caire. Aussi, ayant été

---

(1) Lettre à Pontchartrain du 25 juin 1701.

chargé, en 1698, de ramener d'Egypte un médecin au Négous qui était atteint, lui aussi, d'une sorte de scorbut menaçant de dégénérer en lèpre (1), il n'eut rien de plus pressé que de proposer au sieur Poncet de l'accompagner en Ethiopie.

L'offre était bien séduisante pour un esprit aventureux; il s'agissait de pénétrer, et cela dans des conditions exceptionnellement favorables, dans ce pays mystérieux, aux richesses légendaires, où l'heureux apothicaire ne pouvait manquer, s'il en croyait son tentateur, de faire une fortune rapide et considérable. Poncet n'hésita donc pas et se mit en devoir d'obtenir l'indispensable approbation de son consul.

Au moment où il sollicitait de M. de Maillet l'autorisation de partir, celui-ci venait précisément de recevoir de son gouvernement l'ordre d'accorder sa protection à sept Pères de la Compagnie de Jésus qui se proposaient de passer en Ethiopie. Il vit donc dans la demande de l'apothicaire français une occasion inespérée qui se présentait à lui d'exécuter plus rapidement ses instructions, et il s'empressa de l'accueillir.

(1) « ... Comme il (Hadgi-Ali) alloit prendre congé du Roy qui se trouvoit dans ses jardins avec ses visirs, ce Prince les congédia et tirant Agy-Aly à l'escart, il luy descouvrit un de ses bras et une cuisse tous deux travaillés d'une manière de lèpre, luy défendit d'en parler à personne et le chargea de ne rien oublier pour luy amener du Caire un médecin franc, celuy dont il avoit accoutumé de se servir l'ayant traitté inutilement de ce mal... » (*Mémoire concernant l'Ethiopie*, du 12 mai 1698.)

Mais un premier obstacle se présenta tout d'abord.

En effet, les Pères Capucins d'Égypte, qui ne cherchaient qu'une occasion de pénétrer en Abyssinie, ayant eu vent de la demande de Hadgi-Ali, s'empressèrent de proposer à ce caravanier — en appuyant sans doute leurs propositions d'arguments sonnants — de renvoyer au Négous, sous sa conduite, mais à leurs frais, un de leurs confrères; le P. Pascal, qui se mêlait de médecine, à condition qu'un autre Capucin, le P. Antoine, l'accompagnerait aussi. M. de Maillet prévenu sut paralyser adroitement cette dangereuse concurrence, en opposant aux arguments des moines des arguments plus convaincants encore, et Hadgi-Ali consentit enfin à maintenir la préférence qu'il avait d'abord marquée pour son médecin français.

Nous allons bientôt suivre en Éthiopie nos aventuriers; mais l'incident que nous venons de rapporter nous amène tout naturellement à résumer en peu de mots l'histoire des Missions catholiques d'Éthiopie, et celle des intrigues de tout genre dont Rome était à ce sujet le théâtre; aussi bien ces intrigues eurent une influence décisive sur les événements qui suivirent, et elles éclaireront d'une manière toute particulière, nous l'espérons du moins, le récit de ces événements.

III

QUERELLES ENTRE LES JÉSUITES ET LES FRANCISCAINS AU SUJET DES MISSIONS D'ÉTHIOPIE

Personne n'ignore que les Missions catholiques *in partibus infidelium* ont de tout temps été partagées par la Papauté entre les différents Ordres religieux. Cette distribution a toujours donné lieu entre ces Ordres à des luttes d'influence dont la Cour pontificale était le théâtre, et ces luttes ont eu bien souvent pour résultat des manœuvres coupables qui ont plus ou moins gravement compromis le but commun que l'on se proposait d'atteindre. Là, comme presque toujours, la Compagnie de Jésus montra une habileté supérieure, et les autres Ordres, plus anciens, mais moins bien patronnés, durent presque partout céder la place à cette association plus jeune, plus nombreuse, partant plus riche, qui a toujours considéré les scrupules comme une faiblesse et confondu la grandeur de l'Eglise avec sa propre prospérité.

Dès l'origine, l'Ethiopie avait été un des domaines spirituels qu'elle s'était attribués et qu'elle avait obtenus. Malheureusement, elle n'y avait pas réussi, et nous avons vu plus haut (p. 20) comment, à la suite des maladresses commises par ceux de ses Pères qui en étaient chargés, les catholiques avaient été chassés de l'empire et leur religion proscrite. Cette Mission leur avait été retirée alors et avait été attribuée à des missionnaires italiens appartenant à la réforme de Saint-François (1). Ces religieux ayant été renvoyés du Caire vers 1680, à la suite de difficultés avec la custodie de Terre-Sainte, qui jusque-là avait pourvu à leur entretien, étaient revenus à Rome et avaient résolu de tout tenter pour faire rétablir à leur profit la mission d'Ethiopie.

C'était pour eux un moyen détourné de revenir en Egypte, d'où ils avaient été évincés par les Pères de Jérusalem. Pour parvenir à leurs fins, ils présentèrent au Pape et à la Congrégation de la Propagande un Mémoire dans lequel ils affirmaient, sur la foi de personnes qu'ils désignaient, qu'il y avait au pays de Fungi ou de Sennaar, sur les frontières d'Ethiopie, un très grand nombre de familles catholiques qui s'y étaient réfugiées lors de la grande persécution de Facilidas, en 1640. Ils ajoutaient que ces familles, composant un nombre d'au moins quinze cents fidèles, étaient sans prêtres et sans secours spirituels ; ils proposaient, en conséquence, de

(1) On sait que c'est une réforme des Franciscains qui, au XVIe siècle, donna naissance aux Capucins, que l'on nommait encore en Orient Pères de Jérusalem ou Pères de Terre sainte.

se rendre au Fungi pour porter l'assistance de leur ministère à ces chrétiens fugitifs et de pénétrer ensuite en Abyssinie, où ils assuraient qu'il existait encore beaucoup de catholiques et des dispositions très favorables pour faire rentrer un grand nombre d'hérétiques dans le giron de l'Église romaine. Innocent XII, séduit par la perspective que lui ouvraient ces moines, ne se contenta pas de restaurer en leur faveur la mission d'Ethiopie, qui avait autrefois été entre les mains des Jésuites ; il créa, de plus, un fonds considérable pour l'entretien à perpétuité d'un certain nombre de missionnaires destinés à l'Abyssinie ; enfin, il leur permit d'avoir au Caire deux ou trois religieux en qualité de *Procureurs*, et de créer à Achmin (la *Panapolis* des anciens), dans la Haute-Egypte, un hospice ou maison de refuge pour servir de halte et de repos à ceux qui iraient en Ethiopie ou qui en reviendraient. Les religieux réformés de Saint-François étaient ainsi arrivés au résultat qu'ils désiraient, et, chassés de l'Egypte, ils y rentraient par la mission d'Ethiopie.

Le Mémoire de ces Pères, qui avait été imprimé, et surtout l'heureux résultat de leurs démarches avaient fait beaucoup de bruit dans le monde religieux : les Jésuites ne voyaient pas sans une jalousie mêlée de quelque humiliation une mission dont ils avaient été pendant longtemps les maîtres incontestés leur échapper pour être mise entre les mains d'un ordre rival. Mais ils sentaient bien qu'après les catastrophes dont ils avaient été la cause, quarante ans auparavant, par leur arrogance et leur intolérant orgueil, il leur serait impossible d'obtenir du pape Innocent XII de revenir sur sa décision, à moins qu'ils ne fussent appuyés par un puissant protecteur. Ils jetèrent donc les yeux sur la cour de France, où trônait alors Mme de Maintenon et où l'un des leurs, le P. de la Chaize, jouissait comme confesseur du roi, de la plus grande influence. Ils pensèrent d'ailleurs, avec raison, que Louis XIV saisirait avec plaisir une occasion de substituer à des moines italiens pour la plupart, des Jésuites français, et un moyen de faire étalage, aux yeux des Orientaux, de sa puissance et de la fastueuse protection qu'il accordait aux chrétiens du Levant.

Le P. Verseau, jésuite français, ayant donc obtenu l'agrément du roi, passa de France à Rome avec de nombreuses lettres de recommandation, notamment pour le cardinal de Janson, ambassadeur de France auprès du Saint-Siège, qui le présenta au Pape. Le P. Verseau dit au Saint-Père que le Roi avait fort à cœur la conversion des Éthiopiens et voulait, à l'exemple de Sa Sainteté, y contribuer pour sa part; qu'il avait donc jeté les yeux sur la Compagnie de Jésus et qu'il venait demander en son nom au Pape d'agréer que lui et six autres Jésuites dont il donnait les noms, passassent en Abyssinie pour y rétablir la véritable religion. Il était difficile à la Cour romaine de repousser une offre faite dans de pareilles conditions et appuyée par un patronage si puissant ; aussi le Pape, dissimulant ses véritables sentiments, s'empressa-t-il de déclarer que cette proposition du Roi lui était particulièrement agréable, et il fit immédiatement expédier aux sept Jésuites la permission qu'ils sollicitaient. Mais en même temps, et à l'insu de la Cour de Versailles et de la Compagnie de Jésus, il donna au supérieur des Religieux de Saint-François, destinés à la mission d'Éthiopie, le titre de légat pontifical (*a latere*) auprès du Négous, avec des lettres et des présents pour ce prince et pour les grands personnages de son empire ; et plus tard, lorsque, sous le successeur d'Innocent XII, les Jésuites, ayant eu connaissance de ces agissements, réclamèrent et demandèrent qu'il fût réglé qui, des religieux franciscains ou d'eux-mêmes, évangéliseraient l'Éthiopie, la Propagande leur répondit évasivement et presque ironiquement que ce serait les plus habiles. La lutte existait donc à l'état aigu entre les deux Ordres.

Cependant le P. Verseau, après avoir quitté Rome, était passé par Constantinople et arrivait, en 1697, au Caire, où il fut reçu par M. de Maillet, dont les instructions portaient d'accorder à lui et à ses confrères une protection efficace. On a prétendu (1) que le représentant de la France en Egypte était hostile aux Jésuites et qu'il avait voulu, dans cette circonstance, favoriser les Franciscains (2). Ce qui paraît certain, c'est que M. de Maillet, tout en se mettant à la disposition du P. Verseau pour exécuter les ordres de la Cour, crut devoir lui donner son opinion sur l'opportunité et la possibilité pour des missionnaires de pénétrer en Ethiopie ; il ne lui dissimula pas que, d'après ce qu'il savait, ce serait une espèce de miracle de parvenir à y entrer, et un miracle plus grand encore d'y rester et d'y faire du prosélytisme ; il ajouta enfin que l'histoire de la colonie chrétienne établie à la frontière de l'Ethiopie était une fable, ce qui fut justifié par la suite. Le P. Verseau fut-il subitement dégrisé par ces communications d'un homme qu'un séjour de cinq années au Caire devait avoir suffisamment éclairé et qui possédait des renseignements de première main, ou obéit-il à toute autre préoccupation ? C'est ce qu'il nous est impossible de deviner. Toujours est-il qu'il quitta peu après le Caire et qu'il se rendit en Syrie, où il devait résider en qualité de supérieur général des missions de Syrie et d'Ethiopie.

(1) Voir notamment la *Biographie Michaud* (art. PONCET) ; je ne saurais trop mettre en garde mes lecteurs contre les articles PONCET et MAILLET de cette Biographie, qui sont remplis d'erreurs et d'inexactitudes.
(2) En supposant que les sympathies personnelles de Maillet fussent plutôt pour les franciscains, il était trop bon patriote — toute sa conduite en fait foi — pour ne pas obéir très franchement aux ordres de sa Cour et ne pas favoriser plutôt des Jésuites français que des Capucins italiens.

IV

VOYAGE DE PONCET ET DU P. DE BRÈVEDENT EN ÉTHIOPIE

C'est sur ces entrefaites et après le départ du P. Verseau, que M. de Maillet reçut communication de l'offre faite au sieur Poncet, de partir pour l'Ethiopie. On devine — quels que fussent ses sentiments intimes sur la question — avec quelle satisfaction il saisit l'occasion qui lui était offerte, sinon d'exécuter dans toute leur teneur les instructions qu'il avait reçues concernant l'envoi de sept Jésuites en Abyssinie, au moins de tâter le terrain et de faire, pour ainsi dire, une tentative préliminaire. Il approuva donc complètement le projet de Charles Poncet, et se mit, comme nous l'avons dit plus haut, en rapports personnels avec Hadgi-Ali pour lever les dernières difficultés dues à l'intervention des Franciscains; il s'efforça, nous dit-il quelque part, de faire comprendre à cet homme « la différence qu'il y avoit des François aux Portugois, Holandois et Danois, qui sont les plus connus en cette Cour (d'Ethiopie), et que la fidélité, l'amitié, le désintéressement, estoient le véritable caractère de notre nation, la plus florissante qui fût sur la terre et gouvernée par le plus grand des Roys. Puis, cette satisfaction donnée à l'amour-propre national, et, le temps pressant, attendu que la caravane allait prochainement partir, le consul s'entendit avec deux Jésuites, un Italien et un Français, qui résidaient alors au Caire. Il fut convenu, puisqu'il paraissait hors de doute que ce voyage entrerait dans les vues du P. Verseau, et qu'on n'avait pas le temps de recevoir la réponse qu'il devait faire aux lettres qu'on lui envoyait à ce sujet, que le P. de Brèvedent, — c'était le nom du Jésuite français, et ce choix laisse assez voir les préoccupations politiques de Maillet (1), — le P. de Brèvedent partirait avec le sieur Poncet, et sans attendre l'approbation de son supérieur. Mais, par mesure de prudence, il fut décidé que le P. de Brèvedent irait sous un déguisement et passerait pour le domestique de Poncet.

Il ne restait donc plus qu'à préparer le départ. M. de Maillet vit de nouveau plusieurs fois Hadgi Ali, lui donna des présents pour lui-même et pour le Négous, avec une lettre officielle écrite en

(1) Le P. de Brèvedent appartenait à une famille distinguée de la ville de Rouen; il avait été pendant dix ans missionnaire dans l'Archipel et la Syrie. Il était l'auteur d'un projet de machine pour le mouvement perpétuel dont il construisit le modèle en 1685 et que l'on trouve gravée dans les journaux du temps. (Voir *Lettres édifiantes*, tome IV de la 1re édit. Paris, 1704. (Préface). C'était, dit M. de Maillet dans un de ses Mémoires, « un très digne sujet, ayant une grande connoissance de plusieurs arts, sçachant les langues, fort insinuant et persuadé comme moy de la nécessité de s'établir fortement par ces endroits avant de parler de religion... »

arabe; dans cette lettre, il insistait sur ce point, que Poncet étant le médecin du Pacha et des principaux seigneurs turcs du Caire, il comptait que le Négous le lui renverrait aussitôt qu'il n'en aurait plus besoin; et de fait, c'est à cette lettre, ainsi que l'a plus tard déclaré Poncet lui-même, qu'il dut d'avoir obtenu si facilement la liberté de revenir d'Éthiopie, comme nous le verrons tout à l'heure.

Le départ eut lieu le 10 juin 1698. Quinze jours après, les voyageurs étaient à Ibna, à une demi-lieue au-dessus de Manfalout, où ils devaient rejoindre la grande caravane d'Abyssinie; mais cette caravane se fit attendre pendant trois mois, et c'est dans cet intervalle que doit se placer un incident tout à fait imprévu.

Il paraît, en effet, que M. de Maillet et les deux Jésuites en résidence au Caire s'étaient absolument mépris sur les véritables intentions du P. Verseau; ils en eurent bientôt la preuve en voyant arriver dans cette ville le P. Grenier, autre Jésuite, qui venait, en réponse aux lettres envoyées au supérieur général, empêcher, s'il en était temps encore, le départ du P. de Brèvedent. Malheureusement, comme nous venons de le voir, les voyageurs étaient déjà arrivés dans la Haute-Égypte, et bien qu'il fût encore matériellement possible au P. Grenier d'essayer de rappeler son confrère, il ne crut pas devoir le faire, soit parce qu'il trouva la chose à moitié consommée, soit que, examinant les faits à un autre point de vue que le P. Verseau, il ait été satisfait des mesures qui avaient été prises.

Le P. de Brèvedent, sous le nom de Joseph, se remit donc en route avec la grande caravane qui partit de Manfalout le 24 septembre 1698 ; le 6 octobre, elle arrivait à El-Ouah (l'*oasis parva* des anciens), d'où elle se dirigeait vers le Sud. Le 26, elle rejoignait le Nil à Moschot, et suivait la rive gauche de ce fleuve jusqu'à Dongola, où elle entra le 13 novembre (1).

A Dongola, Poncet, qui avait été naturellement muni, par les soins de M. de Maillet, d'une abondante provision de médicaments, fit merveille comme médecin ; aussi, nos voyageurs ne purent-ils quitter cette ville et reprendre leur route sur la rive gauche du Nil que le 6 janvier 1699. Le 12 mai suivant, ils retraversèrent le Nil au-dessus de Sennaar, et enfin, après plusieurs détours, ils entrèrent par Serk dans les Etats du Négous.

Le P. de Brèvedent, d'une santé plus délicate que Poncet — et n'ayant pas, sans doute, pour soutenir son courage, la satisfaction des cures merveilleuses accomplies à l'aide de la caisse de drogues, — avait supporté avec peine les fatigues de ce long et périlleux voyage. De plus, et en dépit des éloges posthumes qu'il prodigue à son

---

(1) Pour tous les détails de ce voyage, on peut voir le récit de Poncet dans les *Lettres édifiantes*, et Bruce : *Voyage en Nubie et en Abyssinie*, édit. franç. in-4°, tome II.

compagnon, il paraît que l'apothicaire, infatué de son importance de chef de mission, n'eut pas pour le pieux religieux qui avait consenti à le suivre sous des habits de valet, tous les égards dûs à son caractère et à son dévouement. On prétend même qu'arrivé à Sennaar, qui n'était plus sous l'autorité, ni même sous l'influence du pacha d'Egypte, il souffrit que le pseudo-Joseph fût en butte aux mauvais traitements d'Hadgi-Ali et qu'il ne lui fit pas grâce des siens. Il n'en fallait pas tant pour rendre malade un homme délicat et bien élevé, et c'est ce qui ne manqua pas d'arriver. Le P. de Brèvedent, mal soigné et atteint d'une violente dyssenterie, s'affaiblit rapidement; ayant été forcé, néanmoins, de se remettre en route pour l'Ethiopie au milieu de la saison des pluies qui survint alors, son mal fit des progrès effrayants, et il rendit le dernier soupir à Barko, à une demi-journée de Gondar, le 9 juillet 1699, dans la propre maison d'Hadgi-Ali. Poncet prétend, dans sa narration, qu'il était lui-même fort malade à ce moment, et très maltraité par Hadgi-Ali qui lui avait, dit-il, volé « jusqu'à ses souliers »; quoi qu'il en soit, il n'a pu décharger entièrement sa mémoire de la part de responsabilité qui pèse sur lui dans la catastrophe qui termina la carrière du malheureux P. de Brèvedent.

Cette catastrophe n'empêcha pas l'apothicaire de poursuivre le cours de ses succès. A en croire sa narration imprimée, il fut reçu par le Négous comme un véritable ambassadeur. A peine arrivé à Gondar le 21 juillet 1699, il fut admis officieusement en présence de l'empereur, qui le logea dans son propre palais et qui, le 10 août suivant, lui accorda publiquement une audience solennelle (1). Ayant bientôt réussi à guérir Yasous et un de ses fils de la maladie qui avait été le prétexte de sa venue, il devint le favori de ce prince, qu'il accompagna pendant son séjour en Ethiopie, dans tous ses voyages et ses expéditions, autant, du moins, que le lui permit sa santé délabrée, et c'est cette santé qui lui fournit, au bout d'un an de séjour, le prétexte qu'il cherchait pour demander son congé. Le Négous y consentit, bien qu'avec peine — toujours d'après Poncet — et ainsi finiraient, d'une manière peu héroïque, après tout, les aventures de ce Diafoirus de rencontre, si une circonstance qui nous force à revenir un peu en arrière, n'avait mêlé plus directement son voyage et sa personne à un épisode des relations de la France avec l'Ethiopie chrétienne.

(1) D'après d'autres renseignements, dont plusieurs ont été fournis par Poncet lui-même à son retour au Caire, sa situation fut beaucoup plus modeste pendant son séjour en Ethiopie; il fut même obligé d'y dissimuler sa qualité de *franc*, et de se faire passer pour un levantin, Grec ou Arménien.

V

PONCET REVIENT D'ÉTHIOPIE EN ÉGYPTE AVEC MOURAD

On se souvient des retards qu'avait subis la caravane dont faisaient partie Poncet et ses compagnons dans la traversée de la Haute-Egypte. Ces retards avaient permis à M. de Maillet de leur faire parvenir un courrier qui leur apporta une nouvelle importante. Le consul leur faisait savoir, en effet, qu'il venait de recevoir du P. Fleuriau, jésuite, une lettre datée d'octobre 1698, lui disant que, s'il était possible d'obtenir du Négous l'envoi d'un ambassadeur en France, cela serait très agréable à la Cour.

Le P. Thomas-Charles Fleuriau n'était pas le premier venu ; c'est lui qui était chargé de toute la correspondance des Jésuites avec leurs missionnaires du Levant, qui recevait leurs lettres et mémoires, qui les rédigeait et les publiait. De plus, il était l'ami du P. de la Chaise. Il était donc parfaitement admissible qu'il fût chargé de faire au consul général de France en Egypte la communication que nous rapportons ici, d'autant plus que le but ostensible de la reprise des relations avec l'Ethiopie chrétienne était avant tout un but religieux.

Les ennemis de M. de Maillet ont prétendu depuis que, heureux de montrer son zèle, il aurait beaucoup embelli la discrète communication du P. Fleuriau, et qu'il aurait donné pour instructions à Poncet d'amener un ambassadeur éthiopien ayant une suite d'au moins vingt-quatre personnes parmi lesquelles cinq ou six prêtres ou religieux cophtes, avec une douzaine d'enfants nobles du royaume pour être élevés dans les sciences et la religion catholique à Paris..... (1). Tout cela est tellement en contradiction avec les déclarations faites antérieurement par M. de Maillet au P. Verseau, et aussi pouvons-nous ajouter, avec la gravité de son caractère, que nous n'entreprendrons pas de l'en justifier. Il est beaucoup plus probable qu'il transmit purement et simplement au P. de Brévedent et au sieur Poncet la communication du P. Fleuriau.

Il est possible, cependant, qu'il ait provoqué lui-même, d'une manière inconsciente, cette communication, en insérant la phrase suivante à

---

(1) BRUCE (*Voyages*, etc., tome II, passim) prétend aussi que M. de Maillet était l'auteur responsable du projet d'ambassade; mais il faut remarquer que ce voyageur est partout très hostile à ce consul qu'il appelle quelque part (p. 530) « un vieux gentilhomme normand, excessivement jaloux de sa noblesse ». Nous ne savons sur quoi Bruce base cette appréciation sur Maillet qui, soit dit en passant, n'était ni vieux, ni Normand.

la fin de son « *Mémoire à la Cour* » en date du 12 mai 1698. Parlant de ses relations avec Hadgi-Ali, à l'occasion du départ de Poncet, « il m'assure, dit-il, que je le reverray bientost avec des présents pour le Roy et des lettres de son Empereur, supposé qu'il n'envoye pas d'ambassadeur. Je ne sçay si cela arrivera, mais j'ay trouvé beaucoup de solidité, de jugement et même d'apparence de vérité dans tout ce que cet envoyé m'a dit de son Maître et de son Pays. » Quoi qu'il en soit, il est à supposer qu'étant données ses opinions bien connues de tous et que son Ministre ne pouvait ignorer, M. de Maillet n'attachait sans doute qu'une médiocre importance à ces projets d'ambassade.

Néanmoins, il est probable qu'en y réfléchissant, cela ne laissa pas de le préoccuper quelque peu, car nous trouvons trace de cette préoccupation quelque temps après dans sa correspondance.

Dès le 22 avril 1700, il faisait part à Pontchartrain des bruits qui couraient d'une ambassade du Négous vers le roi de France, et il le priait de lui dire la manière dont il devait agir, « si cela arrivoit. » La réponse qu'il reçut, datée du 25 août suivant, lui prescrivait de recevoir convenablement l'ambassadeur au Caire, mais de ne pas l'envoyer en France. Le 5 janvier 1701, M. de Maillet écrivait à ce sujet : «... S'il venait quelqu'un de ces quartiers-là (d'Ethiopie) pour

France, je ne manqueray pas, ainsy que l'a pensé Vostre Grandeur, de prétexte honneste d'interrompre son voyage, sans compromettre le projet de mission commencé en Ethiopie. Je crois cependant que si ce n'estoit que de jeunes gens pour s'instruire dans les arts et les sciences, que le Roy voudroit bien que je les envoyasse en France et entrer dans les petites dépenses qu'y occasionneroit leur séjour. Que s'il en estoit autrement dont je puisse estre averty à temps, je les ferois passer à Rome où l'on en désire avec passion. » Quelques jours après, M. de Maillet recevait sans doute des ordres moins encourageants encore, car il écrivait à Pontchartrain le 9 février 1701 : « ..... Aussitost que j'eus reçeu les ordres (de Votre Grandeur) sur la conduitte que j'avois à tenir en cas qu'il vînt un envoyé du Roy d'Ethiopie, je depeschay aux Pères Grenier et Paulet, Jésuittes, qui estoient en chemin vers l'Abyssinie (1), un exprès et leur manday qu'il m'avoit paru que dans la situation d'alors des affaires de l'Europe, une ambassade d'Ethiopie ne conviendroit pas à la Cour ; les chargeant si par hazard ils en rencontroient quelqu'une en chemin, de l'empêcher s'ils pouvoient, de poursuivre la routte, et d'insinuer la mesme chose au Négus s'ils arrivoient auprès de luy avant qu'il eût pris cette résolu-

---

(1) Nous aurons occasion plus tard de reparler du voyage de ces Jésuites.

tion. Ainsy si l'envoyé de ce prince a tenu la routte de Saannar où je crois ces pères proches d'arriver, ils auront esté en estat de l'y arrester...»

Comme on le voit, la Cour de France, tout en désirant poursuivre jusqu'au bout l'essai de l'introduction de missionnaires en Ethiopie, était devenue tout à fait contraire à l'envoi d'un ambassadeur du Négous à Versailles. Le ministère avait-il changé d'avis ? Ou le P. Fleuriau, emporté par son zèle de missionnaire, avait-il pris sur lui la demande de cet ambassadeur en octobre 1698 ? C'est ce que nous ignorons complètement. Toujours est-il que ces ordres contradictoires furent très probablement l'origine de l'imbroglio qui suivit, et qui eut pour point de départ la communication faite à Poncet pendant son séjour forcé dans la Haute-Egypte.

Cet aventurier se garda bien, en effet, de négliger une recommandation qui donnait à son voyage une importance diplomatique et qui faisait de lui, sinon un envoyé officiel, au moins une sorte de commissionnaire politique. Il profita donc — c'est du moins ce qu'il nous laisse entendre — de la faveur qu'il avait acquise auprès du Négous dans son rôle de guérisseur, pour lui faire part de la mission toute différente qui lui était confiée, et pour lui demander d'accréditer un de ses sujets auprès du « Sultan des Médecins (1). »

(1) Lettre de M. de Maillet du 22 avril 1700.

Les empereurs de la race de Salomon n'ont jamais attaché à l'envoi d'un ambassadeur la même importance que les potentats européens. La plupart du temps ce n'est pour eux qu'un échange de politesses sans grande conséquence ou le règlement de quelque affaire de commerce dans lequel la politique n'a presque jamais rien à voir. Le Négous consentit donc sans beaucoup de peine à donner satisfaction à son médecin favori, et il désigna d'abord pour l'accompagner en Europe un prêtre ou religieux nommé Grégorios à qui Poncet commença dans ce but, dit-il, à apprendre le latin, « mais, parce qu'en Éthiopie on se sert plus volontiers, pour les ambassades, des étrangers que des gens du pays, il ne fut pas difficile au ministre *Mourat* de faire nommer son neveu pour l'ambassade de France. L'Empereur le déclara publiquement, et lui fit préparer ses présens, qui consistoient en éléphants, en chevaux, en jeunes enfans éthiopiens et autres présens (1). »

Le ministre Mourat, duquel il est ici question, était un de ces aventuriers levantins dont j'ai déjà parlé, à qui les Négous accordaient protection et liberté de commercer dans leurs états et qu'ils élevaient même quelquefois aux plus grands honneurs, en échange des services qu'ils leur rendaient comme courtiers de négoce avec

(1) Relation de PONCET, dans les *Lettres édifiantes*, tome III (édition de 1780).

l'Inde, l'Egypte ou l'Arabie et en général comme intermédiaires vis-à-vis des populations mahométanes qui les enserraient de toutes parts. Le vieil arménien Mourat ou Mourad, qui était au service du Négous depuis plus d'un demi-siècle (1), jouissait, dit Poncet, d'un grand crédit auprès de son maître ; il avait été chargé, à diverses reprises, de missions auprès du Mogol et des Hollandais de Batavia (2), et il n'est pas étonnant qu'il ait obtenu pour son neveu la préférence de cette mission où il devait y avoir, d'après toutes les apparences, quelques profits à recueillir.

Toutes choses étant enfin réglées à la satisfaction commune, Poncet quitta Gondar le 2 mai de l'an de grâce 1700. Nous ne le suivrons pas dans son long voyage à travers les plateaux abyssins, voyage ralenti, non seulement par le mauvais état de sa santé et le désir bien naturel de voir autant que possible les curiosités du pays qu'il parcourait (3), mais encore par l'obligation

(1) On assurait en 1701 qu'il avait 103 ans, et il commençait à peine à blanchir !

(2) On prétend même qu'il avait engagé ces derniers à envoyer au Négous une ambassade que ce prince refusa de recevoir après l'avoir fait longtemps attendre à Massouah, ce qui rompit toute relation entre eux et l'Ethiopie.

(3) Les auteurs des *Lettres édifiantes*, scandalisés outre mesure par les agissements de Poncet, ont jeté injustement le discrédit sur tous les renseignements fournis par cet aventurier. Bruce, le meilleur juge en pareille matière, rend, au contraire, en plusieurs endroits de son voyage, un complet hommage à la véracité de ses indications géographiques. Nous citerons seulement le passage suivant (*Voyages en Nubie*, trad. franç., t. II,

où il était de donner le loisir de le rejoindre à l'ambassadeur Mourad, qui n'avait pas encore eu le temps de terminer ses derniers préparatifs. Quelle que fût la lenteur de sa marche, Poncet arriva cependant à Massouah avant Mourad ; le voyage de ce dernier, dit notre médecin dans sa relation, « ne fut pas heureux. Les chevaux qu'il devait présenter au Roi moururent en chemin. Mourat renvoya en cour pour en avoir d'autres : cet accident retarda son voyage, et me fit prendre la résolution d'aller l'attendre à Messoua, pour donner ordre à notre embarquement. »

Arrivé à Massouah, Poncet reçut une lettre de Mourad lui mandant « que la mort du prince Basile (fils aîné du Négous), et les embarras qu'il avoit trouvés sur sa route, l'avoient empêché de le joindre. » Dans ces circonstances, Poncet, ne sachant pendant combien de temps ce retard pouvait se prolonger, et craignant par-dessus tout de manquer la mousson favorable et de se trouver bloqué pour plusieurs mois dans cette ville malsaine et brûlante, s'embarqua le 28 octobre 1700 et arriva à Djeddah le 5 décembre suivant, après avoir relâché sur plusieurs points des deux rives de la mer Rouge.

p. 527) : « Comme beaucoup de fanatiques, non moins ignorants que vains, ont, non pas par amour pour la vérité, mais seulement par malice, affecté de douter de l'authenticité du livre de Poncet, même de la réalité de son voyage, je l'ai examiné scrupuleusement ; j'ai comparé ce qu'il dit avec ce que j'ai vu ; et je puis assurer qu'il est très véridique... »

Le jour même de son arrivée à Djeddah, Poncet écrivit à M. de Maillet une lettre qui n'arriva au Caire que le 9 février de l'année 1701. Dans cette lettre, il annonçait au consul de France qu'il était parti avec un ambassadeur du Négous, Arménien d'Alep et neveu d'un nommé Mourad, depuis soixante ans au service des souverains d'Ethiopie (1). Cet ambassadeur amenait au Roi, disait-il, dix esclaves abyssins, mâles et femelles,

(1) En annonçant le soir même, à M. de Pontchartrain, la nouvelle de l'arrivée de Poncet à Djeddah, M. de Maillet revenait sur la question de l'ambassade du Négous qui, d'après lui, ne pouvait être au Caire avant plusieurs mois « en sorte, ajoutait-il, que si Votre Grandeur avait quelque chose à changer ou à ajouter aux ordres qu'elle m'a donnés ci-devant sur la conduite que j'aurais à tenir en pareil cas, je serois à temps de les recevoir. Je prends la liberté de luy demander si je ne debvrois pas accepter au moins des présents de cet ambassadeur, les jeunes garçons et les jeunes filles qu'il amène avec luy, et luy faire en retour quelques présents d'une certaine valeur pour le consoller en quelque sorte de voir son voyage borné à ce païs. Il ne paroistroit en aucune sorte si on luy faisoit quelque libéralité pour luy et quelques présents pour son Roy que j'eust (sic) d'autres raisons de le détourner de la suitte de son voyage que celles dont je me servirois, et cela ne feroit guère moins d'honneur au Roy au moins en Ethiopie, et contribueroit autant à l'avancement de la religion que si cet envoyé estoit allé jusqu'en France. Les missionnaires italiens n'oublieront rien aussi à ce que je pense pour tourner cette ambassade vers Rome, lorsqu'ils reconnoistront que je suis bien aise de ne la point laisser passer en France, et ils enlèveront sans doute à quel prix que ce soit les filles et les garçons qui font partie des présents de cette ambassade... » « ... Le bruit de cette mission, dit-il encore dans une lettre écrite plus tard le 6 mai 1701, commence à esclater en ce païs surtout parmi les relligieux francs italiens qui m'en ont desja fait faire des compliments, quoyque je sois seur qu'ils en ont plus de chagrin que de satisfaction par raport à l'honneur qu'ils s'imaginent par là avoir esté enlevé à la cour de Rome et à leur nation... »

des chevaux et des éléphants ; il ajoutait qu'il croyait que les éléphants étaient morts. Cette lettre donnait encore quelques détails sur les mésaventures d'une ambassade des Anglais de Bombay qui n'avait pu pénétrer en Ethiopie, expliquait par une guerre survenue entre Yasous et le roi de Sennaar l'impossibilité dans laquelle Poncet s'était trouvé de revenir par la vallée du Nil ; racontait un soulèvement religieux qui venait d'avoir lieu contre le Négous ainsi que sa répression, et se terminait ainsi : « Monsieur, cachez le plus qu'il vous sera possible la renommée de cette ambassade pour des raisons très particulières qui ne se peuvent écrire. »

Il semble — Poncet n'ayant jamais donné à M. de Maillet les motifs de cette dernière recommandation — qu'il voulait seulement, en s'entourant de mystère, donner plus d'importance à son voyage et à celui de son compagnon, l'ambassadeur Mourad.

Vers le milieu d'avril (1701), M. de Maillet reçut une seconde lettre de Poncet datée du 6 décembre précédent, simple duplicata de celle dont nous venons de parler, et enfin, le 2 mai, lui parvint une troisième lettre datée du 24 avril par laquelle Poncet lui faisait part de son arrivée à Thor, port de la mer Rouge ; il ajoutait qu'il allait faire un court séjour au Mont-Sinaï, où il était appelé par l'abbé, atteint de paralysie, qu'il avait déjà eu l'occasion de soigner autrefois au

Caire (1); enfin il terminait en annonçant au Consul l'arrivée à Djeddah de l'ambassadeur d'Ethiopie qu'il attendait d'un jour à l'autre.

En effet, Mourad rejoignit bientôt le médecin, mais dans le plus triste équipage. Les esclaves, disait-il, lui avaient été enlevés par le Pacha de Djeddah, et l'éléphant — Poncet en avait annoncé plusieurs — était mort en route. Quant aux chevaux, également annoncés dans la lettre du médecin, il n'en était même plus question. Bref, la douane turque, qui de tous temps a eu de bons yeux pour trouver de la matière imposable, estimait à peine à six cents écus le bagage apporté par le prétendu ambassadeur du Négous. C'était, on en conviendra, bien peu pour un si grand personnage.

(1) Poncet envoyait à M. de Maillet en même temps que sa lettre « deux lingots d'or chacun de cinq onces l'un, enveloppés avec un morceau de soye couleur rouge mourant cacheté avec la cire d'Espagne du cachet de la couronne de l'escu d'or... »

VI

PREMIÈRES DIFFICULTÉS SURVENUES ENTRE M. DE MAILLET, CONSUL GÉNÉRAL DE FRANCE EN ÉGYPTE, ET L'ENVOYÉ DE L'EMPEREUR D'ÉTHIOPIE.

Mourad n'en arriva pas moins au Caire, en assez pauvre équipage, le 21 juin 1701 (1). Poncet l'avait précédé de vingt-quatre heures afin de préparer sa réception. Il fit entendre au Consul que Mourad se trouverait gêné dans sa maison et qu'il était préférable de lui en préparer une dans laquelle il habiterait seul ; M. de Maillet obtempéra immédiatement à ce désir et demanda la maison des sieurs Torelly et Berrardy, située « dans la contrée de Venise (2) », pour y loger

---

(1) M. de Maillet prévint immédiatement M. de Ferriol, ambassadeur de France à Constantinople : « ... Plus le 20ᵉ aoust pour un courrier venu du Caire au sujet de l'ambassadeur d'Ethiopie et qui a passé par diverses eschelles de Sirie d'où il m'a apporté des lettres..... 25 écus. » Extrait d'un « Mémoire des frais extraordinaires faits par M. de Ferriol en 1701. » (Arch. des Aff. étr., CORRESP. DE TURQUIE, t. XXXVIII, p. 271.)

(2) Le quartier « franc » était ainsi divisé en « contrées » qui portaient le nom particulier des Européens qui les habitaient. Un document de 1702 (Arch. des Aff. étr., CORRESPONDANCE DE TURQUIE, t. XXXVIII, p. 228) nous donne la composition de la colonie franque du Caire à cette époque : elle comptait quarante marchands français, deux Anglais et deux Hollandais. Les

l'ambassadeur. Le lendemain matin, pendant que le Chancelier, le premier Drogman et les Janissaires du Consulat, accompagnés des sieurs Poncet et Lacombe, marchand français du Caire, étaient allés au-devant de lui, à une lieue de la ville, l'envoyé du Négous arriva inopinément d'un autre côté ; tout ce que put faire M. de Maillet fut donc de faire saluer Mourad par M. Macé, « enfant de langue (1) », le seul membre du Consulat qui fût resté auprès de lui, et qui conduisit ensuite le nouveau venu à la maison qu'on s'occupait de lui préparer. M. de Maillet crut ainsi le traiter avec plus d'honneur qu'en le faisant venir jusqu'au Consulat, situé « dans la contrée de France », et, dès qu'il eut réuni son personnel, il lui envoya son Chancelier, son Drogman et les Janissaires avec toutes sortes de rafraîchissements pour une valeur de plus de quatre cents livres. Ces rafraîchissements étaient portés par plus de vingt hommes, à qui l'ambassadeur, se prétendant froissé de ce qu'on ne l'avait pas reçu

---

seuls consuls alors en résidence en Egypte étaient ceux de France et d'Angleterre. Les missionnaires jésuites, capucins, observantins et récollets étaient établis au Caire ; il y avait alors dans cette ville des chrétiens schismatiques, Grecs (3 ou 4.000), Arméniens (2.000) et Cophtes (environ 4.000). Les catholiques y étaient environ au nombre de 200, et quatre à cinq familles maronites, tandis que les Juifs y étaient plus de 60.000.

(1) On donnait ce nom aux élèves de l'école de langues qui faisaient leur stage dans une des Echelles du Levant sous la direction et la surveillance d'un consul avant d'être employés eux-mêmes comme chefs de poste.

directement au Consulat, fit une largesse de trente sols pour leur peine !

La politesse de Mourad égalait sa munificence : Le soir du même jour, les députés de la nation, accompagnés de plusieurs négociants français et précédés des Drogmans et Janissaires du Consulat, étant venus pour le saluer, il ne se leva même pas pour les recevoir, ne répondit pas à leurs compliments et se conduisit avec eux de telle sorte qu'ils déclarèrent au Consul qu'ils n'y retourneraient pas, même pour l'accompagner, à moins qu'ils n'en reçussent l'ordre par écrit. Et ils le supplièrent de ne pas y aller lui-même (1).

M. de Maillet, bien que Mourad n'ait pas même jugé à propos de l'envoyer remercier de ses attentions, ne crut pas devoir se conformer à cet avis qui était aussi celui de son subordonné, M. du Roure (2), consul de France à Alexandrie. Mais, avant de se mettre en relations personnelles avec Mourad, il voulait que celui-ci justifiât de sa qualité d'ambassadeur et lui donnât communication de ses lettres de créance. Cette

(1) Les Jésuites, pour excuser plus tard la grossièreté de Mourad, devenu leur client, prétendirent qu'il avait été blessé des allures familières du sieur Fornetti, interprète du Consulat, de la réception du consul et des avanies qu'il disait avoir subies à la douane de Suez où l'on avait visité ses bagages, ce qu'il attribuait à un ordre envoyé par le pacha, à l'instigation de M. de Maillet.

(2) Il ne faut pas confondre ce consul avec M. Le Noir du Roule, dont nous parlerons plus tard.

prétention, qui n'était cependant pas extraordinaire — étant données surtout les circonstances qui avaient accompagné l'arrivée de Mourad en Egypte — ne fut pas du goût de celui-ci ; il était d'ailleurs encouragé dans sa résistance au légitime désir du Consul par Poncet (1) et surtout par un jésuite nommé le P. de Poislevache (2) qui avait accaparé dès le premier jour l'envoyé du Négous et qui, d'après toutes les apparences, voulait s'en faire un instrument destiné à favoriser les vues ambitieuses de sa Compagnie. Ce qui donne encore plus de poids à cette opinion, c'est que le P. Verseau, qui vint au Caire quelque temps après, montra, lui aussi, une attitude hostile au Consul de France et s'efforça de le desservir de toutes les manières.

Malheureusement pour Mourad, sa bourse n'était pas à la hauteur de son impertinence, et l'état de ses finances ne lui permettait pas de se montrer récalcitrant au delà d'une certaine mesure. M. de Maillet ayant très énergiquement déclaré que si l'ambassadeur du Négous ne lui donnait pas la satisfaction qu'il demandait, il cesserait, lui consul, de faire sa dépense, le P. de Poislevache se présenta au Consulat le lende-

---

(1) Jusque-là, le médecin avait logé chez M. de Maillet, mais il le quitta alors brusquement.

(2) Ce nom se trouve écrit dans nos documents et dans Lobo, tantôt « Pollevache », tantôt « Poilevache » : nous rétablissons ici l'orthographe adoptée par ce jésuite lui-même qui signe : J. de Poislevache.

main et annonça au représentant de la France que le sieur Poncet viendrait, au nom de Mourad, le saluer dans l'après-midi. A l'heure indiquée, M. de Maillet l'attendait avec les députés de la nation et ses drogmans. Poncet arriva, accompagné d'un Abyssin et d'un petit noir qui constituaient toute la maison de Mourad. Après les *salamalecs* d'usage, l'apothicaire-diplomate, se levant, dit en turc (ce qui parut à tout le monde assez plaisant) qu'il venait de la part du sieur Mourad déclarer au Consul qu'il était ambassadeur du Négous et envoyé vers le Roi de France. Après que cela eut été traduit par le premier drogman, M. de Maillet fit la réponse suivante, qu'il prit soin de remettre par écrit au sieur Poncet afin d'éviter tout malentendu et tout prétexte aux intrigues qu'il voyait que l'on commençait à ourdir autour de lui :

« Je reçois avec beaucoup de plaisir l'avis que vous venez me donner de la part du seigneur Murat, qu'il se trouve chargé d'une commission du Roi d'Ethiopie envers le Roi mon Maître. S'il prend la peine de me communiquer ses pouvoirs, le sujet de cette commission, et les choses dont il est chargé pour Sa Majesté, ainsi que c'est la coutume, lorsqu'on arrive en des lieux où il y a des personnes qui ont l'honneur d'y représenter Sa Majesté, comme je le fais ici, et que je vous prie de le faire connaître audit Seigneur, je ne manquerai pas d'en informer les Seigneurs

Ministres de Sa Majesté, afin que les ordres soient donnés pour sa réception suivant ses lettres de créance : et après, si ledit Seigneur veut être reconnu ici publiquement, je lui rendrai, suivant son caractère, des devoirs publics de civilités; mais je crois qu'il estimera comme moi qu'il est plus expédient, à cause de l'ombrage que cela pourroit donner aux Puissances du païs où nous nous trouvons, qu'il continue de vivre *incognito*, comme il a fait jusqu'ici, et que nous nous voïons en particulier, sans cérémonie. Cependant, s'il ne veut pas prendre la peine de me venir voir quelque soir pour ces choses ou de me les faire communiquer d'ailleurs, je lui envoirai pour ce sujet une personne de confiance avec un de mes Drogmans, ce qui est d'autant plus pressant qu'il y a actuellement des commodités pour France, après lesquelles il ne s'en offrira que de soixante jours, et que cela retardera d'autant les ordres nécessaires de la Cour pour son départ. Je vous prie de témoigner audit Seigneur, que je serois fort aisé de sçavoir l'état de la santé de Sa Majesté Ethiopienne, si elle a reçu la lettre que j'eus l'honneur de lui écrire, en lui envoïant des Médecins il y a trois années, si elle a été satisfaite d'eux (1), et si, en partant d'Ethiopie, ledit Seigneur Murat a eu ordre de passer par

---

(1) Toutes ces questions adressées à Mourad par l'intermédiaire de Poncet avaient, il faut l'avouer, une légère pointe d'ironie de la part de M. de Maillet.

cette ville. *Signé*, DE MAILLET : *Et plus bas* est écrit : Remis cejourd'hui 23 juin 1701 en nos mains, en présence des sieurs Députés de la Nation, et des Drogmans, et en avons délivré copie au sieur Charles Poncet, qui a porté la parole à M. le Consul. *Signé*, DE MONHENAUT, Chancelier. »

Cette réponse à la fois polie et très claire ne fut sans doute pas du goût de Mourad ou de son conseiller le P. de Poislevache, car deux heures après que Poncet eut quitté le Consulat, il y revint apportant à M. de Maillet un écrit de sa main, à lui Poncet, et cacheté du sceau de Mourad, écrit dont voici le texte :

« Monsieur,

« Je suis venu au Caire de la part de mon Empereur d'Ethiopie, pour m'en aller vers l'Empereur de France. Le Roi mon Maître ne m'a pas ordonné de porter la parole à autre qu'à sa Majesté très Chrétienne. »

D'après la version des Jésuites, le Consul ne répliqua rien à cette lettre ; il aurait seulement fait appeler le sieur Poncet et lui aurait dit qu'il n'avait pas ordre de la cour de recevoir cet ambassadeur.

Mourad ne se contenta pas de témoigner à M. de Maillet combien il était peu satisfait de ses procédés ; en effet nous possédons une lettre de lui, traduite ou plutôt écrite par Poncet, et signée soi-disant par l'ambassadeur du Négous, à la date du 26 juin 1701, dans laquelle il se plaint à M. de Pontchartrain des procédés du Consul de France au Caire. « J'ay esté, dit-il dans ce document, fort surpris d'une telle conduite et je n'ai pu me persuader qu'il eut reçu un ordre du Roy très chrétien de me traiter de la sorte, mais qu'il n'agissoit que par un motif de curiosité et d'épargne. Ce pourquoi je lui fis dire qu'il ne se mît point en peine de me rien fournir pour ma dépense et celle de mes domestiques, puisque le Roy mon maître m'avait suffisamment pourvu pour tout mon voyage et mon retour, et que je ne voulois être à charge à personne..... Tout le monde sçait que je suis envoyé de l'Empereur d'Etiopie vers l'Empereur de France, m'estant déclaré pour tel parmi toutes les nations et dans les païs éstrangers, me faisant toute ma gloire d'êstre envoyé par le plus grand Roy de l'Afrique vers le plus grand Roy de l'Europe..... »

Quoi qu'il en soit, M. de Maillet crut devoir demander de nouveaux ordres à Versailles et à Constantinople ; mais comme le 10 juillet suivant il n'avait encore rien reçu, il cessa de faire la dépense de Mourad qui, vu son manque de ressources, et malgré les belles déclarations que nous venons de transcrire, fut vraisemblablement obligé de vivre aux dépens de ses bons amis les Jésuites.

VII

RELATIONS ENTRE LE PACHA D'ÉGYPTE ET L'ENVOYÉ MOURAD. AFFAIRE DE LA LETTRE DU NÉGOUS.

Sur ces entrefaites, les bruits les plus fâcheux commencèrent à courir sur le compte du soi-disant ambassadeur d'Ethiopie ; on prétendait qu'il était né à Diarbékir (1), près Alep, de la plus basse extraction, et on rapprochait malicieusement sa conduite équivoque du proverbe turc, qui veut que le diable ait fait son apprentissage de méchanceté dans la dernière de ces villes, tellement elle est peuplée de gredins. On affirmait qu'il avait été, à Alep d'abord, puis au Caire même, cuisinier d'un certain chrétien de Bagdad, appelé Ibrahim, avec lequel il serait allé jusqu'à Djeddah ; de là, son maître étant retourné en Egypte (d'autres le disaient mort en se rendant aux Indes), Mourad aurait poussé jusqu'à Massouah, où il serait devenu marchand d'eau-de-vie. Tout cela n'était pas bien grave, et ce n'était certes pas dans un pays faisant partie des domaines du Grand-Seigneur que l'on pouvait

---

(1) D'après une autre version, il était né à Mossoule. Mourad avait environ quarante ans au moment de son arrivée au Caire.

s'étonner de rencontrer un ancien valet devenu ambassadeur ; on en avait vu bien d'autres. Mais le soin même avec lequel ceux qui avaient intérêt à le défendre cherchaient à obtenir — même à prix d'argent — des certificats favorables des uns ou des autres, certificats portant entre autres choses qu'il ne s'était réduit que par politique à une condition servile, tout en confirmant le fait lui-même, n'était pas de nature à lui attirer l'estime publique. On rapprochait aussi tous ces racontars de ce qu'avait dit Poncet, aussitôt son arrivée au Caire, et avant d'être circonvenu par les Jésuites, qui avaient besoin de lui pour la réussite de leurs intrigues ; l'apothicaire, peu satisfait sans doute du rôle secondaire que lui donnait la présence d'un envoyé du Négous, et connaissant peut-être trop intimement Mourad pour ne pas le bien juger, avait d'abord donné de pitoyables renseignements sur son compagnon de voyage. Il avait déclaré à qui voulait l'entendre que Mourad lui avait fait mille mauvais tours et l'avait plusieurs fois trompé en lui servant d'interprète auprès du Négous ; que c'était d'ailleurs un homme fourbe, intéressé, et en qui on ne pouvait avoir aucune espèce de confiance.

Le Pacha du Caire, Kara-Méhémet (1), instruit très directement de ces particularités par plusieurs de ses officiers ou domestiques qui avaient

---

(1) Il venait de succéder à Hussein, tombé récemment en disgrâce (1700).

connu Mourad à Massouah, ne cachait pas le mépris que ce personnage lui inspirait et, au contraire, le témoignait en toute circonstance. Ce mépris devait bientôt se changer en persécution ouverte.

L'ancien débitant d'eau-de-vie, devenu diplomate, n'ayant pas, en effet, jugé à propos d'aller lui faire sa révérence, Kara-Méhémet lui envoya vers la fin de juillet 1701, l'ordre de venir le trouver. Mourad qui, comme nous l'avons vu plus haut, n'avait plus de relations avec le consulat depuis le 10 du même mois, n'eut rien de plus pressé cependant que d'envoyer le P. de Poislevache demander conseil à M. de Maillet. C'était une manière peu héroïque de se placer sous sa protection. Le cas était assez embarrassant pour le représentant de la France : refuser d'intervenir, c'était s'exposer à voir jeter en prison, comme le dernier des coquins, un homme qui, malgré son indignité personnelle, était ou passait pour être, aux yeux de tous, envoyé du Négous vers le Roi Très Chrétien ; d'un autre côté, prendre parti pour Mourad et le soutenir contre les mauvaises dispositions évidentes du Pacha, c'était courir la chance d'un désaveu, si la Cour refusait de reconnaître l'ambassadeur éthiopien. Suivant qu'il prendrait l'un ou l'autre parti, il risquait de compromettre soit son souverain, soit lui-même. Disons-le à sa louange, M. de Maillet n'hésita pas à choisir celui des deux partis qui ne pouvait nuire qu'à son propre intérêt. Il accepta donc les ouvertures du P. de Poislevache, et fit répondre à Mourad qu'il ne pouvait se dispenser d'obéir à l'injonction du Pacha ; que lui-même, quand il avait été invité par le représentant de la Sublime-Porte à aller le trouver, n'avait jamais manqué de se rendre à cette invitation. Il offrit en même temps à Mourad de lui donner un de ses drogmans et ses janissaires, ce qui fut bien entendu accepté par l'Arménien, qui demanda de plus au consul de lui fournir un cheval. Tout en obtempérant à son désir, M. de Maillet lui fit remarquer qu'il ne lui conseillait pas de se rendre à cheval chez le Pacha ; qu'il n'était permis qu'aux ambassadeurs et consuls chrétiens de se montrer ainsi au Caire ; que c'était donc déclarer qu'ayant un titre de cette nature, il avait, lui Mourad, manqué aux convenances en n'allant pas, depuis six semaines qu'il était arrivé, faire sa visite au représentant du Grand Seigneur. Malgré cet excellent avis, Mourad passa outre et monta à cheval au château ; mais il y fut fort mal reçu par le kiaya ou lieutenant du Pacha, qui le fit tenir deux heures debout pendant qu'il l'interrogeait, et qui voulait le retenir prisonnier, car il ne lui permit de retourner chez lui que sur les vives insistances du drogman consulaire et par considération pour M. de Maillet.

Le lendemain matin, un Aga vint de nouveau le chercher de la part du Pacha et comme Mourad, pour se tirer d'affaire la veille, avait affirmé qu'il était porteur d'une lettre du roi d'Ethiopie pour le roi de France, l'officier turc lui dit de prendre cette lettre que le Pacha voulait voir. Mourad envoya secrètement prier M. de Maillet de dire au Pacha qu'il lui avait remis cette lettre, puis il se rendit à l'audience. Mais cette seconde visite au château du Caire faillit tourner encore plus mal que la première, car M. de Maillet ne voulant pas se compromettre dans cette comédie et Mourad affirmant toujours au Pacha qu'il avait remis sa lettre au consul de France, Kara-Méhémet se fâcha tout à fait et sans la nouvelle et énergique intervention du Sr Fornetty, 1er drogman du consulat, qui l'accompagnait, il ne s'en fût peut-être pas tiré à si bon marché que la veille. Il ne gagna rien, du reste, à sa résistance, car il dut, en fin de compte, déposer la fameuse lettre entre les mains d'un des gens subalternes du Pacha qui ne daigna même pas lui en donner de récépissé.

La situation devenait tout à fait grave et embarrassante pour le consul de France ; il comprit que s'il n'intervenait pas avec une énergie suffisante, il n'arriverait pas à sauvegarder aux yeux de tous ce à quoi il avait tout sacrifié jusque-là, c'est-à-dire la dignité de sa nation et le prestige de son souverain.

M. de Maillet représenta donc au Pacha qu'il ne devait pas confondre la conduite de Mourad vis-à-vis de lui avec la commission dont il était chargé pour le roi de France ; que la lettre étant adressée à ce prince, y toucher était violer le respect qui lui était dû. Tout ce qu'il put obtenir d'abord, c'est que la lettre ne serait pas ouverte (1), mais qu'on l'enverrait au grand vizir. Cependant — et comme cette solution ne suffisait pas à son zèle — le consul renouvela ses instances ; et après un mois de démarches incessantes et de réclamations dont l'énergie lui fit courir plusieurs fois les dangers les plus sérieux, il obtint enfin le 25 août la restitution de cette lettre malencontreuse.

Au cours de cet incident, M. de Maillet, bien que dans l'intimité de sa conscience il comprît les motifs de la résistance du Pacha, en raison de la conduite que Mourad avait tenue, crut néanmoins devoir adresser une plainte contre ce gouverneur à M. le comte de Ferriol, ambassadeur de France à Constantinople, et l'ambassadeur ayant hésité d'abord à se faire l'interprète de cette réclamation auprès de la Porte pour ne pas s'aliéner le Pacha d'Egypte dont jusque-là M. de Maillet se louait beaucoup, le consul réitéra ses instances à plusieurs reprises.

Les hésitations de M. de Ferriol se comprennent d'autant mieux que l'autorité des Turcs

---

(1) M. de Ferriol, ambassadeur de France à Constantinople, en rendant compte à M. de Pontchartrain de cet incident, dit cependant que M. de Maillet se plaignit que les lettres avaient été ouvertes (*Aff. étr.*, TURQUIE, t. XXXVIII, p. 162 et 224.)

était, même à cette époque, assez précaire en Egypte, où elle dépendait avant tout du bon plaisir des milices ; on pouvait donc toujours craindre que le Grand Seigneur ne voulût pas exposer sa souveraineté nominale à un échec en s'immisçant dans les actes du Pacha du Caire. C'est cette crainte qui engagea l'ambassadeur à refuser formellement de s'occuper, malgré toutes les instances de M. de Maillet, de faire rendre à Mourad le petit Abyssin qu'il avait amené et qui s'était fait musulman. « Ce seroit une chose inouye dans cet empire », écrivait avec raison l'ambassadeur au ministre à la date du 15 décembre 1701 (1), et Mourad dut faire son deuil des services que lui rendait son domestique.

Pour l'affaire de la lettre, M. de Ferriol crut enfin devoir intervenir. Il y fut porté d'autant plus volontiers qu'en même temps que celles de M. de Maillet, il recevait dans le même sens des sollicitations pressantes des Jésuites — toujours pleins d'un zèle pieux quand il ne s'agissait que de compromettre les autres. L'ambassadeur suivit donc activement et personnellement cette affaire, et il obtint du grand vizir qu'il envoyât au Caire l'Aga de ses janissaires avec une lettre très sévère à l'adresse du Pacha, « luy disant pourquoy il avoit laissé entrer en Egypte l'envoyé du Roy d'Ethiopie, s'il l'avoit jugé contraire aux

---

(1) *Archives des Aff. étr.*, CORRESPONDANCE DE TURQUIE, t. XXXVIII, p. 162.

intérêts de cet Empire (turc) (1), pourquoy il avoit ouvert des lettres qui estoient écrites à un grand Prince amy du G. S., pourquoy enfin avoit-il négligé d'en rendre compte à la Porte (2). »

L'officier turc remplit sa mission et M. de Maillet reçut satisfaction ; mais la suite de cet incident lui causa beaucoup d'ennuis, et il y joua même un rôle assez équivoque, s'il faut en croire le passage suivant d'une lettre écrite, le 11 mai 1702, par l'ambassadeur au ministre de Pontchartrain (3) :

« ... Cependant il est arrivé une chose très singulière et qui me donne sujet de me plaindre du Sr de Maillet ; lorsque l'Aga des Tartares du G. T. fut arrivé au Caire et qu'il eut donné ses lettres au Pacha, ce dernier fit assembler toutes les puissances du pays et appeler notre consul ; il luy demanda s'il n'estoit pas vray qu'il avoit pris la lettre du Roy d'Ethiopie avec sa participation. Le Sr de Maillet répondit qu'il étoit vray. — Et pourquoy donc (luy dit le Pacha) vous en êtes-vous plaint à vostre ambassadeur ? Le Sr de Maillet le nia, ajoutant que c'étoit peut-être quel-

(1) Dans une lettre envoyée au ministre le 11 mai 1702, M. de Ferriol écrit : « Je craignois même d'apprendre à la Porte une chose qu'elle pouvoit ignorer, qu'il y avoit au Caire un ambassadeur d'Ethiopie. » (*Arch. des Aff. étr.*, CORRESPONDANCE DE TURQUIE, t. XXXVIII, p. 224.)

(2) *Arch. des Aff. étr.*, CORRESP. DE TURQUIE, t. XXXVIII, p. 162.

(3) *Arch. des Aff. étr.*, CORRESP. DE TURQUIE, t. XXXVIII, fol. 224.

que Papas qui me l'avoit écrit (1). Le Pacha luy dit : Il m'en coustera cependant 4 bourses pour l'Aga des Tartares ; ce n'est rien pour un amy tel que M. l'Ambassadeur ; mai j'ay lieu d'être sensible à la lettre pleine de réprimandes que le grand Vizir m'a écrite. Puisque vous dites que vous n'en avez pas porté vos plaintes à M. l'Ambassadeur, je vous prie de me donner une lettre qui me serve de justification auprès de luy et de l'écrire en turc afin que je puisse la voir. — Le Sr de Maillet promit lad. lettre et la donna. Le Pacha l'a envoyée au Kiaya du Vizir par l'Aga des Tartares et le Kiaya l'a gardée et a dit au Sr Fonton (drogman) que j'avais accusé à tort le Pacha du Caire et que la lettre de nostre consul en faisoit foy, ce qui ne peut pas manquer d'engager les Turcs à s'observer davantage lorsque je leur porteray des plaintes contre les Pachas de cet Empire et de m'oster une partie de la confiance que je me suis icy acquise avec beaucoup de peine. Je vous envoye, Monsieur, la copie de la lettre que le Sr de Maillet m'avoit écrite en turc et qui est demeurée entre les mains du Kiaya du Vizir, très différente de celle qu'il m'avoit écrite auparavant.... »

Comme on le voit, l'ambassadeur est assez sévère pour le Consul du Caire ; une lettre de ce dernier, adressée à M. de Pontchartrain le 23 jan-

---

(1) On vient de voir qu'en effet les Jésuites avaient adressé directement à l'ambassade des plaintes au sujet de cette affaire.

vier 1702, nous donne l'explication de sa conduite. Il craignait que le dépit ressenti par le Pacha de la réprimande qui lui était adressée d'une manière si solennelle ne l'exaspérât complètement et qu'il ne mît à exécution la menace qu'il avait faite d'envoyer Mourad enchaîné à Constantinople. D'ailleurs une grave sédition avait eu lieu dans l'intervalle à Damiette contre des chrétiens, et il avait plus que jamais besoin des bonnes grâces du gouverneur pour protéger des intérêts qui lui étaient confiés.

La satisfaction reçue apaisa si complètement au contraire la mauvaise humeur du Pacha, qu'il remit absolument entre les mains de M. de Maillet l'envoyé d'Abyssinie, l'autorisant soit à le faire passer en France, soit à le garder au Caire, suivant ce qu'il jugerait à propos. « Ç'a esté, ajoute M. de Maillet, un bonheur en cette occasion pour le sieur Murat que le Pacha ait cru qu'il n'y eût rien de réel dans sa mission, qu'il doubtast mesme qu'il vînt d'Ethiopie et qu'il le méprisast totalement, car sur la vivacité des plaintes de Son Excellence (M. de Ferriol) et des reproches du vizir, il n'eût jamais manqué de l'envoyer à Constantinople et ne m'eût point remis cette affaire à ma disposition si, dans les diverses informations qu'il a prises, il eût trouvé de motif du moindre ombrage, et c'est dans ces termes qu'il doit en escrire au vizir. »

L'affaire de la lettre du Négous faillit, du

reste, avoir un contre-coup fatal aux missions catholiques.

En effet, à la suite de la plainte adressée par le Pacha du Caire au sujet de la démarche de M. de Maillet, la Porte (1) renouvela des ordres antérieurs tombés en désuétude « pour empêcher les progrès et les desseins des missionnaires francs, s'opposer à leurs pratiques et destruire leur église. » On ordonna aussi au Pacha de faire transporter à Constantinople « les missionnaires qui seront trouvés faire des missions dans les maisons des chrétiens du païs et de raser leurs maisons et leur église » ; enfin, d'envoyer de suite en France le nommé Mourad, qui est venu dans le dessein « de faire une union des francs avec les abyssins, et sçachant que divers religieux sont allés en Ethiopie et en sont retournés dans les mesmes veues », le gouvernement ottoman prescrit audit Pacha d'empêcher entièrement « ce commerce et ces pratiques. » C'était la perte de toutes les missions catholiques ; aussi M. de Maillet se mit-il immédiatement en campagne pour essayer d'obtenir la non-exécution de ces ordres de persécution, et il fut assez heureux pour en neutraliser complètement les désastreux effets.

Mais cette mortification ne fut pas la dernière que lui causa cette ridicule « affaire de la lettre »

(1) Lettre de Maillet à Ponchartrain du 9 juin 1702.

En dépit de l'énergie montrée en cette circonstance par le Consul français — malgré la défaillance si rudement relevée par M. de Ferriol, — les Jésuites qui s'étaient faits, comme nous l'avons vu plus haut, les protecteurs intéressés de l'ambassadeur d'Ethiopie, insinuèrent et répandirent partout et jusqu'en France le bruit que tout cela n'était qu'une comédie organisée par le Consul, de compte à demi avec le Pacha ; et, malgré les invraisemblances de pareilles allégations, étant donné ce qui s'était passé, ils le firent croire à beaucoup de gens (1).

Je laisse ici la parole à M. de Maillet lui-même pour nous raconter la suite de ces intrigues :

« Dans le cours des instances, dit-il, que je faisais ici pour la restitution de ces lettres, le R. P. Verseau, dont j'ai déjà parlé, arriva de Seïde (Saïda) au Caire sur la fin du mois de juillet, et songeant à donner à la mission du sieur Murat une face différente de ce qu'elle avoit eu jusqu'à ce jour, et à rétablir ce que le R. P. Polevache

(1) Ils appuyèrent leurs affirmations sur quelques paroles dites par le Pacha à son interprète, au témoignage d'un nommé Joseph Bagari et d'un drogman juif, nommé Malem Isouf. — M. Eyriès (*Biographie Michaud*, article PONCET) adopte complètement le système des Jésuites et croit à la connivence de Maillet et du Pacha. Nous avons, du reste, déjà fait remarquer que cet écrivain, n'ayant pas eu à sa disposition les documents originaux, se montre absolument hostile à Maillet et se fait l'organe de toutes les calomnies inventées contre lui par ses ennemis, et notamment par Poncet. Il en est de même de l'auteur des articles MAILLET et PONCET dans la *Biographie universelle*, éditée par Didot.

avoit gâté par ses manières dures et impérieuses, il commença à m'unir avec le sieur Murat, dont il témoignoit avoir une très grande passion. Il me dit en passant, ce que le R. P. Polevache avoit aussi fait quelques jours auparavant, que le sieur Murat avoit une lettre et des présents du Roi d'Éthiopie pour moi, et que s'il avoit tardé à me les rendre, c'étoit pour les raisons dont j'ai parlé ci-devant. Je lui répondis que les raisons étoient bien foibles, mais comme je n'avois jamais cherché, dans les soins que j'avois pris pour introduire les Jésuites en Ethiopie, ni honneur, ni utilité, je serois toujours disposé à leur sacrifier le ressentiment des mauvaises manières du sieur Murat à mon égard et à faire en sa faveur et pour eux tout ce qui me seroit possible sans contrevenir à mes devoirs. Quelques jours après, le sieur Zavanti, italien Apoticaire, vint me trouver et me demander si je trouvois bon qu'il m'amenât une personne qui avoit à me communiquer quelque chose de la part du sieur Murat; et l'ayant agréé, il retourna le soir avec le sieur Pietro, Arménien, parent du sieur Murat, que je connoissois fort. Le sieur Pietro me tira de son sein un petit quarré de papier jaune écrit d'un côté en Arabe, avec un grand cachet imprimé en noir, qu'il me dit être celui du Négus, et me lût cet Arabe, portant qu'un tel, fils d'un tel, Roi d'Abissinie, avoit choisi le sieur Murat, fils d'un tel, pour son Elgi ou Envoyé envers son frère le

Roi de France, priant les Gouverneurs des païs par où il passeroit de le favoriser de leur amitié et protection. Le sieur Pietro me dit en même temps que le sieur Murat désiroit se rencontrer avec moi pour achever de me parler de sa commission, me proposant premièrement la maison des Pères de Terre-Sainte et ensuite celle des Capucins. Je reconnus d'abord à ce discours que le messager étoit concerté avec les Pères Jésuites ; et les Jésuites ont fait voir qu'il y avoit en cela beaucoup de prudence de leur part ; car il s'agissoit de me rendre une fausse lettre, et si cela venoit à s'avérer, le soupçon en pouvoit retomber sur eux s'ils se fussent mêlés de me la faire rendre, au lieu que n'y paroissant en aucune sorte, et le sieur Murat paroissant même faire cela à leur insçû et comme en cachette, rien ne pouvoit leur être imputé. Cependant je ne voulus ni de la maison des Pères de Terre-Sainte, ni des Pères Capucins pour cette entrevue, mais je choisis la leur propre pour leur témoigner d'autant plus que je ne voulois avoir aucun commerce avec le sieur Murat dont ils ne fussent informés. Et m'étant rendu le lendemain chés eux, après les en avoir avertis, le sieur Murat s'y rendit aussi incontinent après. Ce fut un spectacle bien singulier de voir cet homme, qui avoit disputé si opiniâtrément avec moi du rang et des premiers pas, commencer en m'abordant à me vouloir baiser la main et en faire autant à sa sortie, se tenir devant moi durant la conversation presqu'à moitié sur ses genoux, comme font en Turquie sur les divans, et devant les personnes de considération, les domestiques ou ceux d'un rang inférieur. Aussitôt après les premiers saluts, et qu'il se fût mis en cette sorte sur le divan, il se releva, tira de son sein une bourse d'étoffe d'or dans laquelle il y avoit une lettre, la baisa, la mit sur sa tête, et puis me la présenta, me disant que c'étoit une lettre de son Maître pour moi. Je la reçus avec estime, et je la mis dans mon sein ; mais comme il me pria d'en faire la lecture, et je reconnus depuis que c'étoit pour avoir des témoins de cette remise et de son contenu, je la repris et l'ouvris avec des cizeaux pour conserver le cachet en son entier ; je la remis ensuite entre les mains du sieur Pietro que je trouvois là pour la lire avec le R. P. Verseau. Elle étoit en Arabe, si bien conservée, et d'une lettre si apparemment fraîche que j'en fus d'abord surpris. Elle commençoit par un remerciement de la part du Roi d'Ethiopie pour lui avoir envoyé le sieur Poncet ; il me disoit ensuite que, selon que je l'avois souhaité, il dépêchait au Roi mon Maître, son frère, un ambassadeur qui étoit le sieur Murat, qu'il me recommandoit ; me priant d'agréer trente onces de civette poids d'Abissinie, qu'il me remettroit de sa part avec cette lettre, m'assurant qu'il s'emploieroit toujours volontiers pour mon service.

« Ces termes, que j'avois désiré une ambassade de sa part vers le Roi, ne me surprirent pas moins que la conservation de la lettre et la fraîcheur de l'écriture ; car enfin je n'en avois rien témoigné à ce Prince dans la lettre que j'avois eu l'honneur de lui écrire en lui envoyant le sieur Poncet, et celui-ci n'avoit pû dire à ce Prince une pareille chose sans manquer tout à fait de jugement, outre que c'étoit un motif bien foible d'une ambassade que le désir d'une personne comme moi ; mais on étoit bien aise de m'engager d'autant plus par ces termes à soutenir un ouvrage qu'on remettoit tout sur moi..... »

Les présents de Mourad ou plutôt du Négous pour le Consul — présents fort misérables du reste — arrivèrent le lendemain ; ce qui n'empêcha pas M. de Maillet, qui avait, comme on vient de le voir, mille raisons de douter de l'authenticité de la prétendue lettre de l'empereur Yasous, de se livrer à une sérieuse enquête à ce sujet. Le résultat de cette enquête fut décisif : les principaux calligraphes du Caire déclarèrent que cette lettre était récente et qu'elle n'avait pas plus de dix jours. L'étoffe dans laquelle elle était enveloppée fut trouvée n'être qu'un morceau de celle que Poncet lui avait adressée de Thor (1) ; un

---

(1) Voir plus haut la note de la page 113. — Il est bon de faire observer ici qu'il semble résulter des documents que nous avons eus sous les yeux que si la lettre remise à M. de Maillet de la part du Négous était fausse, il y en avait une authentique que Mourad ne lui remit pas, pour une raison que nous ignorons.

cophte, nommé Hanna Masser, assura que la lettre n'avait pas été écrite en Ethiopie et que le cachet du Négous était faux; et il connaissait bien le sceau dont se servait ce prince, car c'est lui qui l'avait fait graver au Caire quelques années auparavant et il en avait gardé plusieurs empreintes. Enfin, des savants arabes déclarèrent que l'écriture de cette lettre était de la main d'un Alépien, ce qui, du reste, ne pouvait avoir aucune importance dans la question, puisque Mourad était de cette ville.

Quoi qu'il en soit, la démonstration était complète; il était évident qu'il y avait supercherie. Cette supercherie devait-elle être considérée comme une preuve suffisante de l'imposture de Mourad et se trouvait-on réellement en présence d'une comédie organisée de connivence par deux aventuriers dans l'espoir d'exploiter la crédulité de la cour de France et de ses agents? C'est la question que le représentant de Sa Majesté Très Chrétienne en Egypte dut très certainement se poser et qu'il n'osa résoudre d'une façon radicale.

VIII

Il est décidé que Mourad n'ira pas en France. — Départ pour Versailles de M. de Mon-henault, du P. Verseau et de Poncet.

Il peut paraître surprenant au premier abord qu'après tout ce qui s'était passé, M. de Maillet crût encore, ou fît semblant de croire à la réalité de la mission de Mourad. La bassesse de l'extraction de ce prétendu ambassadeur, son ignorance et sa mauvaise éducation, ses irrégularités vis-à-vis du Pacha et du Consul lui-même, la fausseté de la lettre qu'il venait de lui présenter comme émanant du Négous, tout cela pouvait paraître un ensemble de raisons largement suffisant pour empêcher le représentant de la France de continuer à prendre au sérieux ce soi-disant envoyé et pour lui faire mépriser l'homme et sa mission. M. de Maillet nous semble cependant avoir agi avec beaucoup de tact et de prudence en ne refusant pas de reconnaître à Mourad un certain caractère officiel, et cette détermination prouve qu'il avait une connaissance remarquable des choses orientales et surtout éthiopiennes.

Les Négous ont toujours évité, en effet, par méfiance ou par politique, de se mettre en relations permanentes avec les nations européennes. Ils acceptaient bien une ambassade, quand ils y avaient quelqu'intérêt, mais ils ne se gênaient pas, à l'occasion, comme nous l'avons vu à propos de l'ambassade portugaise à l'empereur Iskander, pour retenir l'ambassadeur et pour l'empêcher de retourner dans son pays. Nous avons constaté plus haut que Poncet n'avait dû de pouvoir revenir au Caire qu'à sa qualité de médecin du Pacha d'Egypte que le Négous avait intérêt à ménager, puisque c'est du Caire que lui venaient, non seulement les quelques denrées européennes dont il avait besoin, mais encore l'Abouna ou chef spirituel de l'église éthiopienne.

Si les Négous n'aimaient pas à recevoir d'ambassades, il ne leur convenait pas davantage d'en envoyer. Les gens qu'ils expédiaient de temps à autre aux Anglais ou aux Hollandais des Indes n'étaient guère que des marchands auxquels ils confiaient quelques esclaves, de la civette et de l'ivoire que ces messagers allaient troquer contre d'autres denrées. Ils ne donnaient aucune suite à ces négociants, qui lorsqu'ils n'avaient pas de ressources personnelles suffisantes, ce qui était ordinairement le cas, étaient toujours entretenus aux frais des potentats chez qui ils se rendaient. Tout ce que faisaient les Négous, c'était, pour faciliter leur voyage, de remettre à ces commis des lettres scellées pour les Princes ou les Rois des Nations sur le territoire desquelles ils devaient passer; ce n'était donc très certainement pas des personnages officiels chargés d'une mission diplomatique, mais bien des envoyés chargés d'une commission, moitié commerciale, moitié politique.

Tel était probablement le caractère dont Mourad était revêtu; si, arrivé au Caire, il se donna comme ambassadeur à titre public, ce fut tant par suite de sa grossièreté naturelle qui ne lui permettait pas de se faire une idée bien positive du rôle qu'il avait à jouer, que parce que Poncet et les Jésuites, résolus de l'exploiter dans leur intérêt particulier, le poussaient à outre-passer ses pouvoirs. Il paraît, en effet, certain qu'aucun personnage de la cour du Négous n'eut connaissance de la prétendue mission diplomatique de l'Arménien, ce qui s'explique facilement si cette mission avait avant tout un caractère commercial, analogue à celui de toutes les autres du même genre, dont l'usage était fréquent en Ethiopie. Poncet, du reste, dans ce premier moment de franchise qui suivit, comme nous l'avons vu, son arrivée au Caire, déclara que Mourad n'était pas ambassadeur, et qu'il n'avait, comme lui, qu'une simple lettre de recommandation du Négous.

Quant à la personne même de Mourad, il n'y avait rien d'étonnant à ce que sa qualité d'Arménien et sa connaissance des langues et des localités de la mer Rouge et de l'Egypte, sans parler de la parenté dont il se targuait avec le vieux Mourad, l'ait fait choisir par le Négous pour une commission de ce genre.

Dans ces conditions, refuser absolument de le reconnaître, c'était donc s'exposer à faire insulte à un prince qui paraissait vouloir entrer en relations avec la France, laisser échapper une occasion de faire peut-être pénétrer des missionnaires en Abyssinie et par là même mécontenter les Jésuites, alors tout-puissants sur l'esprit du Roi, et qui attachaient la plus grande importance à cette mission d'Ethiopie qu'ils prétendaient bien accaparer.

D'un autre côté, donner pleine satisfaction à Mourad et à ses amis, c'est-à-dire l'envoyer en France, c'était donner en spectacle à la plus polie des cours un envoyé grossier, colère et mal élevé, dans un véritable état de dénuement, étaler aux yeux de l'Europe la bassesse et les turpitudes de Mourad et s'exposer à un échec ridicule qui aurait compromis l'honneur même du Roi.

D'ailleurs, nous avons vu plus haut que M. de Maillet avait reçu pour instructions formelles l'ordre d'empêcher l'ambassadeur du Négous de passer en France et, tout en le traitant bien, de le garder au Caire pendant qu'il ferait parvenir à Versailles ses lettres et ses présents; c'était très certainement là un moyen terme qui devait tout concilier, sans avoir aucun des inconvénients graves que pouvait présenter, soit l'envoi de Mourad en Europe, soit le refus positif de le reconnaître comme ambassadeur. De cette façon, des intentions du Négous se trouvaient remplies ; le Roi pouvait, s'il le voulait, entrer en relations directes avec l'Ethiopie et éclaircir bien des points qui intéressaient la mission des Jésuites ; Mourad restait en Egypte où se trouvaient ensevelies et ignorées ses escapades et ses manques de convenance ; et le but vraiment utile de l'ambassade était atteint tout en évitant les inconvénients que présentait la personne même de l'ambassadeur.

Cette résolution étant prise, il s'agissait de la mettre à exécution. M. de Maillet — sans dévoiler en rien les instructions qu'il avait reçues — s'en expliqua d'abord au P. Verseau et à un Français né en Egypte et nommé La Combe qui, dans l'espoir d'un grand avancement de fortune que lui avaient fait entrevoir les Jésuites, s'il pouvait accompagner Mourad en France, était devenu le partisan passionné de l'Arménien et ne rêvait plus que son départ pour la Cour de Versailles. M. de Maillet suggéra à ces deux personnes l'idée qu'il vaudrait mieux, étant données les circonstances dont la mission de Mourad était entourée, qu'il envoyât sa lettre en France et qu'il attendît la réponse au Caire. On devine comment fut accueillie cette ouverture par des gens qui croyaient avoir le plus grand intérêt au voyage personnel de l'Arménien. M. de Maillet, ayant lancé son idée, n'insista pas d'abord ; mais bientôt il trouva l'occasion qu'il recherchait d'en parler à Mourad lui-même. Ce dernier étant venu le voir pour prendre la lettre que, grâce à ses instances, le Pacha s'était enfin décidé à lui rendre, à lui consul, il lui dit donc, en présence de plusieurs personnes parmi lesquelles se trouvaient M. Le Noir du Roule, vice-consul, que son sentiment était qu'il envoyât cette lettre en France par quelqu'un de ses gens à qui lui, de Maillet, s'engageait à donner cent pistoles pour ses frais de voyage. A cette communication, Mourad se leva d'un air furieux et menaçant, comme s'il s'était trouvé profondément offensé, et il déclara d'un air bravache qu'on lui couperait plutôt la tête que de le séparer de cette lettre. A quoi le Consul lui repartit sur le même ton que c'était lorsqu'il avait été appelé au château qu'il aurait dû parler avec cette énergie, au lieu de livrer cette précieuse lettre, non pas même au Pacha, mais à l'un de ses domestiques. Et sur ce que dit Mourad en regardant d'un air théâtral le portrait du Roi qui se trouvait dans la salle, que c'était à lui seul qu'il avait ordre de remettre sa lettre, M. de Maillet ajouta qu'il doutait beaucoup qu'il eût jamais l'occasion de voir Sa Majesté Très Chrétienne autrement qu'en peinture.

Comme on le voit, cela tournait tout à fait à l'aigre, et le P. Verseau crut le moment venu de brusquer les choses. Il fut donc convenu, à l'insu du Consul, que le P. de Poislevache et le sieur Poncet partiraient le 26 août du Caire, pour porter les lettres en France; mais le premier étant tombé subitement malade la veille même de son départ et étant mort le 2 septembre, le P. Verseau, resté seul de son Ordre au Caire, et toujours disposé à ne pas se compromettre personnellement, préféra arriver à une transaction.

Cet arrangement paraissait d'autant plus désirable que M. de Maillet avait déclaré aux Jésuites que dans le cas où Mourad consentirait à ce qui lui était proposé, il lui ferait une pension journalière de cinq écus (abouquels), et s'efforcerait de lui procurer d'ailleurs toutes les satisfactions qui dépendraient de lui. Or, Mourad et ses protecteurs étaient tout à fait à bout de ressources; il ne fut donc pas difficile au P. Verseau de l'amener à accepter les offres du Consul, et l'Arménien vint en donner lui-même l'assurance à M. de Maillet. Il crut même l'occasion favorable pour faire des confidences au représentant du Roi. Il lui dit entre autres choses relatives à la commission, « que le désir de son maître — c'est M. de Maillet qui raconte lui-même la conversation — étoit de s'unir d'une étroite amitié avec le mien, et qu'il espéroit que Sa Majesté voudroit lui envoyer d'habiles artisans pour faire refleurir les arts dans ses états. Il ajouta comme de lui-même qu'on pourroit mêler à ces gens-là des missionnaires, et que lui et son oncle (le vieux Mourad) les serviroient de tout leur crédit ; mais de son aveu, il n'avoit rien de tout cela par écrit, et ce qu'il disoit sur le payement des ouvriers, que son Maître en les demandant à un si grand Roi n'avoit pas pensé qu'il fût nécessaire d'envoyer de quoi fournir à leur voyage, étoit visiblement des réponses étudiées aussi bien que les propositions... »

Il resta ensuite à souper chez le Consul avec le P. Verseau et le sieur La Combe, et l'on se sépara, en apparence du moins, les meilleurs amis du monde. Comme on n'avait rien dit, dans cette entrevue, de la personne qui porterait la lettre de l'ambassadeur, le P. Verseau revint le lendemain au Consulat avec La Combe sous prétexte de s'entendre sur ce point. Plusieurs noms furent mis par eux en avant, de gens peu convenables pour une mission de cette nature. Enfin, le P. Verseau avança timidement que Mourad lui avait témoigné à diverses reprises qu'il avait une confiance entière envers le sieur La Combe et qu'il souhaiterait beaucoup que ce fût lui qui allât en France ; à quoi le Consul répondit poliment qu'il en serait très heureux de son côté. « Mais, continue M. de Maillet dans son récit, le sieur La Combe rejeta cette proposition comme une injure qu'on lui faisoit, et fit voir, par une grande énumération de ses affaires, que c'étoit une chose impossible, ce qui étoit plus vrai qu'il ne le pensoit. Rien n'ayant été résolu ce jour-là sur ce point, le R. P. Verseau revint dès le matin suivant me dire que si le sieur La Combe n'alloit point en France, il ne voyoit point d'apparence de faire consentir le sieur Murat à remettre sa lettre à un autre qu'à lui, me priant d'envoyer prendre le sieur La Combe, et de l'engager d'avoir cette complaisance pour l'accomplissement d'un projet si avancé ; mais le sieur La Combe étant venu, il me dit d'une manière en apparence si nette, qu'il ne le pouvoit en aucune manière, que je ne doutai que ce ne fût un nouveau mystère. J'eus même la bonté, agissant toujours avec la même droiture, de lui dire qu'une somme de dix mille livres qu'il me devoit, à moi ou à ma maison, ne me le devoit point embarrasser, et que je n'exigerois point qu'il me payât qu'après son retour. C'étoit une partie des choses qu'il désiroit de moi ; mais il répliqua qu'il avoit d'autres engagemens sur ce païs, et persista à dire qu'il ne pouvoit en aucune manière s'en absenter. Là-dessus le Père Verseau qui étoit survenu me dit qu'il nous falloit voir avec le sieur Murat, et que je lui ferois peut-être mieux entendre raison que lui. Nous nous trouvâmes le soir ensemble chez les Pères Capucins, où le sieur La Combe ne vint exprès que sur la fin de la conversation, prétextant d'avoir été embarrassé. Le sieur Murat s'étant mis de nouveau à me supplier d'engager le sieur La Combe à faire le voyage, je me mis à l'en presser, pour lui faire voir seulement que je désirois véritablement concourir à ses désirs, mais que le sieur La Combe ne vouloit en aucune sorte entreprendre le voyage, lorsque je fus fort surpris d'entendre le sieur La Combe lui dire : « Toi qui me presses de quitter des affaires « de la considération des miennes, que veux-tu « me donner pour un si long voyage, es-tu en « état de me fournir deux mille écus ? » Et le sieur Murat, comme prenant la balle au bond, lui repartit : « Hé bien, puisque tu veux cette « somme, je m'engage de te la donner, et que « j'accepte le parti. » Votre Excellence (1) jugera assez de mon étonnement en cette occasion sur le personnage que je vis d'abord qu'on m'avoit fait jouer, et des conséquences que j'en tirois ; cependant, ayant autant que je pus dissimulé ma surprise et l'affront que l'on venoit de me faire, je quittai le sieur Murat en lui témoignant de la joie de ce qu'il étoit satisfait, et que toutes choses étoient ainsi terminées. Le sieur La Combe en m'accompagnant : « Auriez-vous « jamais pensé, Monsieur, me dit-il, que cet « homme m'eût pris au mot à un si haut prix ?

---

(1) Ces lignes sont extraites d'un Mémoire envoyé par M. de Maillet à M. de Ferriol, ambassadeur de France à Constantinople.

— Non, je vous assure, lui repartis-je, je n'aurois jamais pensé à ce que je viens de voir, & je ne m'attendois point à ce que je viens de voir. » Le R. P. Verseau vint le lendemain me trouver dès le matin, et me dire qu'il ne restoit plus qu'une petite affaire pour la consommation de l'ouvrage, et qu'elle étoit totalement en mes mains; c'étoit en un mot de prêter au sieur Murat les deux mille écus par lui promis le jour précédent au sieur La Combe; c'est-à-dire que après m'avoir fait le jouet de leurs intrigues, ils prétendoient encore les conduire aux dépens de ma bourse, et faire passer à mes frais en France un homme qui y parlât contre moi et en faveur du sieur Murat; car on avoit jeté les yeux sur le sieur La Combe, comme sur une personne capable d'inspirer de grandes idées du sieur Murat et de sa mission et en même temps propre, lorsque le sieur Murat auroit passé en France, de le faire parler d'une manière convenable aux idées qu'il auroit donné, le sieur La Combe sçachant le turc et l'arabe, et ne manquant point de génie. Quoique j'eusse toutes les raisons du monde de regretter une proposition si injuste, néanmoins, connoissant le caractère du P. Verseau, qui est de ne vouloir absolument rien prendre sur lui et de faire tout au dépens des autres, je crus, et ne me trompai point, qu'il me présentoit un moïen de découvrir totalement son cœur au sieur La Combe. Ainsi, après lui avoir répondu que je ne croiois pas véritablement rien risquer en prêtant cette somme au sieur Murat, ainsi qu'il me l'assuroit, j'ajoutai qu'il me seroit moins honnête qu'à un autre d'avoir aucun démêlé d'intérêt avec un homme que la Cour m'ordonneroit sans doute de ménager, et que je ne pouvois avec honneur retenir, comme cette Révérence me le proposoit, si le sieur Murat ne me payoit point, les présens que le Roi m'envoieroit pour lui remettre; mais que pour lui montrer que je voulois autant qu'il étoit en moi, concourir à ses désirs, c'est que je lui prêterois à lui-même, s'il désiroit, cette somme de deux mille écus sans aucun intérêt, et qu'il ne me rendroit qu'à sa commodité. Cette Révérence embarrassée me dit qu'elle ne pouvoit en conscience s'engager pour aucune somme; et moi lui ayant reparti que la prudence m'engageant de ne la point aussi prêter au sieur Murat, il trouveroit bon que je n'en fis rien. J'eus soin de faire sçavoir cette réponse au sieur La Combe, auquel le P. Verseau ne l'avoit point dit, et cela produisit l'effet que j'en avois attendu; car le sieur La Combe, voyant que les Pères Jésuites qui l'avoient engagé si avant dans cette intrigue lui manquoient en cette occasion, et qu'il ne pouvoit faire un voyage sur lequel ils lui avoient fait fonder l'espérance d'une grande fortune, se sentit piqué contre eux jusqu'au vif, et me découvrit, quoique tard, beaucoup de choses que j'ai toujours été ravi de sçavoir... »

Dans ces conditions, le P. Verseau, voyant qu'il ne pouvait plus compter sur La Combe, et faisant contre mauvaise fortune bon cœur, se détermina à mettre fin au conflit qu'il avait provoqué en décidant Mourad à remettre purement et simplement sa lettre au Consul pour l'envoyer au Roi de la façon qui lui paraissait la plus convenable. Il insinua cependant de la part de Mourad que celui-ci désirerait que le Consul allât lui-même porter en France cette précieuse missive. M. de Maillet rejeta naturellement cette impertinente proposition, mais il ne se chargea pas moins de la mission de faire parvenir la lettre au Roi et profita de la circonstance pour faire comprendre à Mourad que la civette et une ceinture, qui constituaient tous les présents qu'il pouvait envoyer en France, étaient des objets de trop minime valeur pour être offerts au souverain qui trônait à Versailles ; il pensait donc qu'il était préférable pour Mourad de dire qu'il avait tout perdu et d'offrir ces cadeaux à quelque autre personne dont il avait intérêt à captiver les bonnes grâces, et par exemple au P. de la Chaize, confesseur du Roi. Tout cela étant convenu, le Consul fit rédiger un projet d'arrangement entre Mourad et lui par lequel il fut expressément stipulé : 1° que M. de Maillet s'engageait à envoyer la lettre au Roi par son chancelier et de faire tout ce qui serait en son pouvoir pour lui procurer l'accomplissement des désirs de son maître; 2° que, jusqu'à la réception de la réponse faite à sa lettre, le Consul remettrait à Mourad, à compter du jour où il avait cessé de faire sa dépense, la somme de cinq écus par jour, que Mourad rendrait plus tard à M. de Maillet dans le cas où il serait appelé en France, et où le Roi n'en tiendrait pas compte à son représentant. Mourad, de son côté, s'engageait à remettre à M. de Maillet des lettres pour le Roi et quelques autres personnes, « avec trois cornes pleines de civette, une ceinture de soye, et vingt finjans à boire le caffé, et une petite croix de fer... »

Comme il fallait quelque temps pour mettre au net par écrit ces stipulations en double exemplaire, et qu'il était tard, on renvoya au lendemain, 14 septembre, la signature et le versement de l'argent à Mourad. Pendant la nuit, il vint à l'esprit de M. de Maillet que la civette était un présent un peu ridicule et bien... odoriférant pour être offert en France à des personnes de distinction et en particulier au confesseur de Sa Majesté, et qu'il serait bien préférable de l'échanger contre du café, qui serait très certainement mieux apprécié. Aussi, quand le lendemain matin le P. Verseau vint le voir, il lui communiqua cette idée, qui fut approuvée ; le Jésuite sortit donc pour aller en parler à Mourad ; mais l'Arménien qui, comme nous l'avons vu plus haut, était tout à fait à la dévotion du sieur La Combe, avait été tout à fait monté par ce dernier, qui lui avait affirmé qu'il était abandonné et trahi par le P. Verseau, et qu'il lui suffisait de faire un éclat pour obtenir tout ce qu'il voulait. Cet homme mal élevé, colère et à demi barbare, crut donc l'occasion bien choisie pour essayer d'intimider ses adversaires.

Nous laissons encore ici la parole à M. de Maillet pour nous donner le récit de cet incident :
« A peine le P. Verseau lui eut-il ouvert la proposition de changer la civette en café, qu'il se leva comme un furieux, jeta à terre une tasse de porcelaine qu'il tenait à la main, leva son turban et en fit autant ; puis tirant son couteau, il le porta comme pour s'en frapper. Le P. Verseau s'étant mis en devoir de l'en empêcher, il l'en auroit frappé lui-même, s'il n'en eût été retenu par le sieur Pietro son parent et mon drogman juif, qui, se trouvant heureusement, le saisirent ; mais s'étant dégagé de leurs mains, il en sortit et se mit à courir vers la porte de la maison. On courut après lui, et voyant qu'il était arrêté, il se mit à crier de toute sa force qu'il vouloit se faire Turc, et répéta cent fois ces paroles, appelant les Turcs à son secours. Cependant on avoit fermé la porte de la rue, et le sieur Torelly, Vénitien, maître de la maison, et les sieurs Berardy et Bagarry, marchands françois qui y étoient avec lui, étant descendus dans la cour à ce bruit,

ils le prièrent tous si instamment de vouloir remonter, qu'il le fit. Ils furent quelque tems avec lui dans sa chambre; mais à peine en furent-ils sortis y laissant seulement le sieur Pietro, que le sieur Murat appela son Abissin et son petit Noir, et leur dit d'une voix de maître: Je veux me faire Turc et veux que vous vous le fassiés avec moi; ne le ferés-vous pas? continua-t-il d'un ton menaçant. A quoi les pauvres enfans repartirent qu'ils étoient prets de faire tout ce qu'il voudroit. Cette particularité me fut contée le lendemain avec toutes les particularités que je sçavois déjà par mon drogman et beaucoup d'autres; elle me fut, dis-je, contée par le sieur Pietro lui-même, en présence du sieur Boucher l'un de nos marchands français qui se trouva dans ma chambre, lorsque le sieur Pietro me vint voir. La nuit du même jour de cette extravagance, le sieur Murat sortit avec un valet, et cette sortie ayant alarmé les sieurs Torelly et Bérardy, témoins de ce qui s'étoit passé ce jour-là quatorzième septembre, ne sçurent pas plutôt cette sortie du sieur Murat, que ne doutant point qu'il n'allât se faire Turc, ils accoururent tous allarmés en ma maison, me priant d'envoyer incessamment mes janissaires après lui et d'autres personnes pour l'en empêcher. Les mouvemens qu'il falloit faire à des heures indues ne firent qu'éclater davantage ce qui s'étoit passé le jour. On chercha de tous côtés le sieur Murat, qu'on retrouva enfin dans sa maison où il avoit été reconduit par quelqu'un, et l'on dit qu'il n'étoit sorti que pour aller voir un de ses amis Turc. Cependant le sieur Murat, qui avoit sans doute porté les choses au delà des conseils qui lui avoient été donnés, et qui s'étoit déshonoré en cette manière, continua dans la résolution de faire paroître du mécontentement, me renvoya le lendemain tous les meubles que j'avois fait mettre en sa maison, et se retira sur le soir en un caravansera (*sic*), ce qui acheva de répandre dans la ville l'action du jour précédent. Mais comme il vit que ni ses extravagances, ni les alarmes que le sieur la Combe avoit cherché à me donner, ne m'avoient fait faire aucun mouvement vers lui, et qu'on lui rapporta sans doute que je ne ferois aucune démarche, il m'envoya sous main le Turc qu'on disoit qu'il étoit allé voir la nuit qu'il sortit, et qui se trouvoit de ma connoissance. Il vint me trouver comme un ami commun, s'offrit de rappeler le sieur Murat à la maison, et aux choses dont il étoit convenu avec moi. Il est certain que les bonnes règles auroient voulu, après le dernier éclat surtout, que j'eusse refusé à mon tour de tenir les paroles que j'avois données, et M. du Roule dira à Votre Excellence que ce fut contre le conseil de tous mes amis que je voulus bien rentrer en traité avec cet homme. J'allai donc le soir à la campagne, où le sieur Murat se rendit du caravansera où il étoit, sur un cheval que je lui avois envoyé avec mes janissaires. M. du Roule y étoit, le R. P. Verseau, le Père supérieur des Capucins, mon chancelier, mes drogmans, et le sieur de Rutant qui s'est aussi trouvé en beaucoup d'autres occasions que je cite dans le Mémoire, étant logé dans ma maison. J'épargnai honnêtement au sieur Murat la confusion de lui parler même de l'action indigne qu'il venoit de commettre, et qui faisoit le sujet de cette entrevue; et sans aucune explication, il me dit aussi qu'il étoit prêt de consommer avec moi le traité dont nous étions convenus, et moi je lui repartis que je tiendrais aussi ma parole. Il revint le même jour dans sa première maison où je fis reporter ses meubles; et le lendemain s'étant rendu chès moi, le traité fut signé entre nous, en présence et par le Turc dont j'ai parlé, M. du Roule, le R. P. Verseau, le R. P. Supérieur des Capucins, mes drogmans et mon chancelier... »

A la signature, on s'aperçut d'une dernière perfection de ce singulier ambassadeur; il ne savait ni lire ni écrire! On s'occupa de rédiger les lettres destinées au Roi, au comte de Pontchartrain, Chancelier et à quelques autres personnages. Ces lettres furent, bien entendu, inspirées, sinon écrites, par le P. Verseau et par M. de Maillet. On retrouve cependant le style ampoulé des Orientaux, notamment dans celle adressée à M. de Ponchartrain auquel Mourad envoie ses présents. « ... N'ayant, dit-il, aucune chose digne d'estre présentée aux augustes étriers de ce grand et magnifique Empereur ; au moins afin que ma lettre ne soit pas entièrement dénuée de tout accompagnement, j'envoye à Votre Excellence en particulier un petit nègre ethiopien chréstien, une ceinture des Indes, et deux mille cent civettes du poids de 264 onces. Combien que ce soit peu de chose, je le prie de le regarder comme si c'était beaucoup davantage..... Ayés donc la bonté d'agréer ce petit présent, d'autant plus que ce pauvre serviteur estant exempt de toutte ambition et de toutte avidité se trouve parfaitement content de la vie très médiocre que je mène icy avec peu de chose en compagnie de Vostre Illustre Consul (1)... »

La main de l' « illustre consul » se retrouve plus visiblement dans la lettre adressée au Roi, lettre remplie de témoignages d'adulation et ne sortant pas de la banalité officielle. M. de Maillet s'arrange de façon à mettre sa responsabilité à couvert, tant de la venue de Mourad que des empêchements qu'il avait mis à son voyage en France ; il fait aussi valoir ses propres mérites, ce dont on ne peut vraiment lui faire un crime (2). Cette malheureuse ambassade et les intrigues

---

(1) Signé, sur le cachet : « Mourad, fils de Mazloum » ; et à la fin : « Mourad Tcheleby, ambassadeur d'Ethiopie. »

(2) Le passage le plus intéressant de cette lettre est celui où l'ambassadeur envoyé pour rendre hommage à Louis XIV de la part du Négous, et lui emprunter « quelques raïons afin de les faire luire sur ses sujets, et en faire honneur à ses Etats » demande au Roi de laisser partir pour l'Ethiopie quelques-uns de

auxquelles elle donnait lieu avaient causé assez d'ennuis au protégé de M. de Pontchartrain ; et ces ennuis étaient loin d'être terminés.

Le 24 septembre 1701, M. de Monhenault, chancelier du consulat général de France au Caire, porteur des lettres et des présents de Mourad, et accompagné du P. Verseau et du sieur Charles Poncet, s'embarquait à Boulaq pour Marseille. Ce départ faillit tourner au tragique. En effet, Poncet, — pensant donner ainsi à son voyage plus de couleur locale, — avait tenu à emmener avec lui le dernier Abyssinien qui restait à Mourad. Mais le bruit s'étant répandu dans la populace du Caire qu'un jeune garçon de couleur avait été embarqué avec les trois Français, elle entra dans une agitation menaçante, et les janissaires vinrent se saisir de l'Abyssinien et le livrèrent à leur capitaine Mustapha Cazdagli (1). Les trois Français furent eux-mêmes obligés de se cacher jusqu'au moment où le vaisseau eut mis à la voile, pour se soustraire à la fureur de ces fanatiques.

M. de Monhenault emportait pour M. de Pontchartrain un Mémoire de M. de Maillet indiquant au ministre dans quelles conditions il pensait qu'une ambassade pût parvenir en Abyssinie,

---

ses sujets que son souverain entretiendra, récompensera et renvoiera à ses dépens. »

(1) « Tout le crédit de M. Maillet, toutes les manœuvres des Jésuites, ne purent le leur faire rendre. » BRUCE (*Voyage*, tome II, p. 533.)

quels présents elle devait porter au Négous et aux autres personnages du pays, quels ouvriers ou artistes il fallait envoyer, quel chemin il fallait prendre, quelles dépenses étaient à faire et en un mot de quelles précautions il fallait s'entourer pour essayer de mener à bien cette entreprise. Il ajoutait que si l'on jugeait à propos de libeller un traité formel, Mourad s'engageait à le ratifier, en remplissant le blanc-seing du Négous dont il se disait porteur.

Le 30 décembre de la même année, M. de Monhenault rédigeait à Versailles même, et remettait au ministre un mémoire dans lequel il donnait son opinion sur Mourad et sur son ambassade, et où il concluait que le parti le meilleur à prendre était de persister dans la conduite tenue jusque-là, de ne pas faire venir Mourad en France et de s'arrêter à l'expédient conseillé par M. de Maillet. M. de Monhenault terminait en suppliant M. de Pontchartrain de ne point communiquer cette opinion qu'il exprimait aux Jésuites, ce qui prouve combien les relations étaient tendues à cette époque entre le consulat du Caire et les religieux de cet ordre en résidence dans cette ville.

Mais nous en avons une autre preuve encore plus péremptoire dans une lettre écrite à M. de Pontchartrain par M. de Maillet le 29 mars 1702, pendant le séjour en France de son chancelier de Monhenault. « Le retardement des ordres du Roy sur la conduite que j'aurois à tenir avec le sieur Mourat, écrit-il dans ce document, a esté cause que j'ay esté obligé de m'en rapporter à mes propres lumières dans les affaires que j'ay eü à traiter avec luy et j'espère que Votre Grandeur aura bien voulu en cette considération me pardonner les fautes qu'elle a remarqué en sa lettre du 24ᵉ aoust (1701) et mesme celles que je puis avoir fait dans la suitte et qu'elle aura eu la bonté de recevoir du sieur de Monhenault les ecclaircissements qu'il estoit en estat de luy donner sur les choses qu'on pourroit avoir continué de m'imputer au nom du sieur Mourat, et j'ose croire parmy cette grâce sur le témoignage de mes intentions. » La singularité des faits sur lesquels il a eu à se déterminer sans conseil, les traverses et les contradictions qu'il a eu à soutenir de la part de ceux même qui auraient dû le seconder lui font espérer que le ministre voudra bien écouter et agréer sa justification.

Pendant que M. de Monhenault défendait ainsi à la Cour, son Consul si injustement attaqué, le sieur Poncet, arrivé au but auquel tendait son ambition, reçu en audience par le Roi, copieusement hébergé à Paris par les Jésuites ses protecteurs, se croyait tout à fait un personnage. Espérant même se donner par là plus d'importance, il essaya d'exploiter la crédulité publique en se faisant voir dans les rues vêtu à l'éthiopienne et portant une chaîne d'or.

Une occupation plus grave était la rédaction du récit de ses aventures, dont il s'occupait avec l'aide et sous la surveillance du P. Fleuriau. Il nous donne à ce sujet de curieux et édifiants renseignements dans la dernière lettre qu'il écrivit d'Ispahan à M. de Pontchartrain le 31 août 1708. Comme il est alors mourant et loin de tout secours et de toute espérance, il est à croire que ce qu'il dit dans cette espèce de confession est véridique. Voici ce qui a trait à sa Relation écrite pendant son séjour à Paris avec le P. Verseau. Il se plaint, dans ce document, que le P. « La Fleur », — c'est ainsi qu'il appelle le P. Fleuriau — sous prétexte que lui, Poncet, « n'avoit pas de stile », modifia alors dans cette Relation ce qui pouvait nuire aux projets des Jésuites. « Je lui faisois voir, écrit-il, que j'avois été caché environ quatre mois dans le palais du Roy d'Ethiopie (1); le Père susdit faisant plusieurs exclama-

---

(1) Il faudrait croire, d'après cela, que les beaux récits contenus dans la Relation de Poncet sur son séjour à la cour du Négous (voir plus haut, p. 102) y ont été intercalés par les Jésuites, en vue de leurs projets de mission. — Le P. Fleuriau n'est, du reste, pas le seul de ces religieux dont Poncet se plaigne dans le document que nous citons. « ... Un peu de temps, dit-il, après que j'arrivai à Paris, il (le P. Fleuriau) fit imprimer des billets pour la quête des missions d'Ethiopie, les donna au P. Verseau qui, avec sa barbe fleurie et son phlegme ordinaire, sçavoit bien faire son personnage... » Plus loin, il affirme que la lettre du Négous pour le Pape était fausse et que le P. Verseau le savait, « car le Roy d'Ethiopie ne m'a jamais parlé du Pape ni de la Thiare..... » Le P. Verseau traîna Poncet à Rome et de Rome à Naples, faisant toujours la quête pour la mission d'Ethiopie, « ... et moy j'étois le pauvre Tartufe

tions, disant qu'il ne falloit pas écrire cela, me représentant que leurs missions seroient ruinées; je ne mis donc point cela dans ma Relation quand j'arrivai à l'article... » Quand Poncet résistait à ces obsessions, le Jésuite le menaçait de la colère du chancelier de Pontchartrain; c'est ainsi qu'il obtint qu'on n'insérerait pas dans le récit de Poncet, les lettres du Ministre pour M. de Maillet, pour le P. de Brévedent, pour Hadgi-Ali, et pour Poncet lui-même.

Nous laisserons, si le lecteur veut bien nous le permettre, notre aventurier à cette vie mêlée de mascarades et de tribulations littéraires, et nous nous transporterons de nouveau au Caire, où nous appelle un autre incident.

avec mon manteau et mon bracelet d'Ethiopie ; nous avons eu deux solennelles audiences, et à la dernière, le duc d'Ascolongo, vice-roy, nous donna (à) chacun une montre... »

IX

NOUVELLES INTRIGUES DES JÉSUITES. — RELATIONS DIRECTES DU PATRIARCHE COPHTE AVEC ROME ET VERSAILLES. — MISSION D'IBRAHIM HHANNA

Quelques jours après le départ pour Versailles de M. de Monhenault, de Ch. Poncet et du P. Verseau au mois d'octobre 1701, un membre de la Compagnie de Jésus, le P. Bichot, homme intelligent et habile, arriva au Caire, venant de Saïda. Il avait voyagé depuis cette ville avec un nommé Ibrahim-Hhanna, natif d'Alep, maronite de religion, qui demeurait alors à Saïda avec un de ses frères appelé Aboud, marchand en cette ville et qui, ayant des affaires à régler avec plusieurs de ses parents en résidence au Caire, avait profité du voyage du P. Bichot pour l'accompagner (1).

Durant ce voyage — qui dura depuis le 17 septembre jusqu'au 20 octobre, — le Jésuite, ayant pu apprécier le zèle religieux de son compagnon, l'entretint des vues de son ordre sur les missions, et en particulier sur celle d'Ethiopie. Ibrahim,

---

(1) D'après Poncet (Lettre à M. de Pontchartrain du 21 août 1708), Ibrahim était « valet de M. Révérend, interprète du consul de Seïde. »

séduit par l'éloquence insinuante du Jésuite, lui offrit ses services, et, arrivé au Caire, il s'occupa de terminer rapidement les affaires qui l'y avaient appelé. De son côté, le P. Bichot ne perdit pas de temps ; il se mit secrètement en rapport avec le patriarche cophte Joannès, qu'il amena à ses vues, et qu'il trouva disposé à seconder ses desseins, moyennant les avantages considérables qu'il lui en promettait personnellement. Ils furent vite d'accord sur ce point, que le meilleur moyen d'assurer la réussite de leur projet était d'obtenir le patronage du roi de France, alors le protecteur attitré de la Compagnie de Jésus, grâce à l'influence qu'exerçait sur lui et sur Mme de Maintenon le P. de la Chaize, son confesseur.

Mais il fallait garder cette négociation absolument secrète jusqu'au moment propice, et il s'agissait, avant tout, de trouver un homme de confiance, étranger jusqu'alors à toutes ces intrigues, et qui pût les continuer. Il était impossible de songer à un chrétien indigène, dont le départ aurait attiré l'attention et qui, d'ailleurs, aurait pu, par attachement à la religion des Cophtes, trahir les menées de son Patriarche, qui ne tendaient à rien moins qu'à ruiner cette religion ; le P. Bichot songea donc à Ibrahim, qui, étranger et bon catholique — nous avons vu qu'il était Maronite — n'avait aucun de ces inconvénients et qui présentait, en outre, l'avantage d'avoir assez d'argent en poche pour avancer les frais du voyage. Ibrahim, de son côté, ravi de voir la Cour de France et de devenir un homme important, accepta avec empressement la mission qu'on voudrait bien lui confier.

Dès le 10 novembre (1701), il fut mis en rapport avec le Patriarche, qui lui fit beaucoup de caresses et lui déclara qu'il ne se servirait d'aucun autre pour porter les lettres qu'il avait l'intention d'écrire au roi de France. Néanmoins, six mois entiers se passèrent, pendant lesquels le P. Bichot dressa ses batteries et acheva de combiner son plan de campagne, tandis que Ibrahim voyait souvent le Patriarche, qui finit par lui accorder une pleine et entière confiance.

L'infatuation que notre Maronite ressentit du rôle qu'on lui faisait jouer, faillit même lui attirer une assez méchante affaire. Un jour, en effet, que M. de Maillet et M. du Roule étaient à la fenêtre du Consulat après dîner, Ibrahim, passant dans la rue, les regarda « comme par bravade » et passa fièrement sans ôter son bonnet ni faire aux représentants de la France le moindre salut. « Etonné de l'insolence de ce valet, écrit M. du Roule, qui nous a conservé le récit de cet épisode (1), je ne pus m'empêcher d'en témoigner ma surprise à M. le Consul qui, le voyant encore dans la rue, dit à un de ses janissaires de le mettre aux arrêts dans leur maison, qui est près

---

(1) Lettre à M. de Ponchartrain du 8 février 1703.

de celle de M. le Consul, pour lui apprendre la civilité et son devoir. Quelques moments après, le P. Bichot entra chez M. le Consul, et lui dit d'un air menaçant et tout interdit, qu'il venoit lui demander les raisons de la détention de leur domestique, qui avoit l'honneur, outre cela, d'être drogman du Roi (ce sont là les propres termes dont il se servit) ; qu'il le sommoit et interpelloit de lui faire justice, et qu'il rendroit un jour compte à Dieu et au Roi de cette violence ; ajoutant plusieurs autres discours pleins d'emportement et de menaces, auxquels M. le Consul ne jugea pas à propos de lui répondre, qu'en lui disant seulement qu'il étoit un imprudent et qu'il perdoit le respect ; le soir même, M. le Consul envoya ordre aux janissaires de laisser sortir ce garçon, qui retourna à la maison de ses maîtres. Voilà, Monseigneur, la vérité de ce fait, tel qu'il s'est passé en ma présence. A quoi j'ajouterai que ce soir-là même, le Frère Charpentier, unique et fidèle compagnon du P. Bichot — car ce Père et ce Frère ont composé seuls, durant plus d'un an, toute la communauté des Jésuites du Caire, — le Frère Charpentier, dis-je, alla présenter aux députés de la Nation une requête au nom d'Ibrahim contre M. le Consul. Mais les Députez, ainsi que toute la Nation, qui avoient été témoins de l'insolence de ce valet, laquelle ils avoient universellement blâmée, le renvoièrent avec sa requête, sans même y vouloir faire la moindre attention. On a su depuis qu'il disoit dans cette requête, qu'avant de s'adresser à la justice du Turc, son seigneur, il venoit la chercher par devant eux... »

Cet incident n'eut, du reste, aucune autre suite et fut sans influence sur le départ d'Ibrahim, qui quitta le Caire pour l'Europe le 22 avril 1702; il emportait des lettres du Patriarche et de beaucoup de membres influents du clergé cophte pour le Pape (1), le Roi, le Ministre comte de Pontchartrain, le P. de la Chaize et quelques autres personnages. Il avait reçu, en outre, des instructions verbales, dont le but principal était d'obtenir sur sa mission le secret le plus absolu, surtout vis-à-vis de M. de Maillet. Il devait, en effet, demander à la Cour : 1° Que celui qui serait chargé de porter les lettres du Roi au Négous, passât en Egypte comme un simple voyageur et qu'il ne se mît en rapport avec le Patriarche que par l'intermédiaire des Jésuites; 2° qu'on ne parlât ni d'ambassade ni de présents, soit pour le Patriarche, soit pour le Négous, au moins avant le retour d'Ibrahim ; 3° enfin, — et c'est là où l'on reconnaît la marque des Jésuites, — il devait demander qu'on établît des Pères de cette Compagnie en Egypte et en

---

(1) Dans sa lettre au Pape, le Patriarche déclare qu'il a écrit cette lettre sur le conseil des Jésuites et qu'il la confie au porteur, « le précieux, le béni, le florissant rejeton d'une noble race, noble fils spirituel, notre bien-aimé et le sage Ibrahim Iouhanna... » Ce n'est qu'un pathos de félicitations amicales, à l'occasion de l'exaltation de Clément XI.

Ethiopie ; c'est cette demande surtout que l'on voulait cacher au Consul de France et à tout le monde, de peur qu'elle ne parvînt aux oreilles des ordres rivaux, les Franciscains surtout, que l'on espérait surprendre par une décision obtenue à Rome par l'influence du roi de France.

En échange de ces services, Ibrahim devait promettre, au nom du Patriarche, d'envoyer deux Jésuites en Ethiopie à son archevêque ; c'est ainsi qu'il appelle l'Abouna. « Mais, comme une pareille entreprise faite il y a cent ans par les Portugais ne réussit pas, parce qu'ils prirent de mauvaises mesures et n'en concertèrent point avec le Patriarche, le Patriarche qui remplit aujourd'hui la chaire patriarcale demande que, pour éviter un semblable événement, le Roy ait la bonté d'ordonner qu'on ne fasse et n'entreprenne rien que de concert avec lui (1). » Ibrahim ajoutait encore dans la lettre par laquelle il communiquait ses instructions au comte de Pontchartrain : « Votre Grandeur pourra s'informer comme ils (les Jésuites) y sont reçeus par l'ordre de mon maître, et de l'aveugle obéissance avec laquelle plusieurs des chrestiens de ces pays-là sont soumis au Pape depuis qu'ils ont appris que c'estoit l'intention du Patriarche, et j'ay lettres de plus de cent personnes qui se sont soumis au Pape (2). »

(1) Extr. d'un « Mémoire d'Ibrahim Chelebi Hhanna... »
(2) Ibrahim exagérait très certainement beaucoup le crédit et

Tout étant ainsi préparé, le P. Bichot accompagna Ibrahim à Alexandrie, où ils passèrent ensemble quelques jours, et le 10 mars, l'envoyé du Patriarche s'embarqua enfin avec deux domestiques, l'un Maronite, l'autre Français, sur un vaisseau en partance pour Livourne. Le 3 juin, il était dans cette ville, et le 8 à Marseille. Il donna aussitôt avis de son arrivée au P. Fleuriau, qui était chargé, l'on s'en souvient, de centraliser à Paris tout ce qui avait rapport aux missions des Jésuites dans les échelles du Levant. Ce Père informa de l'arrivée d'Ibrahim le comte de Pontchartrain, qui en avait déjà eu connaissance d'ailleurs, et quinze jours après, l'envoyé recevait la réponse du P. Fleuriau, qui lui transmettait l'ordre de se rendre immédiatement à la Cour.

Il partit donc le 9 août de Marseille, et le 24 il

l'autorité de son Patriarche; tout le monde ne partageait pas son avis sur ce point. « ... J'estime, écrit en effet M. du Roule dans une de ses lettres au Ministre, qu'un curé de Paris a plus de pouvoir dans sa paroisse que cette Eminence n'en a dans sa nation. On peut juger de là qu'il ne doit pas être fort considérable sur le clergé d'Abissinie, qui ne le reconnaît que pour lui envoïer demander un Métropolitain de sa nation : encore, lorsqu'ils l'ont reçu, en font-ils souvent si peu de cas, que lorsqu'ils ne peuvent pas convenir avec lui, ils l'enferment pour le reste de ses jours, et en font demander un autre au Patriarche, lequel ils obligent de leur envoïer, se servant pour cela de l'autorité du Pacha du Caire, à qui ils envoient des lettres accompagnées de quelques présens. Le Patriarche des Grecs d'Alexandrie, Prélat fort estimé pour sa piété et pour son savoir, m'a même assuré depuis peu, qu'il y a environ soixante ans que le clergé d'Abissinie députa vers un de ses prédécesseurs, pour le prier de leur envoïer quelqu'un de sa part qui leur enseignât le droit chemin ; ne sachant, disoient-ils, comment ils marchoient... »

arriva à Paris, où nous le suivrons tout à l'heure.

Tout cela n'avait pu se faire, ni au Caire ni durant le voyage, sans que le consul de France en ait su quelque chose, bien qu'on s'efforçât de garder toutes ces manœuvres aussi secrètes que possible, surtout vis-à-vis de lui (1). D'ailleurs les Jésuites, malgré toute leur habileté, ne pouvaient éviter, avec les immenses difficultés de communication de cette époque et le temps considérable qu'il fallait pour avoir des nouvelles, de faire parfois des démarches contradictoires. C'est ainsi que, pendant que le P. Bichot obtenait au Caire un résultat aussi important que l'adhésion du Patriarche et adressait Ibrahim Hhanna en France, le P. Verseau et Poncet obtenaient de la cour de France ce que Ibrahim venait précisément y chercher, c'est-à-dire l'envoi d'une ambassade en Ethiopie. Quand les lettres du Patriarche arrivèrent, la mission de M. du Roule était décidée.

Ibrahim n'en fut pas moins bien reçu à Paris par les Jésuites et à Versailles par la Cour, où il fut traité comme un ambassadeur extraordinaire.

---

(1) Nous apprenons, par une lettre écrite à Ibrahim par le P. Bichot, le 15 mai 1702, à son retour d'Alexandrie, que Mourad était dans la confidence du départ d'Ibrahim, à qui il envoie son salut et l'expression de son estime. Je remarque encore dans cette lettre le passage suivant : « Vous pouvez..... assurer qu'il (le Patriarche) est dans des sentiments bien orthodoxes, et bien intentionné pour notre établissement en Ethiopie ; mais sans bruit et sans éclat dans les commencements, comme vous sçavés... »

Il eut audience du Roi, des Princes et des Ministres, reçut des présents (1) et une gratification de quinze cents livres et n'eut qu'à se louer de l'accueil qui lui fut fait.

Malheureusement, l'objet même de sa mission — qui était de faire confier aux Jésuites l'organisation de l'ambassade d'Ethiopie — ne fut pas atteint, et tout ce qu'il put obtenir, c'est un ordre au consul du Caire de prendre pour cette ambassade les conseils du Patriarche des Cophtes.

Le 25 novembre 1702, Ibrahim quitta Paris pour se rendre à Marseille.

Il emportait une lettre du Roi et une autre du comte de Pontchartrain pour le Patriarche. En dehors des témoignages d'affection, remerciements et autres formules banales, ces lettres constataient que le Roi donnait ordre au cardinal de Janson de présenter Ibrahim au Pape, et au Consul du Caire d'agir d'accord avec le Patriarche en ce qui concernait le voyage d'Ethiopie. « Sa Majesté, disait expressément le Ministre, a donné ordre au sieur Maillet, consul au Caire, de concerter avec vous l'envoy du sieur du Roule en Ethiopie, et de régler sur ce que vous approuverez les instructions qu'il lui donnera. Elle ne doute pas que vous ne vouliez bien l'ayder des secours de vostre authorité dans ce

---

(1) Entre autres « une medaigle de la maison Royale. »

Royaume, les soins qu'elle prend n'ayant d'autre objet que la gloire de Dieu, et de ramener les peuples de l'Abyssinie à la vraye religion..... »

Ibrahim dut attendre à Marseille, jusqu'à la fin de janvier, la réponse aux lettres qu'il avait écrites à la cour Pontificale. Ce peu d'empressement pourrait paraître surprenant si nous ne savions qu'au même moment les Pères italiens de Saint-François réussissaient enfin à obtenir du Pape l'exclusion des Jésuites de la mission d'Ethiopie. Néanmoins, à Rome comme à Paris, Ibrahim reçut d'abord un accueil courtois (1). Il y arrivait d'ailleurs sous la protection du roi de France, et cela suffisait à lui assurer au moins un semblant de bienveillance. La lettre suivante, écrite à son sujet par le comte de Pontchartrain, le 19 septembre 1702, au cardinal de Janson, l'avait, en effet, précédé dans la Ville Eternelle : « Votre Eminence a esté sans doute informée par le P. Verseau et par le sieur Poncet de la résolution que le Roy a prise d'envoyer le vice-consul de Tripoli (M. du Roule) en Ethiopie pour porter la response à une lettre que le Roy de ce pays a escrit à Sa Majesté, et sous ce prétexte, et celuy d'un traitté de commerce qu'il demande, y introduire des missionnaires

---

(1) Il s'y rencontra avec Poncet, au moment où celui-ci revenait de Naples (voir la note de la page 161) : « A notre arrivée à Rome, écrit le médecin (lettre du 31 août 1703), nous y trouvâmes notre Ibrahim, pour achever la farce... »

qui travailleront à tirer ces peuples des erreurs où ils sont tombés ; depuis leur départ de Paris, il y est arrivé un envoyé du Patriarche des Coptes à Alexandrie qui est supérieur de celui d'Ethiopie, lequel reçoit de luy sa mission. Il a apporté une lettre de créance pour le Roy et dit que le respect que son maître a pour Sa Majesté l'a engagé à offrir ses secours pour le succès de ce dessein et à reconnoistre le Pape pour lequel il a une lettre de soumission. Elle m'a commandé de vous l'adresser, et de vous escrire que son intention est que vous le présentiez à Sa Sainteté et que vous luy rendiez tous les offices que vous jugerez nécessaires pour le faire bien traitter, et expédier avec plus de diligence. Le Roy en respondant au Patriarche, mande en mesme temps au consul du Caire de se concerter avec lui sur tout ce qui doit contribuer au succès du voyage d'Ethiopie et de donner au sieur du Roule des instructions particulières sur la conduitte qu'il doit tenir dont il sera convenu avec luy, en observant cependant de le charger, ainsy que j'ay fait de ma part, de prendre par luy mesme touttes les connoissances qui pourront faire juger si les armes qu'on a peuvent réussir et si les Pères Jésuittes qui les ont donnés ne se sont pas flattés dans leurs espérances. Je vous avoueray que l'envoyé qui parle très bien françois et qui ne m'a point apporté de lettres du Consul, m'a donné quelque suspicion, et que j'ay creu que les Jésuittes avoient peut-être plus de part à sa mission que le patriarche ; mais j'ay creu inutile d'y marquer trop d'attention parce que le roy n'entre dans aucun engagement, qu'on en sçaura incessamment la vérité par le Consul et que c'est une conjoncture favorable qui se présente, si elle est vraye, qu'il ne faut point se reprocher d'avoir manqué ; je n'en fais part qu'à vous et j'auray soin de vous informer dans la suitte de ce que j'en apprendray. Il est seulement à propos de faire repartir promptement cet envoyé pour ne point perdre une saison propre pour le voyage d'Ethiopie, où on ne pourra estre surpris par les ordres que le Roy a donné... »

Comme on le voit, le Ministre avait percé à jour l'intrigue des Jésuites, et tout en protégeant la mission d'Ibrahim, il avait l'œil ouvert sur les menées dont il était l'instrument.

Ibrahim arriva donc à Rome sous le patronage du roi de France ; mais quand on eut appris, quelque temps après, que ce Prince avait donné l'ordre à son Consul au Caire de s'entendre directement avec le Patriarche pour la mission d'Ethiopie, le fait parut d'abord si extraordinaire que dans l'entourage de Clément XI, on en vint à douter de la mission d'Ibrahim Hhanna. Sur ces entrefaites arrivèrent des lettres de M. de Maillet qui déclarait qu'Ibrahim était un imposteur, qui, venant en Europe pour son compte personnel, avait été chargé par le patriarche cophte

d'une lettre de compliments pour le Roi et d'une
autre pour le Pape, et qui en profitait pour s'attribuer une mission qu'il n'avait jamais eue.
Cette affirmation du Consul était appuyée par
des déclarations conformes du chancelier du
Consulat, et de plusieurs Pères de Terre-Sainte,
heureux de faire pièce à leurs rivaux les Jésuites.
Ces déclarations portaient qu'ils avaient entendu
dire ce qu'ils avançaient au Patriarche lui-même.
Ce Patriarche avait été jusqu'à jurer plusieurs
fois à M. du Roule — qui attendait alors au
Caire le moment de partir pour l'Ethiopie —
qu'il n'avait pas écrit au Pape, mais seulement
au Roi, « et que sa lettre n'était remplie que de
simples civilités et de bénédictions », ce qui, du
reste, était exact. La vérité paraît être que ce
Patriarche, qui, dans toute cette affaire, ne
semble avoir eu d'autre but que d'obtenir « quelques présens ou pensions (1) », et qui, dit-on,
bernait depuis vingt ans les Franciscains des
mêmes espérances qu'il venait de faire luire aux
yeux des Jésuites, voyant son intrigue découverte et mis au pied du mur, jugea prudent,
avec cette désinvolture et cette mauvaise foi
propres aux Orientaux, de renier son envoyé,
dans la crainte de se compromettre, tant vis-à-vis de ses coreligionnaires, que vis-à-vis du Consul français qu'il voyait mal disposé envers Ibrahim et ses protecteurs. Dans une lettre qu'il

(1) Lettre de Du Roule du 2 décembre 1702.

écrivait, quelque temps plus tard à Ibrahim Hhanna, le Patriarche lui disait « qu'il était surpris qu'après lui avoir recommandé le secret, cette affaire fût parvenue à la connaissance du Consul et de tout le monde, et que les PP. de Terre-Sainte en corps l'étoient venus interroger publiquement, et lui demander s'il s'étoit fait Latin, et s'il étoit vrai qu'il eût envoyé en France un exprès pour s'allier avec eux ; qu'il leur demanda pourquoi ils le questionnoient de cette façon ; que ceux qui parloient de la part du consul du Caire lui répondirent qu'ils en avoient l'ordre de la Cour, et qu'il leur dit sur cela, que les lettres qu'il avoit données à Ibrahim étoient des lettres pour lui et pour lui être utiles dans son voyage..... »

Cependant la position du malheureux Ibrahim devenait intolérable à Rome, et il supplia le Pape d'envoyer lui-même un homme de confiance en Egypte pour s'informer au Patriarche lui-même de sa mission. Clément XI fit droit à cette requête, et il expédia au Caire un moine maronite de l'ordre de Saint-Antoine, nommé Dom Gabriel, qui resta près de deux ans en Egypte, d'où il ne revint qu'au milieu de l'année 1705. Dom Gabriel fut bien reçu par le Patriarche, qui lui avoua sous le sceau du secret la mission d'Ibrahim et ses bonnes dispositions à reconnaître la suprématie du Pontife romain (1). Il refusa néanmoins

(1) « Je ne puis (écrivait Du Roule à Pontchartrain le

de signer la profession de foi que le religieux maronite lui présenta au nom du Pape, et bientôt après le départ de Dom Gabriel il oublia toutes ses promesses. En effet, ce secret si mal gardé et toutes les intrigues qui s'agitaient autour de lui effrayèrent cet homme timide et intéressé, et firent qu'il se détourna de plus en plus des latins et des francs.

Le malheureux Ibrahim Hhanna, se trouvant néanmoins justifié, quitta Rome vers la fin de 1705, après avoir vainement essayé d'obtenir une réparation en faisant infliger un blâme aux PP. de Terre Sainte. La mauvaise fortune le suivit jusqu'au bout : le 5 décembre, le navire sur lequel il était embarqué fit naufrage en vue de l'île de Chypre. Ibrahim parvint à se sauver après avoir tout perdu, et il arriva à Saïda le 22 du même mois complètement ruiné et la santé entièrement délabrée par suite des fatigues et des déboires qu'il avait essuyés.

Ainsi se termina cet incident qui, s'il n'avait pas eu pour principal héros le triste personnage

---

2 décembre 1702) me persuader que le Patriarche agisse de bonne foi, pour le démembrement de son Eglise : et que les lettres qu'il nous donnera pour le clergé d'Ethiopie, supposé qu'elles soient sincères, nous soient de quelqu'utilité... Car s'il exhorte les Abissins à la réunion, il doit leur montrer l'exemple ; et s'il consent qu'ils se séparent de lui, il reconnoit en même temps son schisme. Mais, Monseigneur, c'est un mistère que nous ne pouvons apparemment développer qu'en Ethiopie, et dont nous aurons un jour, Dieu aidant, l'honneur d'informer Votre Grandeur... »

qui occupait alors le patriarchat cophte d'Alexandrie, et pour comparses quelques jésuites plus riches encore en duplicité qu'en véritable habileté, eût peut-être exercé une influence considérable sur l'histoire religieuse et politique de l'Orient.

X

VOYAGE EN ÉTHIOPIE DES PP. JÉSUITES GRENIER ET PAULET. — LES FRANCISCAINS FONT PARTIR POUR LA FRANCE SEPT JEUNES ABYSSINS DESTINÉS A Y ÊTRE INSTRUITS DANS LA RELIGION CATHOLIQUE.

Pendant que le malheureux Ibrahim Hhanna, jouet impuissant de la Compagnie de Jésus, attendait vainement à Rome la réparation à laquelle il croyait avoir droit, d'autres événements se passaient en Afrique. Mais avant de les raconter, il nous faut revenir à une mission de Jésuites, à laquelle nous avons fait allusion p. 106, qui s'était dirigée précédemment vers l'Ethiopie. Les membres de cette mission, les PP. Grenier et Paulet, étaient partis du Caire le 1ᵉʳ novembre de l'année 1700, pour s'enfoncer dans la Haute-Egypte et essayer d'avoir des nouvelles de leur collègue, le P. de Brèvedent, et de Poncet, dont on n'avait plus entendu parler depuis leur départ (1). Leur intention était d'aller jusqu'en Ethiopie, si les

(1) En apprenant à Djeddah le départ des missionnaires, pendant son voyage de retour, Poncet écrivait à M. de Maillet le 5 décembre 1700 : « Monsieur, où vont-ils ? Le païs d'où je viens porte une si grande haine au nom franc, qu'ils ne mangent aucuns raisins blancs ; je vous laisse à penser la suite... »

circonstances s'y prêtaient. Aussi emportaient-ils une lettre de M. de Maillet pour le Négous, à qui le consul les présentait comme médecins. Il ajoutait que son souverain serait heureux de recevoir à Paris quelqu'envoyé de l'empereur abyssin. On voit, par conséquent, qu'il était alors sous l'influence des instructions qui venaient de lui être envoyées par le P. Fleuriau.

Les deux missionnaires étaient munis d'une autre lettre pour le roi de Sennaar, dans laquelle M. de Maillet, après des protestations d'amitié et de gratitude pour le passage accordé, faisait, suivant l'usage, une peinture enthousiaste des richesses et de la puissance de la France, et engageait le roi de Fungi à envoyer, pour s'en rendre compte, quelques-uns de ses sujets.

Enfin le dossier se complétait par une recommandation adressée « au seigneur Kaly Zogoier, premier ministre du roy de Saannar. »

Au mois d'avril 1701, les PP. Grenier et Paulet étaient arrivés à Sennaar, d'où ils donnèrent de leurs nouvelles à M. de Maillet. Ils eurent beaucoup à se louer du souverain de ce pays, qui les reçut amicalement, leur fit des présents et les admit quatre fois à son audience. Enfin, comme un envoyé de l'empereur d'Ethiopie était précisément alors à Sennaar, où il était venu pour signer un traité de paix et d'amitié entre les deux souverains, le roi de Fungi confia les deux Jésuites à cet ambassadeur avec force recommandations, et c'est en sa compagnie qu'ils partirent de Sennaar pour l'Abyssinie le 26 mai et qu'ils y arrivèrent au mois de juillet suivant.

Malheureusement ces circonstances si favorables se modifièrent rapidement. Sous la pression toute-puissante du clergé indigène, le Négous fit, dès leur arrivée, arrêter les PP. Grenier et Paulet, et les renvoya brutalement de ses Etats « dans une saison où les propres Abyssins ne voyagent pas même, à cause des pluies continuelles. » L'un des deux missionnaires mourut de fatigue, le 23 décembre 1701, dans une localité où il avait été provisoirement interné ; l'autre succomba à son retour à Sennaar.

Ils avaient, du reste, rencontré dans cette ville la plus grande hostilité de la part des Pères Réformés italiens qui y avaient leur résidence et dont plusieurs attendaient vainement depuis assez longtemps déjà l'autorisation d'entrer en Ethiopie. Porteurs d'un bref du Pape, ainsi que nous le verrons tout à l'heure, ils avaient écrit au Négous, à l'Abouna et au clergé Abyssin des lettres exposant leur mission. Avec cette fatuité naïve propre à ceux qui se croient seuls en possession de la vérité, ils disaient dans ces lettres que leur mission était de traiter de la réunion de l'Eglise éthiopienne avec l'Eglise romaine, promettant de faire voir aux Abyssins la fausseté des opinions qui les tenaient séparés de l'Eglise latine, et s'engageant à se retirer s'ils ne parvenaient pas à convaincre ceux qu'ils venaient évangéliser. On devine de quelle manière furent reçues ces ouvertures impertinentes et avec quel dépit les Franciscains virent les PP. Grenier et Paulet, plus heureux, entrer en Éthiopie avec l'envoyé du Négous. Aussi n'est-il pas téméraire de penser qu'ils se réjouissaient de l'échec de la mission des Jésuites, qu'ils avaient contrecarrée de tout leur pouvoir (1).

Quoi qu'il en soit, l'avantage de posséder un établissement permanent à Sennaar leur permettait d'entretenir, directement ou indirectement, des relations officieuses avec l'Abyssinie. Ainsi, au moment du passage à Sennaar des PP. Grenier et Paulet, un Franciscain italien, le P. Benedetto, revenait de la cour du Négous, auprès duquel il était resté trois mois en qualité de médecin.

On voit que la lutte était alors plus vive que jamais entre les Jésuites français, protégés par la cour de Versailles, et les Franciscains italiens, patronnés par la cour Romaine.

Les inconvénients de cette lutte d'influence, portée sur un point si voisin de l'Abyssinie et si éloigné des autorités françaises et pontificales, n'avait

(1) Poncet était aussi en butte aux médisances de ces Italiens irascibles ; ils le traitaient publiquement à Sennaar de misérable et de fripon. Quelque opinion que l'on puisse avoir sur cet aventurier, celle-ci ne peut avoir beaucoup de poids, venant de gens qui devaient nécessairement le traiter en ennemi, comme Français et comme protégé des Jésuites.

pas échappé à l'esprit clairvoyant de M. de Maillet. Dès l'année 1700, il les signalait dans une lettre qu'il adressait au cardinal de Janson, ambassadeur de France à Rome, lettre dont nous croyons utile, en raison de son importance et du jour qu'elle peut jeter sur tous ces événements, de reproduire quelques passages : « Je dois avertir Votre Excellence, écrivait-il, que les Pères italiens réformés envoyés par la Congrégation (de Propagandâ Fide), pour travailler au même dessein (que les Jésuites), tiennent une conduite laquelle est beaucoup plus capable de faire échouer un dessein que j'ay conduit si loing et si heureusement que de le faire réussir. Ils envoyèrent, il y a deux ans, par émulation, à la suite de nos médecins (Poncet et le P. de Brèvedent), trois de leurs Pères sans m'en rien communiquer. Le roy de Sennaar n'ayant pu engager le sieur Poncet de rester à son service, prit un de ces trois Pères italiens pour son médecin, quoyqu'il n'eût aucune connoissance de cet art. Les deux autres ont fait quelques tournées dans les Etats de ce prince à la faveur du même art, et pour découvrir le grand ou petit nombre de chrestiens prétendus fugitifs de l'Ethiopie, lors de la persécution arrivée contre les Portugais, il y a 57 ou 58 ans. Il faut bien qu'ils ayent écrit en avoir rencontré, puisque, par le retour de la caravane, le préfet de cette mission part encore avec deux autres pour se rendre à Saannar, en sorte qu'ils seront au nombre de six, et cependant ils envoyent un autre sujet à Rome pour y faire part aparemment de ces nouvelles découvertes..... »

M. de Maillet met en garde le cardinal de Janson contre l'existence de chrétiens dans le royaume de Fungi ; selon lui, il n'y en a pas. Il considère le séjour d'un aussi grand nombre de missionnaires si près de l'Ethiopie comme très compromettant pour la réussite du projet d'en faire pénétrer dans cet empire. A son avis, on ne peut s'y introduire que sous prétexte de commerce. « ... Aussy, ajoute-t-il, ne considérai-je pas, pour le commencement de cet ouvrage, les pères Jésuites comme de bons théologiens ou de zélés missionnaires, qualités très inutiles à présent, mais comme des hommes d'esprit qui sçauront s'en tenir aux résolutions prises entre nous de ne jamais parler de religion. Je ne scay si les pères italiens auroient la même force ny si (ce) seroit là leur intention en cas qu'ils y pénétrassent, mais j'en doute fort. J'ai cru devoir rendre compte de ces choses à V. Exc. Je ne prétends pas prévenir le jugement qu'elle en portera, mais il me paroist que cette entreprise ne devoit avoir qu'un chef et qu'une nation ; ou tous Jésuites, ou tous pères de Saint-François, ou tous François, ou tous Italiens. Je suis mesme persuadé du peu d'union que je vois entre les uns et les autres, que ce grand dessein échoüera bientost si l'on n'y apporte un prompt remède. La mission de la Haute-Egypte peut occuper les uns et celle de Saannar et d'Ethiopie les autres... (1). »

Malheureusement ces sages conseils ne devaient pas être entendus par la cour pontificale. Bien plus, le Pape crut devoir charger, en 1701, le supérieur des Franciscains de porter, en qualité d'ambassadeur, un bref apostolique au Négous, et nous trouvons dans nos documents une réponse d'Adiam Segued ou Yasous à ce bref, « lequel, dit l'empereur abyssin, a esté remis entre nos mains par vostre envoyé prestre Joseph, religieux de l'ordre mineur et réformé de Saint-François, qui a succédé en cet employ à vostre fils François qui mourut sur les confins de nostre royaume. » Il résulte encore de cette lettre au Pape que les rapports se poursuivaient en secret, et que le P. Joseph avait les pleins pouvoirs du Négous. Cette missive, qui fut remise au cardinal Sacripanti pour être présentée ensuite à la congrégation de la Propagande, est datée de Gandar Cattama, le 28 janvier 1702 (2).

Non content de rapporter à Rome des lettres de l'empereur abyssin, ce P. Joseph se mit en tête d'y amener de jeunes éthiopiens, qu'il était, disait-il, chargé par le Négous de conduire à

---

(1) Lettre du 8 novembre 1700.
(2) On a prétendu que cette lettre, écrite en arabe, langue que le Négous ne comprenait pas, fut signée par lui les yeux fermés, « tant pour les présens reçus que pour ceux qu'on lui promettoit. »

Rome pour y être instruits dans la religion catholique. Ce désir d'obtenir des enfants abyssins pour les élever et les renvoyer ensuite dans leur pays comme missionnaires hantait depuis longtemps la cour de France aussi bien que la cour romaine, et l'on a vu plus haut (p. 106) une lettre de M. de Maillet constater quelle concurrence les franciscains italiens étaient disposés à faire aux jésuites français en ce qui concernait ce racolage. Il n'était pas facile, en effet, de réussir dans cette traite d'un nouveau genre.

Dès 1699, M. de Maillet, sur un ordre formel de sa cour, avait essayé de se procurer trois jeunes cophtes de bonne famille, de 12 à 18 ans, pour être envoyés en France. Il s'était entendu à cet effet avec les Jésuites du Caire et d'accord avec eux s'était adressé aux Pères de Terre-Sainte et Capucins du Caire qui tenaient des écoles auxquelles venaient des enfants schismatiques. Mais tous leurs efforts échouèrent, et après plusieurs vaines tentatives ils furent obligés de renoncer à leur recherche.

M. de Maillet, cependant, espérait toujours pouvoir arriver à donner satisfaction au Roi, en lui fournissant un sujet pour « remplir une des places fondées en faveur des nations orientales dans le collège de Louis-le-Grand. » Nous apprenons par une lettre datée du 3 janvier 1701 qu'il mit enfin la main sur cet oiseau rare et cela dans des conditions assez singulières. «... J'adresse par ce vaisseau au Commissaire des Classes à Marseille selon les ordres du Roy contenus en la lettre de Vostre Grandeur du 8 septembre 1699, un jeune éthiopien de 16 à 17 ans qui a non seulement les qualités que Sa Majesté désire aux estrangers qu'elle fait élever, mais est par dessus cela de la famille royalle d'Ethiopie et du costé des masles, n'estant pas possible de penser que sa jeunesse eut esté capable de concerter les divers faits sur lesquels Vostre Grandeur pourra en juger par elle-même. Les RR. PP. Jésuittes ont estimé comme moy cette rencontre très précieuse et très favorable pour leur entreprise d'Ethiopie où il pourra beaucoup servir avec le temps ; ce jeune homme est fort instruit des coutumes et de tout ce qui concerne son païs, et a beaucoup de douceur, d'esprit et de piété... »

Voici, du reste, le récit romanesque que fit ce jeune éthiopien « les larmes aux yeux » et au moment de s'embarquer, au supérieur des Jésuites qui l'avait conduit jusqu'à Alexandrie (1).

Il était, disait-il, le fils unique de la reine épouse légitime du roi d'Ethiopie ; sa mère ayant été répudiée, se retira avec lui près de sa famille à quelques journées de Gondar. Là, craignant que l'ordre de succession ne fût changé à son préjudice, elle voulut le faire couronner

(1) Lettre de M. de Maillet au comte de Pontchartrain, du 9 février 1701.

Négous du vivant et à la place même de son père. Celui-ci, averti à temps, s'avança avec son armée contre les rebelles. La reine répudiée, craignant alors pour la vie de son fils, fit courir le bruit qu'il était mort et fit de somptueuses funérailles selon tous les rites de la coutume royale, pour enterrer un cercueil dans lequel il n'y avait que du linge. Le roi, ayant soupçonné la supercherie, fit ouvrir le cercueil et se jeta ensuite dans les montagnes à la poursuite du jeune prince que sa mère y avait fait cacher sous la conduite de quelques-uns de ses proches. Le fugitif fut pris et enfermé par son père dans un monastère où il fut traité pendant trois ans avec une extrême rigueur. « Au bout de ce temps, le Roy son père ayant fait choix d'un saint religieux pour envoyer en Jérusalem reconnaître l'estat des Saints Lieux et qui devait de là passer à Rome pour y prendre des informations sur les points de nostre religion et nos cérémonies, il avait bien voulu sur les suplications que luy en avait fait faire sa mère, luy permettre de le suivre en ce voyage... » Ils étaient donc partis avec une bonne provision de poudre d'or et quelques serviteurs. «... Le bon religieux estant mort dans la route de Gondar à Messoua, un autre religieux qui lui estoit inférieur avoit poursuivi le voyage avec le prince ; mais... mal conduits par leurs guides ils estoient tombés entre les mains des voleurs avant d'arriver à Messoua et avoient esté en partie dépouillés... » Venus ensuite de Massouah à Djeddah, et embarqués, dans cette dernière ville pour Suez, « pour comble de malheur » le vaisseau fit naufrage sur la côte. « La pluspart de ceux qui estoient avec luy à la réserve d'un serviteur avoient esté noyés ; il estoit tombé entre les mains des arabes qui l'avoient blessé à mort parce qu'il se défendoit contre eux, dont il avoit esté dépouillé totalement à la réserve d'un peu de poudre d'or qu'il avoit caché dans le sable et qui luy avoit servi à passer de là à Damas et de Damas icy et y a subsisté jusques au temps qu'estant dans le dessein d'aller à Rome, malgré sa disgrâce, il estoit venu dans ma maison pour me demander des lettres, ayant appris de quelqu'un que je pouvois luy rendre ce service. »

« Voilà, Monseigneur, dit ensuite M. de Maillet, l'histoire telle que le P. Jésuite me l'a contée ; il luy a donné beaucoup d'autres marques particulières de sa naissance que je pourray avérer au moins en partie lorsque le S. Charles Poncet sera icy... » C'est sans doute sur ces marques particulières « à vérifier » que le Consul basait son appréciation sur l'invraisemblable récit dont on vient de lire le résumé. Toujours est-il qu'il semble croire fermement à l'authenticité de ce nouveau prince éthiopien. Cela n'avait pas, du reste, beaucoup d'inconvénient, ce jeune aventurier n'ayant pas l'ambition de se prévaloir de la haute origine qu'il s'attribuait pour recevoir aucune distinction particulière en France. « Si cependant, insinue M. de Maillet, le Roy voulait bien, au lieu de le tenir dans un collège à aprendre le latin, faire employer cette dépense à l'instruire dans le mestier des armes pour lesquels je sçay qu'il a de l'inclination, cela, à ce que j'estime, gagnerait tout autrement son affection et ne le rendroit guère moins propre quand il ne seroit point tel qu'il l'a dit au Père, à servir un jour les missionnaires et la religion de son païs, (ce) qui est le but de la fondation de Sa Majesté pour l'éducation des jeunes estrangers. »

Nous ne savons ce que devint en France ce nouveau Zaga-Christ, mais une aussi belle prise faite par les Jésuites ne pouvait manquer d'exciter l'enthousiasme et l'émulation des moines italiens, et nous avons vu plus haut que quelque temps après (en 1703) l'un d'eux, le P. Joseph, revenant d'Ethiopie avec une mission du Négous, ramenait avec lui sept jeunes Ethiopiens — le nombre en rachetait la qualité — qu'il était, disait-il, chargé de conduire à Rome. Il s'adressa naturellement pour en obtenir les moyens au consul de France à qui appartenait, en vertu des capitulations, la protection de tous les chrétiens qui n'avaient pas en pays ottoman de consul de leur nation.

La situation était délicate : en effet, d'après les lois et usages des Turcs, il était défendu, sous peine de mort, de faire passer en pays de chrétienté, sans une autorisation toute spéciale, des noirs ou hommes de couleur non chrétiens. Ce qui était passé inaperçu lorsqu'il ne s'agissait que du départ du soi-disant jeune prince dont nous venons de parler, pouvait attirer du scandale dans la circonstance présente; il était, en effet, fort à craindre que l'embarquement de sept noirs abyssins, bien que chrétiens, ne fût pris en fort mauvaise part par la population fanatique du Caire et d'Alexandrie.

Tel fut, au surplus, l'avis de la colonie franque qui, consultée par le consul, lui fit les plus vives représentations au sujet de cette entreprise qui pouvait, disaient avec raison ses membres, exposer leurs biens et leurs vies aux plus grands dangers.

Néanmoins, la cour de France paraissait attacher une si grande importance à essayer de faire rentrer les Abyssins dans le giron de l'Eglise romaine, et l'envoi de ces sept étudiants pouvait avoir une influence si considérable sur le résultat désiré, que M. de Maillet résolut de passer outre, en prenant, bien entendu, toutes les précautions nécessaires.

Il est probable qu'il eût montré moins de zèle s'il avait su alors, ainsi qu'il l'apprit dans la suite, que le P. Joseph avait acheté les sept jeunes Ethiopiens qu'il amenait, partie sur la route d'Ethiopie à Sennaar et partie à Sennaar même.

Quoi qu'il en soit, comme il ignorait cette particularité, et qu'il était toujours dans les meilleurs termes avec le Pacha du Caire, il fit dresser en turc, en sa présence et par son premier Drogman auquel il recommanda le secret le plus absolu, une requête dans laquelle il lui exposait que le roi d'Abyssinie, qui, comme il le savait, était un pays chrétien, désirant connaître exactement la différence entre le culte éthiopien et le culte romain, différence qui pouvait se comparer à celle qui existait entre la religion des Turcs et celle des Persans, il avait confié à un Père de Terre-Sainte qui arrivait de sa cour sept jeunes garçons chrétiens pour les conduire à Rome afin d'y être instruits « de cette différence. »

Il le priait donc de donner des ordres pour que ces sept jeunes Abyssins, nommés Yasous, David, Samuel, Balthasar, etc., qui lui étaient actuellement présentés de sa part, à lui Consul, et dont il désignait l'âge, la figure et le nom, puissent être autorisés à s'embarquer à Alexandrie, après y avoir été reconnus en présence du Cadi et autres officiers composant le divan, être bien les mêmes, et qu'aucun obstacle ne fût mis ensuite à leur retour en Ethiopie. L'autorisation demandée fut immédiatement accordée par le Pacha sans que personne en eût connaissance, sauf le secrétaire du Pacha qui la rédigea, et que M. de Maillet paya grassement pour s'assurer sa discrétion. Sitôt qu'il eut cette pièce entre les mains, le

Consul l'envoya par un de ses janissaires à Alexandrie avec des instructions pour le vice-consul de France de cette ville lui précisant ce qu'il devait faire en cette conjoncture délicate ; et comme le vaisseau se trouvait dans le port, prêt à partir, on dressa immédiatement en plein divan, et en présence du vice-consul, un acte dont M. de Maillet avait envoyé le modèle, et d'après lequel ces jeunes enfants étaient reconnus par des témoins pour être les mêmes que ceux qui avaient été désignés au Pacha du Caire ; l'acte fut enregistré en bonne et due forme par le Cadi et les officiers du divan : inutile d'ajouter que Cadi, officiers et témoins avaient été préalablement récompensés de leur complaisance, par les soins de M. de Maillet.

Cela se passait en juin 1703.

Toutes ces précautions n'empêchèrent pas qu'à peine le vaisseau hors du port et dès que les gens d'église, imans, muftis, et autres fanatiques musulmans eurent appris que sept enfants de couleur avaient été embarqués à bord, ils entrèrent en grande agitation, s'imaginant que c'étaient des sectateurs de Mahomet que l'on emmenait en Europe pour les faire chrétiens. Tout avait été heureusement prévu, et quelques libéralités habilement répandues parmi tous ces énergumènes apaisèrent le jour même le tumulte qui menaçait de s'élever. Mais cela n'empêcha pas que le bruit de ce soi-disant enlèvement n'arrivât jusqu'aux janissaires du Caire, et cette soldatesque, ignorant encore comment les choses s'étaient passées, crut trouver là une occasion favorable de faire quelque avanie aux chrétiens; les chefs de la Grande Mosquée se hâtèrent de leur côté d'intervenir, espérant avoir une bonne part à la fête. Mais on montra aux uns et aux autres la copie de l'ordre donné par le Pacha, et le procès-verbal dressé à Alexandrie avec toutes les formalités requises ; d'un autre côté ils savaient, par des exemples antérieurs, qu'ils avaient à faire dans le Consul de France à forte partie ; ils se contentèrent donc de vomir mille injures contre M. de Maillet et, n'osant l'attaquer directement lui-même, ils s'en prirent au malheureux janissaire du consulat, instrument inconscient de cette affaire qui leur tenait tant à cœur. Ils s'écrièrent qu'il méritait la mort pour ne pas les avoir avertis de ce que contenaient les ordres qu'il avait portés à Alexandrie, et on eut bien de la peine, sur les protestations, très sincères pourtant, de ce pauvre homme affirmant qu'il n'avait pas eu la moindre connaissance de la teneur de ces ordres, à leur donner satisfaction en l'exilant à Ebrim, dernière petite forteresse de l'Egypte du côté de la Nubie, près de la première cataracte.

Fort heureusement pour lui, l'argent du Consul put le tirer encore de ce mauvais pas, et quelques jours après il se racheta de cet exil moyennant une somme de vingt écus que lui fournit M. de Maillet.

Ainsi prit fin cet incident qui fit beaucoup d'honneur à l'habileté du représentant de la France en Égypte et qui eût pu se terminer beaucoup plus mal, si M. de Maillet n'avait connu à la fois la nonchalance et la vénalité des Turcs que l'on peint, ainsi qu'il nous le dit lui-même, avec un seul œil, lequel œil il est ensuite facile de rendre inutile « en le bouchant avec un écu. »

XI

CHARLES PONCET ET MOURAD QUITTENT DÉFINITIVEMENT L'ÉGYPTE. — FIN DE CES AVENTURIERS.

Pendant que ces événements se passaient, le sieur Poncet et M. de Monhenault, chancelier du consulat, étaient revenus au Caire. Ce dernier rapportait quelques présents — un miroir et une montre — pour Mourad (1), dont la mission était, en conséquence, considérée comme terminée. Aussi M. de Maillet lui signifia-t-il, le 1ᵉʳ novembre 1702, que les ordres de la Cour portant qu'il toucherait sa pension jusqu'au départ de M. du Roule, lequel départ aurait dû avoir lieu au mois d'octobre précédent et n'étant remis que par suite du retard tout à fait insolite de la caravane de Sennaar, il cesserait, à dater de ce jour, de lui fournir les cinq écus (abouquels) qu'il lui avait jusque-là payés pour sa subsistance quotidienne, et qu'il était libre de partir quand il le voudrait

(1) M. de Maillet y ajouta de sa part « une écritoire de chagrin garnie d'argent, un étuy d'yvoire piquée à clouds d'or avec un cure-dents d'or, une boette d'huile de senteurs garnie d'argent et un petit flacon à eau de la Reine d'Hongrie garni de vermeil doré... et une lettre de sa part dans une bourse d'étoffe d'or pour réponse à la lettre que ledit Sʳ Murat lui avoit remise de la part du Roi d'Ethiopie... ». (Déclaration du sieur de Monhenault, du 1ᵉʳ novembre 1702.)

pour retourner en Ethiopie. C'était lui dire assez clairement qu'on se passerait de lui pour accompagner l'ambassade qui allait se rendre, de la part du Roi, auprès du Négous.

Aussi Mourad, que cette décision allait priver de toutes ressources, et les Jésuites, qui étaient peu satisfaits d'être obligés d'entretenir eux-mêmes l'instrument de leurs intrigues, et qui préféraient beaucoup le voir vivre aux dépens du Roi, essayèrent-ils de protester.

Déjà Mourad s'était conduit de la manière la plus ridicule et la plus inconvenante quelques mois auparavant, vis-à-vis du représentant de la France, lorsque celui-ci, ayant reçu l'avis que l'ambassade d'Ethiopie était décidée, avait cru devoir en donner avis à Mourad, bien que l'Arménien eut cessé toute relation personnelle avec lui. Au lieu de recevoir M. de Maillet conformément aux usages, Mourad ne l'attendit et ne le conduisit qu'à la porte de sa chambre; il prit le pas sur lui; le fit servir le dernier et ne lui fit donner d'autre serviette que celle dont il s'était lui-même servi (!); il retrancha le sorbet, l'eau de senteur et les parfums, et, continue M. de Maillet dans la lettre à laquelle nous empruntons ces détails (3 mai 1702), « ses discours furent si pleins d'aigreur et de fiel (1), que les marchands

(1) Mourad dit entre autres choses au consul qu'il savait qu'il n'était venu le visiter « que pour pénétrer s'il vouloit passer en Italie. »

dont j'étais accompagné se sont plaints du peu de sensibilité que je témoignay de sa conduite. » Enfin, et pour couronner cette série d'impertinences, Mourad ne vint pas alors rendre au consul sa visite.

On comprend de quelle façon un homme qui accueillait avec une semblable attitude une démarche de pure courtoisie, devait recevoir une communication de la nature de celle que M. de Maillet avait à lui faire. Aussi quand M. de Monthenault, chancelier du consulat, vint lui faire la signification officielle de la cessation du paiement de sa pension, Mourad le reçut de la manière la plus insolente et il renvoya séance tenante, à M. de Maillet, sa lettre pour le Négous, tout en gardant l'argent et les présents qui lui étaient offerts.

Mais ce n'était pas tout, et les Jésuites, protecteurs de Mourad, n'étaient pas hommes à abandonner la partie si facilement.

Quelques jours après cette algarade, le Père Bichot vint trouver M. du Roule et lui demanda si, comme signataire du traité passé entre M. de Maillet et Mourad, il n'aurait pas l'intention d'intervenir pour faire continuer à ce dernier la pension convenue. M. du Roule répondit naturellement que, d'après lui, le traité avait pris fin par l'arrivée des présents faits à Mourad et le congé de la Cour, et que, d'ailleurs, le consul n'avait agi, en tout ceci, que d'après les ordres du Roi.

Le Jésuite, prenant alors un autre ton, déclara qu'un marchand turc, ami de Mourad, ayant aussi signé au traité, avec le consentement de M. de Maillet, ce consul s'était ainsi reconnu justiciable des autorités turques en ce qui concernait le traité, et que s'il ne voulait pas continuer à en exécuter les clauses, il verrait, lui Jésuite, ce qu'il avait à faire. En effet, Mourad, qui, du reste, avait pris vis-à-vis de M. du Roule une attitude tout à fait impertinente (1), fit une plainte au Pacha, qui répondit simplement qu'il n'avait pas à se mêler de cette affaire, puisque M. de Maillet ne faisait que suivre les ordres de son souverain (2).

Voyant que la violence ne pouvait le mener à rien, le pauvre Arménien essaya de la douceur ; il s'offrit, au consul, pour l'ambassade d'Éthiopie ; il perdit une année entière à faire des propositions qui étaient rejetées à l'avance, et il se voyait condamner à mourir de faim au Caire, quand, fort heureusement pour lui, ses anciens protecteurs les Jésuites eurent encore besoin de ses services.

Ces Pères ambitieux venaient, en effet, d'avoir

(1) Il n'avait fait aucune réponse aux politesses de M. du Roule, et à ses offres de services avait dit simplement que si M. du Roule faisait bien il s'en trouverait bien (?)

(2) Tout en prenant cette décision, M. de Maillet demandait au Ministre s'il devait continuer à payer à Mourad sa pension, et offrait dans le cas où le Roi n'approuverait pas cette interruption, d'en prendre personnellement la responsabilité. (Lettre de M. du Roule du 2 décembre 1702.)

connaissance, par une vague rumeur, du bref du Pape dont nous avons parlé plus haut, — bref obtenu par l'influence des Franciscains italiens, leurs rivaux, et qui leur interdisait définitivement la mission d'Ethiopie. Se souvenant de la maxime chère aux conquérants de tous les temps : *Beati possidentes,* ils crurent donc faire un coup de maître en essayant d'opposer au décret de la Cour de Rome, décret qui ne leur avait pas encore été signifié, le bénéfice du fait accompli. Le retour de Mourad en Ethiopie pouvait beaucoup faciliter leurs projets, et l'adjonction à leur mission du sieur Poncet, qui se morfondait au Caire dans l'inaction et presque dans la misère, devait leur donner, pensaient-ils, beaucoup de chances de réussite. Il s'agissait donc d'accaparer nos deux aventuriers, dont le consul, d'ailleurs, ne voulait à aucun prix, comme compagnons de voyage de M. du Roule. Le P. Bichot se chargea de la négociation, et il commença par réconcilier Mourad et Charles Poncet, qui, paraît-il, étaient brouillés, par suite de la créance dans laquelle était le premier que le médecin avait été un peu la cause de l'empêchement de son propre voyage en France. Entre gens de cette sorte, les injures sont vite oubliées quand il y a quelque intérêt à le faire. Mourad et Poncet, enchantés, du reste, d'une circonstance qui servait admirablement leurs propres visées, redevinrent immédiatement les meilleurs amis du monde. Mais les Jésuites poussèrent l'habileté plus loin encore : grâce aux puissantes influences dont ils disposaient à Versailles, ils trouvèrent le moyen de faire grandement contribuer le trésor royal aux largesses qu'ils firent alors aux deux aventuriers (1).

Enfin, pour donner plus de solennité à leur arrivée dans ce pays qu'ils allaient, pensaient-ils, évangéliser, ils firent entrer dans leurs vues le patriarche Joannès, toujours disposé, moyennant des avantages matériels ou autres, à se mettre, suivant les circonstances, du côté de tout le monde. Ce patriarche réunit donc une assemblée des évêques de son rite et y consacra en grande cérémonie les saintes huiles dont on se sert en Éthiopie pour couronner les Négous. Comme il y avait vingt ans que cette consécration n'avait été faite, les Jésuites ne doutaient pas d'être les bienvenus en Éthiopie, apportant au Négous les éléments d'un sacre qui, dans ce pays superstitieux et arriéré, ne pouvait que donner une nouvelle force à son pouvoir.

Le P. du Bernat, Jésuite, qui devait accompagner les voyageurs, sous le nom de Mathieu, et soi-disant comme le domestique de Poncet — on voit que la malheureuse fin du P. de Brèvedent n'avait pas dégoûté la Compagnie de ce déguisement — reçut donc une partie de ces huiles nou-

---

(1) Lobo nous apprend, en effet (p. 442) que le Roi leur remboursa plus de six mille livres employées pour cet objet.

vellement consacrées, pour les porter en Ethiopie, avec des lettres pour le Négous.

Le 8 octobre 1703, Mourad écrivit au ministre de Pontchartrain pour lui annoncer son départ du Caire le jour même, avec le P. Mathé (c'est ainsi qu'il désigne le P. du Bernat), « notre frère Jacob le médecin (Poncet), et ma famille, c'est-à-dire ma femme, mon fils et mes frères. » La famille de Mourad, qui était encore à Alep au moment où il était arrivé au Caire, l'avait rejoint dans cette ville en 1703 (1). « J'avois résolu, continue-t-il, d'envoyer à Vostre Excellence mon cher fils, âgé de neuf ans, pour le faire estudier au Collége du Roy et se rendre habile dans les lettres : mais l'excès de l'amour que la mère luy porte m'en a empêché. Mais s'il plaît à Dieu, dans notre second voyage, nous irons à vostre puissante cour, l'enfant deviendra plus grand et il aura appris la langue abyssine et la françoise : ainsy nous le mènerons avec nous et nous le présenterons à Vostre Excellence : elle aura la bonté de l'honorer.... »

A la fin de cette lettre, qui ne contient plus que des protestations de dévouement et de reconnaissance, Mourad promet à Pontchartrain de tout

---

(1) « ... Le Sr Murat a envoïé depuis 20 jours deux personnes à Alep pour en amener sa femme et son fils ici ; je ne sai quel peut être son dessein car ils n'y peuvent être qu'en septembre, et c'est le tems qu'il faudra partir à moins de remettre encore à un tems fort éloigné... » (Lettre de M. de Maillet au comte de Pontchartrain du 4 juillet 1703.)

mettre en œuvre auprès de son maître le Négous pour faire réussir la mission de l'ambassade que la Cour de France envoie « avec les Pères Jésuites. » Nous verrons plus loin que sur ce point Mourad était mal informé, et que les Jésuites devaient rester étrangers à la mission de M. du Roule.

« Nos voyageurs partirent donc par la voie de la mer Rouge le 6 octobre 1703.

» M. de Maillet, au fond, n'était pas très fâché de ce départ qui, par le fait, divisait en deux la caravane de M. du Roule et qui simplifiait d'autant son voyage ; il les quitta donc dans les meilleurs termes. Il fit des présents non seulement à Mourad, mais encore à sa femme et à son fils ; l'Arménien l'accabla en partant de protestations de dévouement, et ils se virent six fois en moins de huit jours. De son côté, Poncet emportait une lettre du Consul pour le Négous et une autre pour le vieux Mourad, ainsi que quelques petits présents et une caisse de remèdes de 1.060 livres. M. de Maillet remettait de plus à l'aventurier une instruction, longue et circonstanciée, dont le texte nous a été conservé. Nous y voyons, entre autres choses, que le Roi de Sennaar avait à son service des officiers européens qui exerçaient ses troupes et qu'on lui prêtait le projet d'attaquer l'Ethiopie.

« En même temps, et par la même occasion, M. de Maillet envoyait en Ethiopie un nommé

Elias, Syrien au service de la France, dont le nom a déjà été prononcé dans ce récit. Elias était pour ainsi dire envoyé en éclaireur devant l'ambassadeur français et était chargé de surveiller les agissements de Mourad et de Poncet vis-à-vis de M. du Roule; il avait ordre aussi d'apprendre immédiatement l'éthiopien afin de pouvoir servir d'interprète à la mission aussitôt son entrée en Ethiopie. Pour cela, ses instructions portaient qu'il devait, dès son arrivée, s'enfermer dans un monastère cophte pour y étudier la langue et les mœurs du pays, à moins qu'un Grec, nommé Démétrius, qui résidait auprès du Négous, ne lui offrît l'hospitalité dans sa maison ; il était recommandé à ce Démétrius par son frère, moine du Mont-Sinaï, et par l'abbé de ce célèbre monastère.

Outre cet Elias, les voyageurs étaient accompagnés par un nommé Jacques Christophle, individu tout dévoué aux Jésuites, natif de Chypre et secrétaire d'un marchand.

Comme on le voit, ils étaient assez nombreux et la prudence la plus élémentaire aurait dû les engager à se diviser, de manière à moins éveiller l'attention jalouse des autorités musulmanes. Cette précaution — que conseillait Charles Poncet — était d'autant plus facile à prendre, qu'au moment de leur arrivée à Suez, il y avait dans ce port vingt-six vaisseaux en partance pour Djeddah. Mais le P. Bichot, qui gardait, du Caire, la direction du voyage, ne voulut rien entendre, et tous ceux qui dépendaient de lui durent s'embarquer sur le même navire, tandis qu'Elias, mieux avisé, et n'ayant d'ordres à recevoir que de M. de Maillet, fit bande à part et s'en trouva bien, comme nous le verrons plus loin.

Poncet, Mourad et leur suite arrivèrent cependant sans encombre à Djeddah; mais là ils se trouvèrent complètement arrêtés. Le chérif de la Mecque avait été averti, en effet, par un de leurs valets abyssins qui s'était fait turc, que l'Arménien avait avec lui des Francs qu'il conduisait en Ethiopie par ce chemin, tandis que d'un autre côté y passait un envoyé du Roi de France chargé d'apprendre aux Ethiopiens l'art de la guerre et la fonte des canons. Il n'en fallait pas tant pour éveiller les susceptibilités du fanatique chérif, qui donna l'ordre immédiatement au Pacha de Djeddah de s'assurer de Mourad et de ses compagnons (1). L'envoyé du Négous fut, en effet, emprisonné pendant vingt-quatre heures avec sa femme, son frère et son fils, et se racheta moyennant 60 sequins. Quant à Poncet, on lui donna la ville pour prison, à condition de donner ses soins médicaux aux habitants atteints d'une « fièvre pestilentielle » qui y faisait parmi eux de grands ravages. De plus, ses bagages et ceux du P. de Bernat furent visités de fond en comble,

---

(1) Lettre de M de Maillet au comte de Pontchartrain du 2 avril 1704. — Lettre de Poncet au même du 31 août 1708.

les lettres dont ils étaient porteurs furent ouvertes ; on leur confisqua les cristaux et les montres destinés à être offerts en présents au Négous, et on leur prit tout leur argent (c'est Poncet qui le dit), à l'exception de 200 pataques, que les Turcs ne purent trouver ; enfin, on leur défendit à tous, sous peine de mort, de passer à Massouah.

Ce renégat de la suite de Mourad qui prévient si à propos le chérif de la Mecque, et la bénignité même du traitement qui s'ensuivit pour les voyageurs pourrait nous faire croire que nous sommes ici en présence d'une comédie arrangée par Mourad et Poncet pour se faire interdire le retour en Éthiopie, où ils n'avaient très certainement nulle envie de revenir, craignant avec raison d'y être fort mal reçus, après toutes leurs escapades ; mais qu'ils aient été dans cette circonstance complices habiles ou victimes fort peu dignes d'intérêt, il est certain qu'ils durent obéir avec joie à l'ordre qui leur fermait le chemin de Massouah ; le rôle qu'ils avaient joué jusque-là n'avait, en effet, d'autre but que celui d'escroquer l'argent des Jésuites et du Roi de France, et de se mettre en état de tenter à leurs frais de nouvelles aventures, et on leur fournissait gratuitement une occasion de le faire d'une manière presque honorable, ce dont les plus grands coquins se montrent toujours quelque peu friands.

Nos voyageurs se séparèrent donc : le Jésuite

et le Chypriote revinrent au Caire, où ils étaient de retour à la fin de mars de l'année 1704 ; et lorsqu'Elias arriva à Djeddah, suivant les ordres du Consul, sous un déguisement (1) et quelque temps après eux, il trouva les deux aventuriers partis de leur côté dans une autre direction pour continuer plus loin leur vie vagabonde.

Mourad mourut misérablement à Moka ou à Mascate — on ne sait pas au juste lequel des deux (2).

Quant à Poncet, il nous raconte (3) qu'après quatre mois d'internement à Djeddah, le Pacha de cette ville, satisfait de ses services, l'envoya au roi de l'Yémen, atteint d'une éléphantiasis invétérée, et auprès duquel il courut d'abord les plus grands dangers ; mais l'Iman ayant été, lui aussi, enchanté de son médecin, le traita bien et lui fit présent de plusieurs chevaux avec lesquels il s'embarqua pour Surate, où il arriva en 1705. S'il faut en croire son récit, le Directeur de la Compagnie royale des Indes Orientales dans ce comptoir, nommé Pilavoine, lui vola ses chevaux et le mit dans la plus cruelle misère. Après quel-

---
(1) A la faveur de ce déguisement, il ne fut pas inquiété et put gagner tranquillement Massouah et l'Abyssinie où nous le retrouverons tout à l'heure.
(2) C'est probablement par erreur que d'après une autre version, on prétend qu'il serait revenu en Éthiopie, où il aurait été mis à mort, lui et son frère, par ordre du Négous, en arrivant à Tangassi.
(3) Lettre au comte de Pontchartrain, en date à Ispahan, du 31 août 1708.

ques mois de séjour à Surate, il passa, nous ne savons comment, en Perse et se fixa à Ispahan, où il épousa une demoiselle Robin, fille d'un Français établi dans cette ville depuis quarante ans. Perclus de douleurs, paralytique, réduit à la plus grande pénurie, ce malheureux mourut vers la fin de 1708, et les seuls secours qui lui vinrent pendant sa longue agonie furent ceux qu'il reçut de la libéralité du chevalier Michel, ambassadeur extraordinaire de France auprès du Schah de Perse.

Ainsi finit cet aventurier, qui trouva moyen d'occuper un moment l'attention publique, et qui, intelligent, habile et courageux, eût peut-être obtenu mieux qu'une courte mention — d'ailleurs presque toujours inexacte — dans les dictionnaires biographiques, s'il avait montré plus de tenue et s'il avait su se dépouiller à temps de ce vêtement de fourberie et de malhonnêteté qui, à cette époque, s'attachait comme une tunique de Nessus aux Levantins d'ailleurs les mieux doués.

Il est temps de nous occuper de l'ambassade officielle dont la soi-disant mission de Mourad et de Poncet fut l'origine et la cause déterminante.

XII

L'AMBASSADE D'ÉTHIOPIE EST DÉCIDÉE. — M. LE NOIR DU ROULE EST DÉSIGNÉ COMME AMBASSADEUR. — SES INSTRUCTIONS.

Le voyage de M. de Monhenault, du P. Verseau et de Poncet à Versailles avait eu pour résultat, comme nous l'avons vu plus haut (p. 170), de décider le Roi à envoyer un ambassadeur en Éthiopie. Bien que la venue au Caire d'un délégué avec le caractère revêtu par Mourad n'impliquât pas nécessairement un retour diplomatique, les ministres français pensèrent qu'il fallait profiter de l'occasion qui se présentait.

Le choix de la Cour s'était tout d'abord porté sur M. de Maillet lui-même, qui paraissait plus apte que tout autre à remplir cette mission. Ayant donné des explications satisfaisantes sur son attitude vis-à-vis de Mourad, il était tout à fait rentré en grâce, et sa nomination devait permettre d'évincer plus facilement de l'ambassade tous les aventuriers qui jusque-là avaient été mêlés à cette affaire d'Ethiopie, et de ne donner aux Jésuites, malgré leurs efforts, qu'un rôle tout à fait secondaire.

M. de Maillet fut donc officiellement désigné ;

mais à peine en eut-il reçu l'avis, qu'il demanda par un mémoire adressé à M. de Pontchartrain le 3 mai 1702, à ce qu'un autre fût chargé de cette mission. Bien des raisons, d'après lui, militaient en faveur de son remplacement. La dépense, d'abord, aurait été plus grande ; car la situation de Consul Général en Egypte lui donnant le rang et le titre de Bey, il lui aurait fallu un train plus considérable (60 chameaux au moins), des présents plus importants à offrir à tous les chefs sur les terres desquels il passerait, et notamment aux souverains de Sennaar et d'Ethiopie, avec qui il avait déjà été en rapport par lettres et messages relatifs à son emploi. Cette notoriété, qui aurait augmenté les dépenses de la mission, s'il en avait été le titulaire, aurait aussi ajouté aux difficultés pour obtenir l'autorisation nécessaire de la part des autorités turques, ainsi qu'aux dangers qu'elle pouvait courir, son voyage faisant naturellement parmi les Arabes et les Cophtes fanatiques beaucoup plus de bruit que si l'ambassadeur désigné était un inconnu pour toutes ces populations ; dans cette dernière hypothèse, au contraire, on pourrait garder un secret relatif et porter ainsi moins d'ombrage aux gens du pays. Enfin, le Consul mettait aussi en avant ses détestables relations avec Mourad, qui s'était livré vis-à-vis de lui, à plusieurs reprises, aux plus graves impertinences : que ne ferait pas l'Arménien contre lui en Ethiopie, s'il s'est permis de pareilles insolences au Caire, où, dit le Consul, j'ay tant de distinction et d'avantages sur luy (1)? »

D'ailleurs, la santé de M. de Maillet était « si délicate que ce seroit une espèce de miracle s'il pouvoit résister aux extrêmes chaleurs et pluyes continuelles qu'il faut essuyer pendant six mois de chaque année... ».

Le Consul indiquait pour le remplacer, dans cette mission deux personnes : « Le sieur François La Combe (2), marchand françois, né au Caire, et le sieur du Roule, vice-consul. Ils ont tous deux, ajoutait-il, de l'extérieur, beaucoup de santé, de courage et d'esprit. Le premier sçait la langue turque et arabe ; le dernier a sur l'autre la naissance et l'éducation, outre le sçavoir et une curiosité qu'il mettra en usage, et rendra son voyage utile de ce costé-là, s'il ne peut l'estre du costé de la religion et du commerce (3). »

(1) Lettre à M. de Pontchartrain, du 3 mai 1702.
(2) On a vu plus haut, p. 143 et suiv., que ce La Combe, après avoir embrassé avec passion le parti de Mourad, s'était réconcilié avec M. de Maillet, à qui il avait découvert le secret des intrigues dirigées contre lui. Plus tard, ils se brouillèrent de nouveau, et La Combe, ayant commis quelque méfait relevant du tribunal consulaire, fut obligé de s'enfuir dans la Haute-Egypte, où il vécut misérablement. Il revint ensuite subrepticement au Caire ; ayant été découvert, il fut condamné à retourner en France, refusa d'obéir et fut mis au ban de la « Nation » en 1709, par le Consul de Pelleran, successeur de M. de Maillet. Il faut que ce dernier ait été bien dupe de ses illusions pour désigner un pareil homme, même pendant le court intervalle de leur raccommodement, comme un candidat possible à l'ambassade d'Ethiopie.
(3) Déjà dans une lettre du 30 novembre 1701, M. de Maillet

M. Le Noir du Roule appartenait à une famille attachée depuis longtemps aux consulats du Levant ; à ce moment même, un de ses parents, peut-être son frère puiné, sortait de l'Ecole des Jeunes de Langues de Constantinople pour entrer dans la carrière active (1). En 1701, M. du Roule, qui était alors vice-consul à Tripoli de Syrie, avait été désigné pour le vice-consulat de Damiette (2). Il était arrivé au Caire au mois d'août de cette année, et il y attendait vers le mois de décembre suivant le bérat du Grand-Seigneur, qui devait lui permettre d'exercer ses fonctions (3). Quelques difficultés s'étaient élevées auprès de la Porte pour la délivrance de ce bérat. Le poste de Damiette était, en effet, de création nouvelle et n'avait pas encore eu de titulaire. Quelque temps auparavant, une violente

avait conseillé le choix de M. du Roule. « Si le Roy, écrivait-il alors, envoyoit quelque séculier en Ethiopie, il n'y en auroit pas de plus propre et dont le public dût tirer plus d'utilité (que M. du Roule), outre qu'estant doux et patient, il seroit très capable de faire réussir des choses qu'il auroit à traiter en un lieu où ces vertus seront fort nécessaires aussi bien que sa forte complexion... »

(1) Un sieur Le Noir de Saint-Julien, probablement de la même famille, mourut consul de France à Lisbonne, le 4 mars 1762. (*Gazette de France* du 7 mai 1762.)

(2) Lettre du comte de Ferriol au comte de Pontchartrain, dans Correspondance de Turquie, tome XXXVIII, p. 162. — Un sieur Lazare Piquet, marchand au Caire, avait d'abord été désigné pour ce poste, mais il mourut en juin 1700.

(3) Nous rappelons qu'il ne faut pas confondre du Roule avec un sieur du Roure qui était, à la même époque, vice-consul à Alexandrie où il mourut, probablement de la peste, le 6 novembre 1702.

sédition avait eu lieu dans cette ville ; la population turque avait même pillé et profané l'église grecque sur le seul soupçon que les orthodoxes étaient d'accord avec les catholiques pour l'établissement officiel des Francs à Damiette (1).

M. du Roule, en attendant son installation, s'était occupé de divers travaux demandés au Consulat du Caire par le savant de l'Isle, géographe du Roi ; il s'agissait surtout de déterminer exactement le cours du Nil, et de rechercher l'emplacement actuel de certains points indiqués dans les anciens auteurs ; ce n'était pas chose facile. En effet, écrivait M. de Maillet au Ministre, le 30 novembre 1701, « il est comme impossible d'approfondir sous ce gouvernement les faits d'antiquité que M. de l'Isle a marqués dans ses Mémoires, et la pluspart des esclaircissements qu'il désire sont sans doute réservés à une autre domination, sous laquelle il sera possible de visiter en liberté le pays et de fouiller dans les ruines. Je me suis reposé d'autant plus volontiers sur M. du Roule des choses dont Votre Grandeur m'avoit chargées à cet ésgard, qu'il a eu le loisir nécessaire pour cela, et qu'il a tout le sçavoir, la curiosité et les talents nécessaires à s'en bien acquitter. Il vouloit faire personnellement le voyage le long du Nil jusques à la deuxième cataracte ; mais, ne sçachant encore que peu d'a-

---

(1) Lettre du P. Bichot à Ibrahim, du 15 mai 1702.

rabe, je luy ay conseillé de remettre ce dessein à un autre temps... » Nous possédons une lettre adressée par M. du Roule lui-même au chancelier, en date du 28 novembre (1), dans laquelle il parle au ministre des recherches qu'il fait pour donner satisfaction à M. de l'Isle. Cette lettre accompagne l'envoi d'un Mémoire qui, d'après une note de M. de Pontchartrain, a dû être remis à l'abbé Bignon.

Mais ces études n'absorbaient pas complètement l'activité de M. du Roule. Le consul ayant eu besoin d'envoyer une personne de confiance pour aller porter un mémoire à M. le comte de Ferriol, ambassadeur de France à Constantinople, chargea de cette mission M. du Roule, qui quitta pour cela momentanément le Caire en février 1702. Il s'agissait de justifier la conduite qu'il avait tenue vis-à-vis de Mourad et des Jésuites, et d'obtenir à ce sujet des instructions définitives que M. de Maillet attendait vainement de la Cour depuis si longtemps; il attribuait lui-même ce retard à « la négligence des capitaines (de navires) à aller les prendre (les courriers) dans les bureaux de M. de Montmort... »

Il est probable que M. de Ferriol ne crut pas pouvoir prendre sur lui de donner les instructions demandées; car, ainsi que nous l'avons vu

---

(1) Dans cette lettre, il rappelle qu'il a été nommé au vice-consulat de Damiette « à la recommandation de madame la Chancelière » de Pontchartrain.

plus haut (p. 159), M. de Maillet profita du séjour à Paris de son chancelier, M. de Monhenault, porteur des lettres et des présents de Mourad, pour faire donner à la Cour des explications sur sa conduite.

C'est à son retour de Constantinople que M. du Roule apprit qu'il était désigné comme ambassadeur du roi vers le Négous d'Ethiopie.

Le départ de l'ambassade avait d'abord été fixé au mois d'octobre 1702 ; mais la caravane à laquelle elle devait se joindre ayant eu un retard considérable, il fut décidé à Versailles qu'on attendrait le retour en Egypte du P. Verseau qui, on se le rappelle, était alors à Rome.

Puis, par une lettre du 29 novembre de cette même année 1702, le Ministre avisa M. de Maillet que le départ de l'ambassade serait définitivement remis jusqu'à la caravane de 1703 ; le motif apparent de cette regrettable détermination était que le Pape désirait attendre des nouvelles de l'Ethiopie pour répondre à une prétendue lettre du Négous, qui lui avait été présentée par le P. Verseau ; mais c'était, en réalité, la suite des intrigues qui continuaient à s'agiter autour de la cour romaine, et qui avaient pour origine la perpétuelle rivalité des Jésuites et des Franciscains. La situation était donc toujours aussi critique, et M. du Roule la résumait assez bien dans une lettre qu'il écrivait du Caire à M. de Pontchartrain le 8 février 1703 :

« L'affaire d'Etiopie, y disait-il, est un chaos si obscur et un labyrinthe de mauvaises intrigues tellement embrouillé, que j'estime qu'il sera du tout impossible de la bien développer, que lors seulement que nous serons sur les lieux. Car si, d'un côté, les Jésuites du Caire font paraître un homme qu'ils disent ambassadeur du Roi d'Etiopie pour le Roi, les Franciscains, de l'autre, qui arrivent tout présentement de ce païs là, disent que Mourat n'a jamais eu de caractère ni aucun ordre de passer auprès du Roi (1); mais seulement qu'avec les commissions de marchandises dont il était chargé, il avoit eu celle de délivrer à M. le Consul la lettre du Roi d'Etiopie pour le Roi, avec une autre de ce même prince pour ledit sieur Consul. Que le dit Mourat aïant pris sur la route de Gondar à Messoua la qualité d'envoïé, le Roi, qui en fut averti, indigné de son insolence, avoit donné l'ordre pour lui faire couper la tête; mais que heureusement il étoit sorti de ses Etats avant que l'ordre l'eût joint. Si les Jésuites du Caire disent qu'ils ont des lettres du Roi d'Etiopie pour le Pape, lesquelles ils lui ont même déjà présentées, les Franciscains sou-

(1) Dans une lettre de M. de Maillet au comte de Pontchartrain du 11 mars 1703, nous lisons que les Franciscains ont constamment refusé de voir Mourad et en donnaient « publiquement cette raison que c'était pour ne se point attirer l'indignation du Négus qui en avoit une véritable contre led. Murat, pour avoir osé prendre sur les frontières de son Etat et à son passage à Gedda, le caractère de son envoyé... »

tiennent que ces lettres sont fausses et prétendent en avoir apporté de la propre main du Roi pour le Pape, auprès duquel ils font état de passer incessamment pour les lui présenter. Ils disent même que le Roi prie expressément Sa Sainteté, par la dite lettre, de ne pas permettre qu'il passe dans ses états aucuns compagnons d'Alfonse (c'est ainsi qu'il désigne les Jésuites), craignant que leur arrivée n'y causât quelque grande révolution. Il est vrai que nous ne sommes pas obligés de croire tout ce que ces derniers avancent, puisque leur intérêt propre — j'entends celui de leur Ordre — les peut engager à déguiser, ou même à parler contre la vérité; mais aussi suis-je obligé de dire à Votre Grandeur ce que je sais de ces lettres présentées au Pape : c'est que le P. Poilvache, jésuite, mort au Caire le 2ᵉ de septembre de l'année 1701, avoit proposé plusieurs fois à une personne de cette ville de faire des lettres pour le Pape au nom du Roi d'Etiopie, dont il lui disait que Mourate avoit des blancs seins; que cette personne l'ayant constamment refusé, le Père qui est à Rome (sans doute le P. Verseau) lui avoit fait plusieurs fois la même proposition après la mort du P. Poilvache. Cette même personne, à qui l'affaire a été proposée, m'a confirmé ce fait par serment il n'y a encore que deux jours; et j'estime qu'on y peut d'autant plus ajouter foi, qu'il est connu d'un chacun pour un parfaitement honnête homme ; que nul autre motif n'a pu engager à me faire cet aveu que les instances que je lui ai faites de me dire ingénuement la vérité dans une affaire dont Votre Grandeur vouloit être instruite. »

Il fallait cependant que cet imbroglio prît fin. La Cour de France ne pouvait perpétuellement remettre le départ de l'ambassadeur qu'elle avait désigné et MM. de Maillet et du Roule reçurent l'ordre de prendre toutes leurs mesures pour que la mission partît avec la prochaine caravane. Ils s'occupèrent donc d'obtenir de la Porte le sauf-conduit nécessaire et une dispense de droits pour cinquante chameaux en allant et autant d'esclaves en revenant (1). Tout cela fut assez difficile à obtenir, par suite du changement de grand vizir qui survint à cette époque (2). M. de Maillet essaya aussi de faire prendre pour garants de la réception qui serait faite à la mission française dans les royaumes de Fungi et d'Ethiopie, les sujets de Sennaar en résidence au Caire et le Patriarche et les principaux Cophtes. Nous ne savons s'il obtint cette sauvegarde du Pacha et des janissaires, mais cela est peu probable.

De son côté, la cour de Versailles envoya à

---

(1) Ces droits étaient alors de 15 à 20 écus par chameau. On quittait les chameaux à Sennaar pour prendre des mulets avec lesquels on gravissait les pentes du plateau éthiopien.

(2) Lettre de M. de Ferriol au comte de Pontchartrain du 3 novembre 1702. *Aff. étr.* CORRESPONDANCE DE TURQUIE, tome XXXVIII, p. 293.

ses agents ses dernières instructions. M. du Roule avait déjà en mains, d'ailleurs, les présents qu'il devait emporter (1) ainsi que la « lettre du Roy aux Roys de Sanard (2) et de Dongola (3) », le Mémoire pour lui servir d'instruction et une lettre confidentielle de M. de Pontchartrain contenant un supplément à ces instructions.

Ces deux pièces que nous publions d'ailleurs en appendice (pièces C et D) sont assez importantes pour que nous en disions ici quelques mots.

Le « Mémoire », qui est daté du 5 juillet 1702, explique que le Roi a en vue deux choses en envoyant M. du Roule en Ethiopie. La première « et la principale » est la question religieuse et l'examen de la possibilité de ramener le Négous et ses sujets à l'obéissance de l'Eglise Romaine ; la seconde a trait au commerce, et il n'est pas difficile de comprendre, à voir le soin avec lequel elle est traitée, que, en dépit de la bigoterie offi-

(1) La liste de ces présents nous a été conservée aux ARCHIVES DU MINISTÈRE DES AFF. ETRANGÈRES ; il y avait, entr'autres choses, pour 200 écus de *sanctuaires*, achetés à Jérusalem, et pour environ pareille somme d'outils et d'instruments destinés à l'ouvrier armurier qui avait été engagé pour le voyage.

(2) Le Roi de Sennaar était dans un état de demi-vassalité par rapport au Négous dont les caravanes passant sur son territoire ne payaient aucun droit. Au contraire, ce roi de Sennaar envoyait chaque année à l'empereur d'Ethiopie six chevaux « moins cependant par redevance que par amitié. » (Mémoire de M. de Maillet du 12 mai 1698.)

(3) La minute de cette lettre est aux *Archives du Ministère des Affaires étrangères*. INDES ORIENTALES, tome II, pièce 86. — Elle est datée de juin 1702.

cielle du Roi et de la Cour, c'était à elle que le Ministre attachait la plus grande importance.

Le Roi exprime ensuite son intention que M. du Roule emmène deux pères Jésuites « pour Chappelains » ainsi que Poncet et Mourad. On a vu plus haut (p. 203) que ces derniers avaient autrement disposé de leurs personnes. L'ambassadeur est chargé d'excuser le Roi de n'avoir pas fait venir Mourad jusqu'à la Cour, à cause de l'état de guerre où se trouvait alors l'Europe, et aussi parce que Mourad « n'estant point nommé dans la lettre du Roy d'Ethiopie à Sa Majesté, il estoit difficile de juger si c'estoit luy qui en avoit esté chargé et de quelle manière ce Prince désiroit qu'il fust traitté. »

Enfin le Mémoire se termine par des recommandations sur la conduite que devra suivre M. du Roule si le Négous lui demande l'envoi par le Roi d'ouvriers français des divers métiers. Il devra les refuser autant que faire se pourra, sans pourtant pousser les choses au point de faire échouer le but principal de sa mission.

La lettre confidentielle de M. de Pontchartrain, du 9 août 1702, (appendice D) accompagnait l'envoi de l'instruction dont nous venons de parler. Cette lettre est des plus importantes en ce qu'elle témoigne d'une grande méfiance vis-à-vis des Jésuites. Tout en recommandant à M. du Roule d'avoir « touttes sortes de déférence et d'honnestetéz pour les missionnaires », le comte de Pontchartrain le met en garde contre l'influence que pourrait avoir leur opinion sur la sienne propre, les Pères Jésuites « pouvant très souvent se régler par des motifs de zèle qui ne conviendroient point à la gloire du Roy, ni à ses instructions... »

Le Ministre pousse la précaution jusqu'à ordonner à M. du Roule de dresser une espèce de programme de tout ce qui, dans sa mission, a rapport à la religion et aux missionnaires, et de le signer et de le faire signer par le P. Verseau, afin d'éviter toute chance de conflit lorsqu'il sera arrivé sur les lieux.

XIII

PRÉPARATIFS DE L'AMBASSADE. — MAUVAISES DISPOSITIONS DES RELIGIEUX ET DES FRANCS DU CAIRE.

Toutes choses étant ainsi réglées le mieux possible, rien ne paraissait plus devoir s'opposer au départ de l'ambassade d'Ethiopie lorsque survinrent de nouveaux retards. L'étude attentive de nos documents nous fait penser que ces retards eurent pour cause, non seulement les lenteurs traditionnelles ou calculées des autorités turques à donner les autorisations nécessaires, mais encore l'opposition et l'hostilité de la colonie franque du Caire.

La situation du représentant de la France en Egypte devenait, en effet, de plus en plus difficile. Aux intrigues des Jésuites et des Franciscains venaient s'ajouter de graves démêlés entre le Consul et sa « Nation », démêlés sur lesquels nous aurons occasion de revenir bientôt.

Au commencement de l'année 1703, M. de Maillet ayant acquis la certitude que ses ennemis interceptaient les lettres qu'il envoyait à son gouvernement, résolut d'en finir; il fit donc partir pour Marseille M. du Roule lui-même, porteur de ses dépêches et chargé de donner verbalement à la Cour toutes les explications nécessaires, et d'obtenir des instructions formelles et définitives.

Ces instructions devaient porter spécialement sur les points suivants : Fallait-il se munir de lettres de recommandation du patriarche Cophte? Quelle conduite devait-on tenir vis-à-vis du P. Bichot, au Caire ; de Mourad et de Poncet, en Ethiopie ? Comment devait-on agir envers les jésuites, d'une part, et les franciscains, d'autre part? Fallait-il, dans le cas où les jésuites refuseraient de s'occuper de la mission d'Ethiopie d'accord avec l'envoyé du Roi, donner la même protection aux religieux de Saint-François? « Cet article, dit le Mémoire auquel nous empruntons ces renseignements (1), cet article est des plus importants, et nous a engagé en partie à venir icy exprès auprès de Votre Grandeur. » M. du Roule devait aussi demander au Ministre d'exiger des jésuites qu'ils choisissent des « religieux doux et paisibles pour les faire passer en Ethiopie, et faire en sorte, s'il est possible, qu'ils sachent quelque profession utile, qui puisse engager les peuples à demander d'eux-mêmes qu'ils demeurent et qu'on en fasse venir d'autres. » Il avait ordre, en outre, de porter

---

(1) Mémoire de M. du Roule au comte de Pontchartrain, sans date, mais remis très certainement au ministre pendant le séjour de M. du Roule à Paris, en 1703.

plainte de la conduite de l'abbé de Rutaut « qui est présentement à Rome, auprès du P. Verseau (1). »

M. du Roule quitta donc le Caire pour Marseille, le 2 mars 1703, et se rendit directement à Paris et à Versailles (2). Il y resta quelques semaines seulement : le temps pressait, car on voulait que son départ eût lieu à la fin de la même année 1703. Dès le 8 août, nous le retrouvons à Marseille, d'où il devait partir quelques jours plus tard avec un convoi que des navires de guerre allaient conduire en Egypte. Mais ce convoi ne put s'organiser sans doute, car nous avons encore une lettre de M. du Roule adressée de Marseille au comte de Pontchartrain le 10 octobre suivant. C'est seulement le 10 mai 1704 que le nouvel ambassadeur arriva au Caire et qu'il s'occupa d'organiser sa mission.

Il ramenait avec lui de France plusieurs personnes qui devaient l'accompagner, et entre autres « un peintre qui dessinait en perfection

---

(1) Voir plus loin, p. 229.
(2) Il trouva, paraît-il, à son passage à la Canée, le brevet de sa nomination au vice-consulat d'Alexandrie, vacant par la mort récente du sieur du Roure. Il est probable que ce fait ne peut s'expliquer que par quelque lenteur particulière de transmission des ordres de la Cour, car il y avait déjà plusieurs mois qu'il était désigné pour l'ambassade d'Ethiopie. — Cela nous montre, dans tous les cas, que les troubles survenus à Damiette avaient fait remettre à une époque indéterminée la création définitive du nouveau poste consulaire que l'on voulait établir dans cette ville, et pour lequel M. du Roule avait d'abord été désigné.

d'après nature (1), afin de pouvoir rapporter des dessins corrects des animaux, fruits, plantes et autres curiosités particulières du pays » où il allait. Il devait en outre emmener un drogman, un enfant de langues (2), un médecin (3), un ancien officier, M. d'Ortés, un ouvrier serrurier, jeune homme de Zante, sculpteur et brodeur, et quelques autres personnes.

L'organisation religieuse de l'ambassade fut plus difficile : on ne savait où ni comment trouver les aumôniers français dont la mission avait besoin.

Au contraire, les religieux italiens étaient en assez grand nombre et on attendait encore à tout

---

(1) Ce peintre était sans doute M. Bayard, graveur médailliste dont nous aurons à reparler.

(2) « L'Enfant de Langue » désigné était M. Louis Macé, dont le père était mort premier drogman à la Canée. Avant de partir pour l'Ethiopie, il vint en France (au commencement de l'année 1703), pour confier sa sœur unique à leur oncle, curé de Sainte-Opportune à Paris.

(3) Ce médecin, nommé Augustin Lippi, était un gentilhomme de Zante, « homme d'esprit, docteur en médecine (de la faculté de Paris), grand botaniste et chimiste, tirant les herbes et les fleurs au naturel, et sachant assez de tous les arts pour les exercer passablement. » — M. d'Ortès, « qui estoit page de M. le duc de Navailles lors de la guerre de Candie », avait depuis servi vingt-cinq ans dans les armées du Roi, en qualité d'aide-de-camp, jouissait d'une pension de 600 livres et était fort connu de M. de Maurevert. — Ces deux voyageurs étaient venus en touristes visiter l'Egypte et le Mont-Sinaï, après être restés six mois au Mont-Athos. Ils avaient appris au Caire le prochain départ de l'ambassade d'Ethiopie, et s'étaient offerts pour l'accompagner en volontaires et à leurs frais : on ne devait leur fournir que la nourriture et un chameau à chacun d'eux pour leur bagage.

moment huit à dix missionnaires de cette nation qui devaient, conduits par le P. Joseph dont nous avons parlé plus haut (p. 190) et qui revenait de Rome avec le titre officiel d'envoyé du Pape auprès du Négous, passer en Ethiopie en même temps que l'ambassadeur francais. « Cette multiplication de sujets, écrivait tristement M. de Maillet le 2 avril et le 20 mai 1704, n'est ni favorable à la sortie de M. du Roule de ce païs, ni à son entrée en Ethiopie... » et ne pourra que grossir encore « des bruits qui ne sont déjà que trop répandus et augmenter les difficultés (1)... »

Les Pères de Terre-Sainte n'avaient aucun sujet français; il ne pouvait plus être question des jésuites dans la situation où ils étaient vis-à-vis de la Cour romaine (2); les capucins, sujets du Roi, n'étaient au Caire que deux pères et un frère. On ne pouvait donc en prendre qu'un seul et le faire accompagner par un Père de Picpus, chapelain d'Alexandrie. Cela présentait des inconvénients et il aurait certainement mieux valu prendre deux religieux du même ordre; mais on n'avait pas le choix, et d'ailleurs les Capucins et

---

(1) M. de Maillet exprime encore les mêmes craintes en apprenant que le P. Joseph et les siens sont arrivés à Sennaar en 1705 et se préparent à suivre M. du Roule en Ethiopie. (Lettre au comte de Pontchartrain du 4 janvier 1706.)

(2) Dans sa lettre du 10 octobre 1703, M. du Roule exprime le regret d'être obligé de renoncer à la compagnie du P. de Bernat sur lequel il comptait beaucoup, « à cause des bonnes qualités dont il était revêtu » et dont il vient d'apprendre le départ avec Mourad et Poncet. (Voir plus haut, p. 201.)

les Picpuciens étaient également « enfans de saint François. »

Le recrutement du personnel religieux de l'ambassade était rendu encore plus difficile par suite de l'état d'hostilité ouverte où se trouvait la nation « franque » du Caire vis-à-vis de son consul. Ces démêlés, qui remontaient déjà à plusieurs années, avaient eu pour origine une assez ridicule affaire « la querelle des Fez. » Jusquelà, les Français du Caire avaient eu le droit reconnu par la Porte de coiffer ce bonnet privilégié qui en leur donnant un caractère oriental leur servait à l'occasion de porte-respect vis-à-vis des indigènes. Par suite de je ne sais quelle intrigue dont je n'ai pas à m'occuper ici, l'ordre était venu de Constantinople, tant de la part de l'ambassade de France que de celle des autorités turques, de forcer les francs d'Égypte à porter le chapeau. Quelques avanies subies à cette occasion par des européens provoquèrent assez justement, il faut bien le reconnaître, leurs protestations, et le consul, qui devait naturellement veiller à l'exécution des ordres formels qu'il recevait à cet égard, fut rendu non moins naturellement responsable des conséquences qui en résultaient. M. de Maillet était d'ailleurs, peut-être, un peu trop « européen » pour frayer avec des Levantins. Très honnête, quoi qu'en aient dit ses ennemis, très gentilhomme, homme d'étude et de bonne compagnie, il avait quelque peine à se faire à vivre au milieu de cette société d'aventuriers orientaux, familiers, mal élevés et dépourvus de scrupules, qui formaient alors le fond de la population franque des échelles du Levant. Comme il s'attachait toujours à être en bons termes avec le Pacha régnant, ses adversaires de la « Nation » s'appuyaient de leur côté sur la foule ardente et grossière des janissaires dont ils essayaient de soulever le fanatisme contre leur consul, au grand péril de tous les chrétiens.

Dès avant 1700, les hostilités avaient éclaté à l'occasion de l'élection comme « député de la nation » d'un sieur Lazare Piquet, qui était soutenu par le consul (1). Mais c'est seulement vers la fin de l'année 1702 que la lutte prit un caractère tout à fait aigu. A ce moment, M. de Maillet, très raide sur les questions de moralité et de religion, se plaignait amèrement des débauches de ses administrés. « ... De 40 à 50 marchands, écrivait-il le 26 avril 1703, il y en a 18 qui n'ont pas fait leurs Pâques ! » Le chapelain du consulat, un jeune religieux appelé le P. Clément, d'un esprit faible et pusillanime, ayant voulu au même moment réfréner ces désordres et déclaré aux marchands qu'il allait en écrire à la Cour, ceux-ci le menacèrent de le faire révoquer, et ce

---

(1) Le sieur Piquet avait pour adversaire un nommé Etienne Martin, qui peu de temps après fut renvoyé du Caire pour inconduite. — Piquet fut plus tard désigné pour le poste de vice-consul à Damiette, mais il mourut au mois de juin 1700. (V. la note de la p. 212.)

pauvre diable en eut une telle peur qu'il se jeta
« entre les bras des Turcs, plutost pour se ga-
rantir d'un embarquement qu'il apréhendoit sans
sujet, que pour renier sa foi. » Puis, ensuite,
pris de remords et saisi de cette rage de réhabi-
litation qui peut changer à l'occasion l'homme le
plus poltron en héros ou en martyr, il fit tout ce
qu'il put pour exaspérer les musulmans qui
s'étaient d'abord fait un singulier honneur de sa
désertion; et enfin, malgré les efforts du Pacha et
de M. de Maillet, il fut décapité par la populace
le jour de l'Ascension de cette année 1703. Cette
mort fit d'autant plus de bruit que le successeur
du P. Clément comme chapelain du consulat et
« curé de la Nation », Frère Maximilien de Paris,
effrayé à son tour par les menaces de ses
ouailles, et ne se sentant pas le courage de prendre parti dans la querelle du consul et de ses
administrés, quitta un beau jour le quartier franc
et se retira au Vieux-Caire pour y attendre les
ordres de ses supérieurs. Toutes ces difficultés
étaient envenimées par un certain abbé de Rutaut, homme d'une moralité douteuse qui, étant
employé au consulat, s'était fait l'âme damnée des
ennemis du consul et le trahissait (1) ; enfin, le

(1) M. de Maillet accuse formellement l'abbé de Rutaut de lui
avoir soustrait des mémoires et des dépêches pour la Cour, et
il demande sa punition dans une lettre du 8 février 1703. L'abbé
était alors rentré en France et devait résider soit à Paris, soit à
Cervon près de Corbigny, où il avait un petit bénéfice. C'était,
paraît-il, sur la promessse du P. Bichot de lui en faire obtenir

P. Bichot, jésuite dont nous avons déjà parlé, et qui dépassait en violence tout ce qu'il est possible d'imaginer (1), jetait tant qu'il pouvait de l'huile sur le feu, croyant y trouver l'avantage de sa Compagnie.

Cette guerre entre les « Francs » et leur consul faillit même causer un incident international. En effet, M. de Maillet ayant envoyé, en 1704, son chancelier (2) et un drogman pour donner à l'ambassadeur quelques explications verbales, ils furent, à leur retour au Caire, insultés par la populace ; le drogman fut arrêté, battu, empri-

---

un plus considérable, qu'il s'était mis au service des jésuites du Caire. D'après M. de Maillet, l'abbé de Rutaut était un débauché ; il s'était longtemps adonné à la magie à Paris, et était « en tout le digne frère de celui qui partit exprès de France pour s'aller faire turc à Constantinople, il y a trois ans. » (Lettre du 18 février 1703.)

(1) Le P. Bichot avait essayé de suborner par des promesses le sieur Fornetti, drogman, pour lui faire signer de fausses déclarations contre M. de Maillet. Il avait aussi fait intervenir le P. Fleuriau qui écrivit au consul plusieurs lettres dans lesquelles la menace a peine à se dissimuler derrière la courtoisie des formules. Enfin, le 13 juin 1702, le Père et le Frère Charpentier, qui seuls représentaient alors au Caire la Compagnie de Jésus, se livrèrent contre le consul à une violence sans nom qu'il nous serait impossible de raconter dans aucune langue civilisée ; cette gaminerie de vidangeur en goguette est pourtant attestée par procès-verbal authentique, signé de témoins respectables. — Le P. Bichot, arrivé au Caire le 5 octobre 1701, y mourut fort heureusement pour M. de Maillet, le 20 avril 1704, « et a trouvé un repos qu'il ne paraissait pas aimer. » Cette innocente épigramme est la seule vengeance posthume que se permet contre lui sa victime.

(2) Ce chancelier était M. Jean-Jacques de Monhenault, qui avait succédé dans cette charge à son frère aîné Claude-Jacques de Monhenault, nommé vice-consul à Alexandrie, à son retour de France en 1702.

sonné, puis exilé par les janissaires que soudoyaient les marchands. Nous ne savons pas d'une manière précise ce que devint cette affaire ; mais nous sommes certains qu'elle ne passa pas inaperçue à Versailles, car, sur un des procès-verbaux des enquêtes auxquelles elle donna lieu, nous lisons en marge, de la main de M. de Pontchartrain, ces mots laconiques, mais qui pouvaient être gros de conséquences : « Conseil, amplement (1). Est important, et passe jeu ; et a besoin d'un remède violent. Envoy d'un vaisseau. »

C'est sans doute cet incident qui amena le ministre à donner enfin satisfaction à M. de Maillet, lequel depuis longtemps demandait l'envoi en Égypte d'un commissaire spécial pour examiner sa conduite et faire rentrer tout le monde dans le devoir (2). On finit donc, en 1706, par envoyer au Caire M. Louis Le Bigot de Gastines, « conseiller du Roi en ses conseils, intendant de la marine et commissaire départi par Sa Majesté pour la visite générale des Échelles du Levant », qui termina ces tristes querelles par un jugement en date du 26 mai 1706, dans lequel il se prononçait en faveur de M. de Maillet, qui se trouvait ainsi pleinement justifié.

(1) Lisez : En parler au Conseil, et longuement.
(2) M. de Maillet envoya même tout exprès à Paris M. d'Ortès, pour se faire l'interprète de ses doléances. C'est cette circonstance qui empêcha cet ancien officier de partir avec M. du Roule qu'il devait accompagner.

Si nous nous sommes étendus un peu longuement sur ces incidents qui paraissent à première vue étrangers à notre récit, c'est qu'ils en sont, au contraire, un des éléments essentiels et qu'ils expliquent bien des faits cités déjà, ou de ceux qui nous restent encore à raconter.

Il nous faut maintenant revenir à l'ambassade d'Ethiopie.

L'annonce de cette ambassade n'était pas faite pour calmer les passions surexcitées de la colonie franque du Caire. Non seulement elle pouvait y voir — bien à tort assurément — un triomphe pour la politique de son consul détesté, mais encore cette mission pouvait l'atteindre dans ses intérêts matériels. Cette tentative faite pour ouvrir des relations directes entre l'Europe et l'Ethiopie pouvait, en effet, avoir pour résultat de déplacer le centre du commerce de la mer Rouge et du Soudan qui alors se faisait tout entier au Caire. Aussi la « Nation » fit-elle tout ce qu'elle put pour empêcher le départ de l'envoyé français, et nous possédons un curieux procès-verbal dressé au consulat de cette ville le 30 juin 1704, procès-verbal qui nous met au courant de toutes les manœuvres employées par les marchands francs pour faire obstacle à la mission. Nous voyons dans ce procès-verbal que ces marchands auraient dit à diverses reprises à M. du Roule « qu'il ne devoit plus penser au voyage d'Ethiopie, mais bien à quelque chose de meilleur qui étoit de rester au Caire en notre place (c'est M. de Maillet qui parle en sa qualité officielle), étans surs de notre révocation, et sur ce qu'il leur témoigna qu'il étoit très éloigné de ces sentimens et qu'il ne songeoit qu'à remplir les ordres du Roy, quelques-uns d'eux luy dirent : Eh ! Monsieur, vous n'irés point en Ethiopie, nous en sommes bien surs, et vous resterés avec nous... » Ayant échoué dans leur tentative d'exciter par ambition M. du Roule contre le consul, ils essayèrent d'obtenir de la toute-puissante milice des janissaires que défense fût faite à la caravane de Sennaar d'admettre M. du Roule à voyager avec elle, « aux bateliers de le transporter en la Haute-Egypte, et à certains marchands turcs dont il avoit acheté quelques marchandises de les luy délivrer » ; puis M. du Roule « s'étant plaint à ces marchands de ces traverses qu'il sçavoit venir d'eux, et leur ayant dit ces propres paroles, qu'ils devoient se contenter de s'en être pris à leur magistrat (le consul), sans s'attaquer directement aux volontés du Roy, ces marchans luy répondirent qu'ils sçavoient bien ce qu'ils faisoient et qu'assurément M. du Roule ne feroit point le voyage... » ; enfin M. du Roule ayant dit à l'un d'entre eux « qu'il espéroit partir cette semaine, être dans un an en Ethiopie, et de retour dans deux ans, le marchand luy auroit répondu : Dittes que vous irés jusqu'à Girgé, dans la Haute-Egypte, et que vous serés de retour dans deux mois au Caire... » Les drogmans du consulat déclaraient, de leur côté, savoir pertinemment « que, dans le tems des oppositions faites par les janissaires au départ de M. du Roule, les marchands alloient journellement chez lesdits janissaires... et qu'ils nous ont fait suivre dans les visites et sorties que nous fîmes dans ce tems-là, et recherché avec empressement le succès de nos négociations. » On voit que, de ce côté, les efforts les plus passionnés étaient faits pour empêcher le départ de la mission française ; mais ce n'étaient pas là ses seuls adversaires.

Les Jésuites — pour le plus grand profit desquels, cependant, cette ambassade était envoyée — mais qui ne pouvaient prendre leur parti de n'avoir pas été exclusivement chargés de son organisation, battaient en brèche le consul et M. du Roule de toutes les manières. Le P. Bichot, leur supérieur au Caire, dont nous avons déjà eu l'occasion de rappeler les écarts de conduite et les intempérances de langage, tendait à M. de Maillet les pièges que lui inspiraient sa haine et son hypocrisie. « Il est indubitable, écrivait M. du Roule au comte de Pontchartrain (1), qu'un tel homme, par sa conduite toute pleine d'artifices et de fourberie, ne peut qu'il ne déshonore et ne décrie infiniment sa Compagnie, qui ne le con-

---

(1) Dans sa lettre déjà citée du 8 février 1703.

noit point absolument tel qu'il est. Et je crois qu'on ne peut rien faire de plus avantageux pour le succès de l'affaire d'Etiopie, que d'éloigner d'ici et du cours de toute cette affaire ce Père, lequel, dans la vue de faire réussir ses desseins, semble avoir renoncé à toutes les maximes de l'honneur et de la religion. L'obligation où je suis, Monseigneur, de dire la vérité à Votre Grandeur, me fait tout risquer pour moi, en la confiant ainsi au papier ; puisque j'ai tout lieu d'appréhender que les parties intéressées ne trouvent par leurs intrigues les moïens d'intercepter encore cette lettre, comme elles ont déjà fait quelques-unes de mes précédentes. Aussi, dans le loisir que me donne le long séjour du P. Verzeau à Rome, je me serois volontiers rendu auprès de Votre Grandeur pour l'informer de vive voix de tout ce que je sais de cette affaire (1), depuis environ dix-huit mois qu'il y a que j'ai commencé d'y entrer, si la crainte des corsaires, chez qui ma détention aurait pu empêcher ou retarder l'exécution des ordres du Roi, ne m'avoit fait prendre ce dernier parti, quoique infiniment plus dangereux. Il est juste cependant que mon devoir marche le premier, et qu'il l'emporte sur toutes sortes de considérations, quoi qu'il m'en puisse arriver. Mais je supplie à l'avance

---

(1) On a vu plus haut que M. du Roule se rendit en France quelques semaines après, et put ainsi réaliser le désir qu'il exprimait de voir le Ministre.

Votre Grandeur que si quelqu'un veut entreprendre de lui décrier ma conduite ou rendre ma fidélité suspecte, de me faire la grâce de suspendre son jugement, et de ne me point condamner sans m'entendre, eu égard à la passion avec laquelle on entre dans l'affaire dont il s'agit... »

Il fallait, en effet, un véritable courage pour écrire en ces termes à Versailles, où trônait alors Madame de Maintenon, et où le P. de la Chaize, jésuite, était confesseur du Roi et jouissait de l'influence que l'on sait ; et cette citation peut nous donner une idée des sentiments que devaient avoir pour les représentants du Roi les Jésuites du Caire, et quelle aide devait trouver auprès d'eux M. du Roule pour l'accomplissement de sa mission.

D'un autre côté, le Patriarche des Cophtes qui, malgré les belles promesses qu'il avait adressées à Versailles et à Rome, n'était, comme presque tous ces Orientaux, qu'un fourbe ambitieux et avide, ne pouvait considérer d'un œil favorable une mission dont le but plus ou moins ostensible était de ruiner la religion dont il était le chef et de la remplacer par le catholicisme romain. M. du Roule avait eu, d'ailleurs, l'imprudence, malgré les conseils de M. de Maillet, de refuser de distraire des présents qu'il emportait en Ethiopie quelques cadeaux qui eussent bien disposé ce Patriarche, tandis que ce dernier, ayant été imprudemment et peut-être méchamment avisé de ce propos du consul, par le P. Bichot, fut très blessé du procédé de M. du Roule, et essaya de lui nuire de toutes les façons, et notamment en essayant d'empêcher Méhémet-Pacha d'accorder à l'envoyé français l'autorisation de partir pour sa destination.

Enfin, les missionnaires italiens de Saint-François, qui, comme nous l'avons dit plus haut, étaient déjà installés en Nubie et à Sennaar, et qui essayaient par tous les moyens possibles de s'assurer le monopole de la mission d'Ethiopie, laquelle leur était d'ailleurs concédée par la Cour pontificale, craignaient que l'envoi de M. du Roule n'eût pour objet et pour conséquence l'installation, dans ce pays, de l'influence des Jésuites, leurs rivaux. De sorte que, par une véritable bizarrerie du sort, l'ambassade d'Ethiopie était combattue à la fois, et par ceux à l'ambition desquels elle pouvait nuire, et par ceux à qui elle devait profiter.

XIV

DÉPART DE L'AMBASSADE. — SON VOYAGE JUS-
QU'A SENNAAR. — MASSACRE DE L'AMBASSA-
DEUR ET DE SES COMPAGNONS.

C'est dans ces fâcheuses conditions, poursuivi de la haine des uns et accompagné des appréhensions des autres, que M. du Roule et ses compagnons se mirent en route le 19 juillet 1704. Le départ se fit avec une certaine solennité. L'ambassadeur quitta le consulat avec « sa famille » et celle du Consul, précédé des janissaires et des truchements au service de France ; il était suivi des religieux des quatre ordres qui existaient au Caire et de quelques étrangers ; mais pas un des marchands français établis au Caire ne l'accompagna à son embarquement; tous restèrent enfermés chez eux, tellement son voyage leur était désagréable. Au contraire, tout le peuple, tant turcs que chrétiens, se pressait sur le passage du cortège « pour être témoin du départ de l'envoié d'un grand roi, vers des contrées si éloignées et par des routtes si pénibles et si dangereuses... (1). »

(1) Lettre de M. de Maillet à M. de Pontchartrain du 21 juil-

Non seulement la « Nation » du Caire n'accompagna pas l'ambassadeur de France partant pour l'Ethiopie, mais elle refusa de lui verser les sommes qu'elle devait lui avancer, d'après les ordres du Roi, ce que M. de Maillet dut faire personnellement sur les ressources dont il disposait.

La mission remonta le Nil jusqu'à Siout, où elle devait rejoindre la caravane d'Ethiopie. Mais avant même d'atteindre ce point, et dans toutes les localités où il eut occasion de s'arrêter, M. du Roule constata qu'on avait répandu contre lui quelque mensonge dangereux qui ne pouvait avoir d'autre but que de le perdre.

Le chef de la caravane était un maure appelé Bélac, facteur-commissionnaire du roi de Sennaar. Ce maure avait témoigné au Caire les meilleures dispositions pour l'envoyé français, qui avait fait, de son côté, tout ce qu'il avait pu pour se faire bien venir de lui. Mais dès que M. du Roule l'eut rejoint à Siout, Bélac prit une autre attitude et commença par lui extorquer une somme de cinq cents écus à laquelle il n'avait aucun droit. Peut-être même cela eût-il plus mal tourné encore sans l'arrivée du drogman Fornetti et de deux officiers turcs, envoyés l'un par le Pacha et l'autre par Ismaël-Bey, aga des ja-

---

let 1704. — BRUCE (tome II, p. 550) dit qu'il fut accompagné jusqu'au vaisseau par une foule de gens, qui, les larmes aux yeux, déploraient d'avance la fin lamentable qui attendait l'infortuné voyageur.

nissaires, « pour recommander expressément au gouverneur de Siout et au chef de la caravane de prendre bien garde qu'il n'arrivât rien de fâcheux à du Roule, parce que leur vie dépendait de sa sûreté (1). »

Il y eut alors une assemblée solennelle des intéressés, dans laquelle on récita le Fedtah, « c'est-à-dire la prière de paix qu'on prononce au commencement d'un long et périlleux voyage. Par cette prière, chacun des voyageurs s'engage à défendre ses compagnons jusqu'à la mort et à ne pas s'en séparer, à ne pas souffrir qu'on leur nuise, quelqu'avantage qu'il pût en résulter pour lui-même. »

A la faveur de ce serment, et par suite des confidences qu'il provoqua chez ses compagnons de route, M. du Roule put enfin se rendre compte des périls de sa situation. En effet, aussitôt après la cérémonie du Fedtah, Ali-Chelebi, lieutenant du gouverneur de Siout, apprit à l'ambassadeur que les marchands chrétiens et les moines Franciscains « avoient conspiré contre lui et juré de faire manquer son ambassade au péril de leur propre vie ; et il avoua que lui-même avoit reçu des présens pour entrer dans la conspiration (2). » Bélac lui dit en

---

(1) BRUCE, *op. cit.*, tome II, p. 550, 551.
(2) Cet Ali-Chelebi déclara « au sujet des difficultés qui se sont présentées jusqu'à présent tant ici (à Siout), qu'au Caire pour sa sortie d'Egypte, qu'il est très bien informé que toutes

outre que le patriarche des Cophtes, n'ayant pu empêcher par ses intrigues Mehemet Pacha de lui accorder l'autorisation de partir, avait écrit au Négous des lettres défavorables à sa mission ; que de plus, il lui avait assuré, à lui Bélac, « que les principaux personnages de la caravane, les Francs qui voyageaient avec lui, n'étoient point des marchands, mais des sorciers allant en Éthiopie pour arrêter le cours du Nil et empêcher ce fleuve de continuer à arroser l'Egypte ; qu'ainsi on étoit généralement résolu de séparer les Francs de la caravane dans quelqu'endroit des déserts, où ils seroient réduits à périr de faim et de soif, ou à être assassinés, de manière qu'on ne pusse (sic) plus en entendre parler (1). »

La situation, comme on le voit, était grave ; mais il n'y avait pas à reculer. La mission française, accompagnant la grande caravane, quitta donc Siout le 12 septembre 1704 et, après avoir traversé le petit désert, elle arriva à Khargué, d'où M. du Roule écrivit à M. de Maillet le 27 du même mois. Le gouverneur de Khargué obligea M. du Roule à lui payer cent vingt piastres pour lui permettre de continuer sa route ; mais, aussi prudent qu'avide, il lui fit signer en même temps un certificat par lequel l'ambassadeur reconnais-

---

ces traverses lui ont esté suscitées de la part des marchands françois, résidents au Caire, conjointement avec les religieux francs qui y sont aussi establis... » (Déclaration écrite du sieur Fornetty, faite à Siout le 9 septembre 1704.)
(1) BRUCE, op. cit., p. 551.

sait que le gouverneur l'avait laissé passer sans rien exiger de lui. Ce traitement donnait à M. du Roule un avant-goût de ceux qu'il devait subir dans le cours de son voyage.

Le 29 septembre, la caravane quitta Khargué; le 3 octobre, elle commença à traverser le grand désert de Sélima, dans lequel elle croisa une autre caravane ramenant de Nubie deux religieux, le P. Damien et un autre; et enfin, le 18 du même mois, elle rejoignit le Nil à Moscho.

« Ce fut là que l'ambassadeur apprit que plusieurs moines Franciscains avoient devancé la caravane, tandis qu'elle étoit à Siout, et s'étoient rendus à Sennaar, où ils avoient séjourné quelque tems, et dont ils s'étoient éloignés aux premières nouvelles de l'approche de la caravane, sans qu'on sût le lieu de leur retraite (1). » Nous possédons une lettre adressée de Moscho par M. du Roule à M. de Maillet, le 21 octobre 1704, qui prouve que cette conduite des religieux de Sennaar le préoccupait beaucoup (2).

---

(1) Bruce, *op. et loc. cit.*

(2) M. du Roule avait déjà eu à supporter les misères des caravanes; plusieurs de ses chameaux étaient morts, d'autres estropiés. Ses bagages lui causaient le plus grand embarras, quoique, dit-il (lettre à M. de Maillet du 21 octobre 1704), « j'eusse pris la précaution en entrant dans El 'Ouâh de faire rompre le tonneau où étoit le lustre (qu'il portait au Négous), et la plus grande caisse, afin d'en rendre le transport plus facile. Mes cinq chevaux et les cinq rossignols sont sur les dents; de sorte que la moitié de mon monde est démonté. » Le sieur Bayard, un de ses compagnons, était déjà très malade alors.

Quoi qu'il en soit, la mission française partit pour Dongola où elle séjourna trois mois et où elle trouva des lettres du roi de Fungi lui permettant de pénétrer dans ses états ; à Coni, deux personnages envoyés par ce prince vinrent même au-devant des Français pour les conduire à Sennaar et le gouverneur de Garry reçut de son maître l'ordre de les bien traiter et de faciliter leur voyage.

M. du Roule arriva à Sennaar vers la fin de mai de l'année 1705, ayant refusé de s'arrêter auprès du gouverneur d'Arbagi (ou Harbagi) qui était en pleine révolte et se préparait alors à attaquer son souverain, le roi de Fungi, appelé Bady, fils d'Ounsa.

Ce roi venait, en effet, de faire périr quelque temps auparavant son ministre Ali Zogaiar, à qui il devait la couronne, et cet acte d'ingratitude et de cruauté avait été accompagné et suivi de tant d'autres extravagances que ses principaux sujets s'étaient révoltés et avaient offert la couronne au Cheick d'Arbagi ; et ce chef avait, d'après les apparences, toutes les chances possibles de détrôner le tyran abandonné de tous ses sujets et à qui il ne restait plus que quelques fidèles et un petit nombre d'esclaves noirs.

Néanmoins M. du Roule, fidèle au formalisme et aux convenances diplomatiques, ne crut pas, comme nous venons de le dire, devoir s'arrêter à Arbagi et il fut d'abord favorablement accueilli à

Sennaar. Le roi lui envoya le premier des présents en argent et des victuailles. Il le fit loger dans la propre maison du malheureux Ali Zogaiar, reçut ses cadeaux avec joie et lui renouvela les siens à diverses reprises. M. du Roule ne manqua pas d'entretenir ces bonnes dispositions et ne négligea pas de se mettre aussi par des présents (1) dans les bonnes grâces des principaux personnages qui entouraient le prince et notamment dans celles de son premier ministre Sidi Achmet El Koum, qui faisait beaucoup d'amitiés à l'envoyé français et vint même plusieurs fois le visiter.

L'ambassadeur profita de cette apparente bonne volonté pour demander, au bout de quelque temps, l'autorisation de continuer sa route vers l'Ethiopie; mais il n'obtint que des réponses évasives et vit bien qu'il ne pourrait avoir la liberté de poursuive son voyage qu'en faisant intervenir le Négous lui-même. Il prit donc le parti de lui donner avis de son arrivée à Sennaar et des obstacles que le roi de ce pays mettait à son départ, et il fit passer cette lettre au Négous par un marchand Ethiopien.

Il y avait alors, comme nous l'avons vu plus haut (p. 204), auprès de l'empereur d'Abyssinie, un nommé Elias Enoch, syrien de nation, attaché

---

(1) Parmi ces présents se trouvaient des miroirs qui grossissent, multiplient ou défigurent les objets; ces miroirs, dit-on, auraient contribué à faire passer M. du Roule et ses compagnons pour des sorciers dangereux.

au service du consulat français, qui avait été envoyé par mer un peu avant le départ de M. du Roule, afin de servir d'interprète à l'ambassadeur quand il serait rendu à la cour du Négous, et de s'informer en attendant des dispositions de Yasous et de ses sujets envers les Francs et la religion romaine. M. de Maillet persistait à croire, en effet, que ces dispositions étaient mauvaises, et il avait pris sur lui d'ajouter aux instructions de M. du Roule que, dans le cas où il lui serait impossible, en sa qualité de franc, de pénétrer en Abyssinie, il y fît entrer à sa place le sieur Macé, son secrétaire, qui parlait le grec, et pouvait en conséquence se faire passer pour Levantin.

Quoi qu'il en soit, le Négous profita de la présence de cet Elias pour répondre à la communication de M. du Roule; il l'envoya donc à Sennaar avec une lettre pour le roi de ce pays, lui demandant de ne pas s'opposer au passage de l'ambassadeur français et de le laisser entrer en Ethiopie; Elias était aussi porteur de missives pour le Pacha et les autres officiers du Caire et d'une lettre rassurante pour M. du Roule lui-même. Toutes ces lettres étaient signées du Négous alors régnant, Ayasous, ou Yasous. Malheureusement, avant qu'Elias fût sorti du territoire abyssin, il fut avisé que Ayasous venait d'être violemment supplanté par son fils Taklimanout; de sorte qu'il revint sur ses pas pour lui faire écrire d'autres lettres ou approuver celles qu'il portait. Tout cela prit du temps, et lorsqu'enfin Elias arriva à trois journées de Sennaar, il apprit avec stupéfaction que M. du Roule venait d'être massacré dans cette ville avec toute sa suite. Voici, d'après les divers témoignages qui ont pu être recueillis, dans quelles circonstances cet attentat avait été commis (1) :

(1) En dehors des sources que nous avons déjà citées, nous devons indiquer ici un document conservé aux *Archives des Affaires étrangères* (MÉMOIRES ET DOCUMENTS : *Afrique et colonies françaises*, tome I, p. 29), document intitulé : « Mémoire à Sa Grandeur Mgr le comte de Pontchartrain, sur les circonstances de la mort de M. du Roule et des siens avec un précis de ce qui précédat (sic) sa nomination et qui la suivit, les sujets qui ont donné lieu à cet attentat, et les moyens d'en tirer raison, l'inutilité des missions en Egypte et en Ethiopie, les suppositions, les récits et la conduite des missionnaires italiens. » — Les mêmes archives contiennent encore une « Relation de l'Ethiopie orientale écrite en portugais par le P. Jean dos Santos, religieux dominicain qui a esté onze ans en ces pays-là. Imprimée à Evora en 1609. » Cette traduction, qui comprend 269 pages in-folio, a été achevée le jeudi 8 juillet 1694. N'est-il pas permis de supposer qu'elle fut commandée par le gouvernement français lorsqu'il se décida à réunir des informations sur le commerce et la religion de l'Ethiopie ? (Voir plus haut, p. 71 et suiv., et pour l'ouvrage du P. dos Santos, le *Manuel du Libraire* de BRUNET, v, 135). — Enfin, dans le tome III de la même série des MÉMOIRES ET DOCUMENTS se trouve reliée in-4°, une « Relation de la Haute Ethiopie ou Abyssinie, vulgairement le païs du Prête Jan, contenant son état ancien et moderne, par le sieur de la Croix. » Cet ouvrage est daté de l'année 1700 et dédié au cardinal de Noailles, archevêque de Paris. J'ignore s'il a été imprimé, mais j'ai constaté qu'il en a été fait de nombreuses copies, dont une a été dernièrement cataloguée dans le *Bulletin du Bouquiniste* de la librairie Martin. Cet ouvrage, sans aucun mérite d'ailleurs, doit également avoir eu pour origine le besoin d'informations auquel nous faisons allusion plus haut. Le manuscrit de La Croix, des Affaires Étrangères, contient deux gravures ajoutées, extraites de quelqu'ouvrage imprimé, représentant des singes à

Nous avons vu comment l'envoyé français avait été détenu à Sennaar et empêché de continuer son voyage. L'avidité habituelle à tous les petits potentats africains qui ne pouvaient se figurer un *Franc* voyageant autrement qu'avec des caisses pleines d'or et d'argent, et le désir d'extorquer des présents, en faisant payer le plus cher possible sa bonne volonté, suffiraient à expliquer cette attitude du roi Bady.

D'ailleurs, nous avons déjà constaté que les Jésuites, les Franciscains et le Patriarche des Cophtes, unis dans une haine et dans une méfiance communes, avaient tout mis en œuvre pour indisposer contre M. du Roule, non seulement le pacha de Dongola, auquel ils écrivirent des lettres de menaces, mais aussi le sanguinaire roi de Fungi et ses ministres. Le principal d'entre eux, le vizir Achmet-el-Koum, avoua lui-même à M. du Roule qu'il avait reçu des lettres de personnages considérables du Caire, lui affirmant que l'envoyé français n'allait en Éthiopie que pour engager le Négous à s'emparer des ports de Massouah et de Souakim, et attaquer les Mu-

---

la chasse, le figuier d'Ethiopie et le cheval marin (hippopotame), plus une curieuse « carte particulière (manuscrite) du cours du Nil en Ethiopie. » Le royaume de Choa y est marqué : Xioa. Le sieur de la Croix avait été secrétaire de l'ambassade de France à la Porte ottomane. On peut consulter à son sujet, outre les BIOGRAPHIES GÉNÉRALES, le comte DE LABORDE : *Athènes aux XVe, XVIe et XVIIe siècles.* Paris, 1854, tome I, p. 172 et suiv.

sulmans d'un côté, tandis que les Francs les attaqueraient de l'autre (1).

Il semble que, d'autre part, Poncet et Mourad ne demeurèrent pas étrangers à cette conspiration hostile. M. de Maillet les accuse, en effet, formellement d'avoir fait courir des bruits fâcheux sur la mission française, lors de leur dernier séjour à Djeddah, où ils étaient hors de la portée du pacha d'Egypte et du consulat de France au Caire.

Ces excitations suffiraient amplement à expliquer la catastrophe qui suivit; mais quelques maladresses de l'envoyé français et une déplorable coïncidence qui se produisit au même moment précipitèrent encore le fatal dénouement.

« ... Environ le commencement du mois de novembre 1705, — nous dit M. de Maillet dans une lettre au comte de Pontchartrain, du 4 novembre 1707, — il se fit à Sennaar une réjouissance de sept jours pour une victoire remportée par le roitelet sur des Arabes révoltés (2), et chacun eut ordre d'orner sa maison. M. du Roule fit, en cette occasion, exposer diverses curiosités qui attirèrent tout ce qu'il y avait de monde dans la ville, même

---

(1) On avait encore écrit du Caire au même vizir que M. du Roule emportait avec lui vingt caisses remplies d'argent. Néanmoins, « cet officier ne voulut point permettre qu'on ouvrit les ballots destinés pour le Roi d'Abyssinie, et il les laissa dans les mains de l'Ambassadeur. » (BRUCE, *op. cit.*, II, p. 553.)

(2) Au mois de janvier 1706, le bruit courut au Caire que le roi de Sennaar avait battu ses sujets révoltés, aidé des conseils de M. du Roule.

les femmes du roitelet qui vinrent les voir (1). Cet étalage donna lieu à ses ennemis de reparler au roitelet de ses richesses et d'exciter son avarice. Ainsi, quelques jours après, il lui envoia demander par son maître canonier et une autre personne la somme de trois mil piastres d'Espagne, dont ils dirent que le roi avoit besoin, que M. du Roule refusa nettement, disant qu'il n'en avoit pas. Ces gens retournèrent à la charge durant quinze jours consécutifs, représentant au sieur Macé, drogman, avec lequel ils agissoient, que M. du Roule ne fesoit pas bien de refuser cette somme, et qu'il pourroit s'en trouver mal. Mais ils ne reçurent jamais d'autre réponse, et, durant tout ce temps, M. du Roule ne fit faire aucun pas vers ceux qui approchoient le roy et qui par quelques petits régals auroient pu le détourner de ses mauvais desseins... »

D'autre part, dans cette circonstance solennelle, M. du Roule, contrairement aux usages, n'offrit pas de liqueurs ni de rafraîchissements aux femmes du roi qui vinrent le visiter. « Piquées de son inattention », elles se joignirent à la foule qui commençait à accuser l'ambassadeur d'être un magicien. Enfin, dernière et déplorable circonstance, la crue du Nil manqua presque complète-

(1) BRUCE (*op. cit.*, p. 553) prétend que pour recevoir les gens qui vinrent le voir à cette occasion, M. du Roule se fit raser et s'habilla à l'européenne, ce qui déplut généralement aux indigènes.

ment à Sennaar pendant le séjour de la Mission, et les nègres, qui croient toujours les Européens plus ou moins sorciers, imputèrent naturellement ce désastre à leur art magique.

Dès ce moment, la perte de l'ambassadeur et de ses compagnons fut résolue, et comme le roi Bady craignait que, s'ils les faisaient attaquer loin de Sennaar, ils ne pussent se sauver par leur énergique résistance, et qu'il appréhendait de plus que leurs bagages, qu'il convoitait surtout, ne lui échappassent au moins en partie (1), il résolut, par le conseil, dit-on, d'un renégat grec qu'il avait à son service (2), de ne pas les laisser sortir vivants de sa capitale.

Il disposa donc ses esclaves noirs dans différentes parties de la ville ; puis, ayant pris toutes ses dispositions, il envoya dire à M. du Roule « qu'il avoit besoin de la maison où il logeait, et

(1) Cette tentation résultant d'un bagage considérable, dont la convoitise des Nubiens exagérait encore la valeur, fut très certainement la principale cause de la perte de M. Du Roule. M. de Maillet, toujours prudent, voulait lui éviter ce danger en faisant envoyer par Mahomet Pacha et le Divan du Caire, au Négous, et sous un prétexte quelconque, un musulman, qui aurait emporté, « sous bon reçu », les bagages les plus précieux de la mission française, « pour y avoir recours quand il en eût été besoin. La dépense que cela auroit entraîné lui fit rejetter (à M. du Roule) une proposition, qui auroit sans doute été son salut.

(2) Le roi de Sennaar avait, paraît-il, à son service plusieurs européens qui exerçaient ses troupes, et on lui prêtait même le projet d'attaquer le roi d'Ethiopie. S'il eût réellement cette pensée, elle devait rendre encore plus périlleuse la situation de la mission française. (Instruction de M. de Maillet au sieur Poncet, lors de son second départ en 1703.)

qu'il lui en avoit fait préparer une autre. » Ayant reçu cette singulière injonction, M. du Roule fit charger tous ses bagages sur ses chameaux et, apprenant qu'il n'y avait pas loin de la maison où il était à celle qu'on lui disait avoir été préparée, il crut inutile de monter sur son cheval et le fit mener en main par un Nubien qui marchait en tête des bagages. Lui-même venait ensuite, accompagné d'un domestique français nommé Gentil (1) et de deux chrétiens, l'un venu du Caire, l'autre de Siout. MM. Lipi et Macé, ses secrétaires, tous deux à cheval, fermaient la marche.

Ils arrivèrent ainsi à la grande place de la ville et là ils se trouvèrent en présence des nègres, qui en occupaient toutes les issues et qui fondirent sur eux de tous côtés. Pendant qu'une partie des agresseurs leur jetaient des toiles et des tapis pour paralyser leur résistance, les autres les frappaient à coups de sabres et de lances.

M. du Roule et Gentil furent les premiers massacrés. M. du Roule mourut comme devait mourir un gentilhomme et un représentant de la France, et le voyageur anglais Bruce, dont le témoignage ne peut être suspect, lui rend à cet égard un éclatant hommage. « M. du Roule, dit-il (*op. cit.*, p. 555), reçut la mort avec la plus grande magnanimité. Sachant que les loix des Nations rendoient sa personne sacrée, il dédaigna de se dé-

---

(1) Un autre qu'il avait emmené du Caire était précédemment mort de maladie.

fendre, remettant sa vengeance aux gardiens de ces loix, et exhortant ses compagnons à en faire de même. Mais un des drogmans, M. Macé, jeune homme plein de courage et habile cavalier, ne voulut pas se résoudre si facilement à mourir. De deux coups de pistolets, il tua deux des assassins, et il continuoit à se défendre avec son épée, quand un des cavaliers (nègres) venant derrière lui, le frappa d'un coup de lance et l'étendit roide mort (1). »

M. Lipi et les deux chrétiens égyptiens eurent un peu plus loin le même sort ; quant aux domestiques indigènes, ils furent épargnés (2).

(1) D'après d'autres versions, M. Macé aurait d'abord essayé de racheter sa vie moyennant quarante piastres d'Espagne qu'il avait sur lui ; les assassins auraient pris l'argent, et l'auraient tué ensuite, soit sur place, soit lorsqu'il voulut quitter Sennaar pour revenir en Egypte. Nous n'avons pas besoin de dire pour quelles raisons cette version nous semble de tous points invraisemblable.

(2) D'après Bruce (*op. cit.*), ce massacre eut lieu le 10 novembre 1705. Suivant une autre version (rapportée par M. de Maillet dans sa lettre à M. de Pontchartrain du 4 novembre 1707), ce fut le 25 novembre, vers trois heures de l'après-midi, et l'évènement eut lieu d'une manière un peu différente : « Trois cents esclaves furent envoiés secrettement à la maison de M. du Roule qu'ils surprirent, et après s'être saisis de tout ce qu'il y avoit et des clefs des malles, ils le conduisirent, lui et les siens, dans une place où ils les massacrèrent inhumainement, M. du Roule exhortant les siens à souffrir constamment la mort. »

Le seul européen qui survécut fut le nommé Bayart, graveur, qui tomba malade à cinq ou six journées de Sennaar et qui fut obligé de rester en arrière de la caravane, et de s'arrêter à Elefous ou Edfous. Ayant appris le massacre de la mission, Bayart se réfugia chez un marabout où l'on prétendit qu'il se fît musulman, qu'il se maria et qu'il se mit à enseigner l'arabe, pour subsister. Ce malheureux n'avait cependant pas abandonné

Ce qui paraît indiquer qu'une idée superstitieuse fut, au moins chez les exécuteurs, une des causes de ce forfait, c'est que non seulement les corps, mais même les papiers des victimes furent brûlés, comme si l'on craignait encore leurs sortilèges d'outre-tombe. Nous savons du reste que, trois jours après le massacre, un officier du roi d'Ethiopie étant arrivé avec une escorte et des « voitures » pour prendre l'ambassadeur et ses compagnons, le roi de Sennaar s'excusa de les avoir tués en disant qu'ils étaient sorciers.

Ainsi se termina, par suite d'un concours de circonstances déplorables, cette mission envoyée par Louis XIV au Négous d'Ethiopie et qui eût pu, si elle n'eût pris fin d'une manière aussi tragique, avoir les plus grandes conséquences pour

tout espoir de revenir au Caire ; plusieurs fois il remit des lettres pour le consul à des Pères de Terre-Sainte ou à des Franciscains qui passaient à Edfous, mais par suite de circonstances que nous ne voulons pas approfondir, aucune de ces lettres n'arriva ; enfin une dernière, confiée à un turc de Siout, appelé Soliman, parvint en 1707 à M. de Maillet. Dans cette lettre (en date du 2 mai de cette année), Bayart disait au Consul que le roi de Sennaar, ayant entendu parler de son talent comme dessinateur, lui faisait sans cesse demander de venir auprès de lui, lui jurant par Dieu et par son prophète qu'il y serait en sûreté. Cet aventurier paraissant décidé à aller jusqu'en Ethiopie, si on lui en fournissait les moyens, M. de Maillet lui envoya 300 livres, une lettre pour le Négous et quelques instructions sur ce qu'il y avait à faire s'il réussissait à exécuter son dessein. Mais ce projet n'eut pas de suite, ou du moins, nous n'en trouvons plus aucune trace dans nos documents.

les relations de l'Europe et de l'Abyssinie et modifier profondément l'histoire du Soudan Oriental (1).

(1) M. du Roule n'a pas même l'honneur d'une notice dans les biographies Michaud et Didot. N'y a-t-il pas là une injustice à réparer dans les prochains recueils de ce genre ?

XV

TENTATIVES FAITES PAR M. DE MAILLET POUR VENGER LE MASSACRE DE L'AMBASSADE FRANÇAISE. — IL QUITTE LE CONSULAT GÉNÉRAL D'ÉGYPTE. — CONCLUSION.

Dès la fin de l'année 1705, des rumeurs sinistres commencèrent à courir en Egypte sur le sort de M. du Roule et de ses compagnons; puis le silence se fit sur eux pendant plusieurs mois. Enfin, au milieu de juin 1706, quelques Nubiens qui venaient servir comme valets chez les Francs du Caire, apportèrent des nouvelles plus positives; l'un de ces Nubiens, qui était de Dongola et qui avait accompagné la mission française depuis cette ville jusqu'à Sennaar, put fournir au Consul général de France des renseignements tellement précis qu'il lui fut dès lors impossible de douter de la réalité de la catastrophe.

A la réception de ces lamentables nouvelles, la première pensée de M. de Maillet fut de chercher à découvrir les véritables auteurs du crime commis et de trouver les moyens de le venger.

Les deux choses étaient bien difficiles.

Au premier abord, le Consul n'hésita pas, sur des indices inexacts (1), à accuser l'empereur

(1) Et notamment sur les récits d'un frère capucin nommé

d'Ethiopie d'avoir excité le roi de Sennaar à massacrer l'infortuné du Roule et ses compagnons (1); mais il eût bien été obligé de changer d'avis, s'il eût eu connaissance des efforts faits par le Négous Taklimanout (2), à la nouvelle de cet attentat qu'il considérait comme une insulte personnelle, pour essayer d'en tirer vengeance. Ce prince, en effet, croyant que le Pacha d'Egypte pouvait être l'instigateur du massacre des Francs, lui écrivit une lettre des plus dures (3) dans laquelle il le menace, entre autres choses, d'intercepter le cours du Nil « puisque Dieu a mis en notre pou-

Justin qu'il avait envoyé, en 1705, pour savoir des nouvelles, et qui revint au mois de septembre 1706. — Quant au P. Joseph, préfet des missionnaires italiens qui se trouvait « vers ces quartiers là », au moment de la mort de M. du Roule, il écrivit directement au Caire et à Rome, mais il s'arrangea de façon à ce qu'aucun des renseignements qu'il donnait à ses correspondants n'arrivât à M. de Maillet. Nous verrons tout à l'heure la raison probable de cette criminelle discrétion.

(1) Ce qui prouve bien cependant, que M. de Maillet n'était pas absolument convaincu de la complicité du Négous, c'est qu'il lui écrivit par l'intermédiaire d'Omer-Pacha, gouverneur de l'Abyssinie Turque, dont nous parlerons plus loin, « afin que, dit-il lui-même, si contre toute apparence, il n'avoit pas trempé dans ce qui s'est passé à Sennaar, de le porter à venger un affront qui le devroit, en ce cas, plus toucher que nous-même. » Cette lettre de M. de Maillet au Négous est datée du 1er octobre 1706.

(2) Nous croyons devoir rappeler qu'il avait succédé, en le détrônant, à son père Yasous dont nous parlions plus haut, p. 245.

(3) Nous ne pouvons passer sous silence ce fait curieux que dans cette lettre le Négous parle de Mourad comme de l'envoyé de son père, et se plaint du traitement qui lui a été fait au Caire; mais cela n'est très certainement qu'un argument employé contre le Pacha, et ne peut en aucune façon modifier nos conclusions relatives à la véritable situation de Mourad, vis-à-vis du prédécesseur de Taklimanout.

voir ses sources et ses inondations et que nous sommes les maîtres d'en disposer pour vous faire du mal... » Pendant qu'il suspendait ainsi sur la tête des musulmans du Caire le terrible épouvantail de la sécheresse et de la famine (1), Taklimanout témoignait énergiquement l'intention de déclarer la guerre au roi de Sennaar (2). Malheureusement ce prince fut tué peu de temps après sans avoir pu mettre son projet à exécution et à sa mort l'Ethiopie tomba dans un tel état de discordes civiles et d'intolérance religieuse que ses successeurs oublièrent complètement l'injure faite à leur couronne par le roi de Sennaar.

Du côté de l'Egypte, il n'y avait rien à espérer ; la Nubie était séparée des terres placées sous la domination du Grand Seigneur par des déserts presqu'impraticables à des armées de ce temps ; et d'ailleurs ni par la vallée du Nil, ni par la Mer Rouge et Souakim, on ne pouvait se bercer de l'illusion de faire attaquer un prince musulman pour venger l'honneur d'un prince chrétien, par les troupes du Khalife de Constantinople.

(1) Voir ce que nous disons plus haut, p. 241, de la croyance alors générale à la possibilité d'arrêter les crues du Nil en détournant le Nil d'Abyssinie.
(2) Bruce, *op. cit.*, II, p. 571. — Le Négous avait commencé par expédier au roi de Fungi, au mois d'octobre 1706, « un nommé Michel avec une lettre pleine d'injures les plus piquantes, de reproches et de menaces, s'il ne lui envoyait jusques à la moindre chose des présens qui lui étoient destinés. » Ce Michel, après avoir failli être tué par le roi de Sennaar irrité, était encore emprisonné dans cette ville, au mois d'avril 1707. (Lettre de M. de Maillet, du 4 novembre 1707.)

Tout ce qu'on pouvait peut-être obtenir, c'était la restitution des 200 bourses auxquelles M. de Maillet estimait la valeur des objets enlevés à M. du Roule. On pouvait y arriver en faisant saisir en Egypte les caravanes du Sennaar et emprisonner leurs conducteurs; et M. de Maillet comptait avoir pour complice dans l'exécution de ces justes représailles l'avidité bien connue des fonctionnaires turcs, toujours heureux de trouver une occasion de rançonner quelqu'un ou de confisquer quelque chose.

Néanmoins, M. de Maillet voulut profiter d'une circonstance fortuite pour essayer de venger plus directement encore ses compatriotes massacrés. Un nouveau Pacha d'Abyssinie venait d'être nommé, et ce Pacha, nommé Omer, se trouvait de passage au Caire. M. de Maillet, qui était en bonnes relations avec Omer-Pacha, lui fit des présents et lui remit, le 1er octobre 1706, un Mémoire au sujet du massacre de la mission du Roule.

Dans ce document, qu'il intitule pompeusement « Mémoire à l'illustre Omer-Pacha allant remplir le Pachalik de cette coste d'Ethiopie », le consul accuse formellement le Négous (1) d'avoir excité son vassal, le roi de Sennaar, à commettre le crime. Il demande au nouveau gouverneur turc

---

(1) M. de Maillet n'avait donc pas encore connaissance, à ce moment, des véritables dispositions du Négous. Voir plus haut, page 256.

SOUS LE RÈGNE DE LOUIS XIV 259

de favoriser de tout son pouvoir le rival de ce roi de Sennaar « qui est le gouverneur de Garry, voisin de Souakim » (1), et d'interdire le commerce de Sennaar avec Souakim, de façon à obliger les Sennaariens à venir à composition ou tout au moins à restituer les 200 bourses, valeur des bagages volés et surtout les trente mille piastres d'Espagne et les quatre mille sequins vénitiens que le malheureux du Roule avait emportés avec lui en espèces.

Enfin, il recommande à Omer-Pacha le nommé « Élias, chrétien maronite », à son retour d'Ethiopie ; on se souvient en effet, qu'il y était retourné à la nouvelle du massacre. Il y fut retenu, y vécut pauvre et ne put en sortir qu'en l'année 1718, époque à laquelle il écrivit de Moka à M. de Maillet une curieuse lettre sur les événements qui s'étaient passés durant son séjour en Abyssinie (2).

Nous ignorons complètement quelles suites furent données à ces projets de représailles ; nos documents sont absolument muets sur ce point (3). Tout ce que nous savons, c'est que le

---

(1) On voit que M. de Maillet n'avait pas une idée bien nette de la vraie situation de ce lieu, qui était au contraire, comme nous l'avons dit plus haut, p. 243, dans la vallée du Nil, sur le chemin de Sennaar.

(2) C'est cette lettre qui a trompé Bruce (*op. cit.*, p. 568), et lui a fait croire que M. de Maillet était encore consul en Egypte à cette époque.

(3) La seule vengeance tirée du massacre de la mission conduite par M. du Roule consista à chasser « par délibération

Pacha Omer promit monts et merveilles, et déclara notamment qu'il s'engageait à faire rendre l'argent par le roi de Sennaar. « Je crois à la vérité, écrit à ce sujet mélancoliquement M. de Maillet, qu'il songe bien plus à cette restitution pour l'amour de lui que pour me faire plaisir; mais enfin quand on devroit tout sacrifier et tout perdre, j'estime que Sa Grandeur (Pontchartrain) aimera encore mieux que des étrangers en profitent, en persécutant cette nation indigne, que de lui abandonner le fruit et le sujet de son attentat. »

C'était sagement parler; et si l'opinion de M. de Maillet avait toujours été suivie dans cette affaire, on n'eût pas eu à déplorer une castatrophe qui resta impunie, bien qu'il ne fût pas matériellement impossible d'atteindre ceux qui en avaient été plus ou moins directement les instigateurs.

On se souvient, en effet, de ce que nous avons dit plus haut des menées des Jésuites, des Cophtes du Caire et surtout des Franciscains italiens, pour faire échouer la mission de M. du Roule.

---

unanime de la Nation » tous les Nubiens au service de France. M. du Roule, dans sa dernière lettre (datée du mois de mars 1705), l'avait lui-même demandé. — D'après une lettre de M. de Maillet au comte de Pontchartrain, en date du 6 décembre 1707, les marchands du royaume de Sennaar eurent néanmoins tellement peur des représailles dont ils étaient menacés, que, jusqu'à cette date tout au moins, ils ne vinrent plus avec leurs marchandises que jusqu'aux frontières d'Égypte où ils les échangeaient, sans pénétrer eux-mêmes sur le territoire soumis au Pacha du Caire.

Le voyageur anglais Bruce n'hésite pas à accuser formellement ces derniers d'être les auteurs responsables de l'assassinat de l'envoyé français(1). Ceux d'entre eux qui résidaient à Sennaar, dit-il, « n'avoient pas manqué d'empoisonner l'esprit d'un peuple naturellement jaloux, cruel et barbare. L'argent avoit gagné les grands; et pour inspirer ensuite l'épouvante et la rage à la populace, on avoit débité une foule de mensonges qui acquirent tant de crédit, et dont les auteurs cherchèrent si peu à se déguiser, que quand l'ambassadeur entra en Nubie, il crut nécessaire de dresser, dans le premier village, un procès-verbal où tous ces rapports étaient mentionnés, et il en donna avis au consul. Mais comme il garda cette pièce, elle fut perdue à sa mort, et le nom des coupables resta inconnu. »

Les moines qui étaient en très grand nombre à Sennaar, dit-il encore ailleurs, « quittèrent cette capitale dès qu'ils apprirent que M. du Roule y arrivoit. Ils pouvoient, sans doute, faire cela sans aucune mauvaise intention pour lui : mais on remarque qu'ils y revinrent dès qu'il eut été assassiné ; et c'est, suivant moi, une preuve qu'ils furent les instigateurs du meurtre. Autrement ils se seroient empressés de fuir loin d'un lieu où six de leurs frères, indignement massacrés, res-

---

(1) Voir BRUCE, *op. cit.*, II, 510, 549, 556, etc.

toient sans sépulture (1), et abandonnés aux oiseaux de proie et aux bêtes des forêts, où eux-mêmes n'auroient pu avoir la moindre sureté. »

Enfin, plus loin, Bruce conclut en ces termes : « ... Le sang de ce brave et malheureux François est donc retombé sur la tête des moines Franciscains réformés et de leurs frères les moines de la Terre-Sainte. L'intérêt de ces deux corps nombreux, et la superstition d'un prince tel que Louis XIV, étoit plus qu'il ne falloit pour arrêter toute recherche et empêcher qu'on ne tirât vengeance de ces dévots assassins... »

Ecoutons maintenant M. de Maillet.

Ecrivant à M. de Pontchartrain, le 20 octobre 1707, et lui faisant part de la mort du roi de Sennaar, l'assassin de la mission française, égorgé lui aussi par ses propres esclaves, quelque temps auparavant, il ajoute : « Il est arrivé en même temps, que les missionnaires italiens, que j'ai tant de raisons de soupçonner d'avoir contribué à la mort de M. du Roule, ont esté par les intrigues des chrétiens du pays, chassés d'un hospice qu'ils s'estoient achettez en la haute Egypte, dans lequel ils avoient depuis peu bâti une église à la faveur de laquelle ils espéroient après la chute des espérances d'Ethiopie et de Socotra que la

---

(1) Nous avons vu plus haut, p. 253, que leurs corps avaient été brûlés, mais ce détail ne peut en rien détruire l'argumentation du voyageur anglais.

Congrégation de la Propaganda les maintiendroit encore en Egipte. »

Et ailleurs, racontant au ministre qu'un de ces moines qui partait pour Sennaar, où il devait arriver assez à temps pour rejoindre la caravane de l'ambassadeur, avait formellement refusé de se charger pour lui de deux ou trois cents sequins vénitiens dont il ne demandait ni compte ni reçu, M. de Maillet ajoutait : « Je croirai toujours que l'ayant suivi de près et étant à portée de Sannaar lors du malheur qui lui est arrivé, ils y ont eu beaucoup de part. Il est certain qu'ils ne craignoient rien tant au monde que ce voyage, et le compte que M. du Roule auroit rendu de l'Ethiopie, et du peu de fruit qu'il y auroit à faire en ces quartiers-là pour notre religion. »

Comme on le voit, l'accusation est formelle ; et si on la rapproche de tous les traits que nous avons rapportés au cours de ce récit, il est certain qu'elle ne manque pas de vraisemblance.

Cependant cette accusation est trop grave pour que notre impartialité d'historien nous permette de nous y associer sans réserve, et nous n'oserions affirmer que c'est ici le cas d'appliquer l'axiome fameux : *Is fecit cui prodest*.

Quoi qu'il en soit, non seulement les auteurs directs, mais encore les instigateurs occultes de ce crime international, demeurèrent impunis ; et le grand roi qui s'éteignait lentement à Versailles, survivant à sa brillante fortune, dut ajouter à la liste de ses adversités le souvenir d'une mission envoyée par lui et protégée par la majesté de son nom, massacrée par un roitelet « que les seuls marmitons de ses cuisines auroient suffi à exterminer, lui et tous ceux de son pays (1), » si l'éloignement ne l'avait mis dans l'impossibilité de le châtier.

Cette impuissance à venger l'attentat de Sennaar fut aussi une cruelle mortification pour le patriotisme éclairé de M. de Maillet. Rendant compte de ce forfait à son ministre et protecteur, M. de Pontchartrain, il ne peut s'empêcher de lui rappeler respectueusement qu'il avait fait tout son possible pour empêcher l'envoi de cette ambassade, et on sent percer sous les formules que lui inspire l'habitude des convenances les plus raffinées, le regret attristé d'avoir joué inutilement le rôle ingrat de Cassandre.

Les tentatives faites pour tirer vengeance du massacre de M. du Roule et de ses compagnons furent, du reste, la dernière affaire importante dont eut à s'occuper en Egypte M. de Maillet. Fatigué par un séjour de plus de quinze ans consécutifs au Caire, et abreuvé depuis plusieurs années d'ennuis de toutes sortes, résultat de sa querelle avec une partie de ses administrés, il demandait depuis longtemps son changement pour un consulat d'Italie. Cependant, M. de Pont-

(1) Expression de M. de Maillet, dans sa lettre au Négous, du 1er octobre 1706.

chartrain, ne voulant pas que ce changement pût avoir l'air d'une disgrâce, laissa passer un certain temps après le jugement favorable pour son protégé, rendu en mai 1706 par M. de Gastines (v. plus haut, p. 232), et c'est seulement à la fin du mois d'août 1707 que M. de Maillet apprit qu'il était remplacé en Egypte par M. de Pelleran (1) et qu'il était désigné pour le poste de Livourne.

Son successeur arriva au Caire le 25 avril 1708, et crut de bonne politique de se faire bien venir de la Nation en prenant parti contre M. de Maillet (2). Il l'accusa donc dans sa correspondance

(1) Ce M. de Pelleran qui se qualifie lui-même dans les actes de « Messire Pierre-Armand de Pelleran, escuier, conseiller du Roi, Consul général, etc... », était d'assez basse extraction. On a prétendu qu'il était fils d'un tailleur d'habits qui vivait encore en 1708 ; il avait été commis aux Caves à Paris, puis sous-secrétaire de M. de Chamillard lorsqu'il était intendant a Rouen. — M. de Pelleran fut envoyé en 1711 comme Consul à Alep, au lieu de M. Lemaire qui le remplaça lui-même au Caire. — Il avait épousé Anne Fornetty, sœur de François Fornetty, drogman au Caire, dont nous avons déjà eu occasion de citer le nom. Il en avait eu un fils qui, en 1709 et 1710, fut mêlé d'une manière fâcheuse à une affaire de subornation d'une esclave.

(2) Les premières difficultés entre MM. de Maillet et Pelleran vinrent de la date à partir de laquelle le second prétendait commencer à toucher ses appointements, le premier affirmant qu'il ne devait commencer à être payé que depuis le jour de son arrivée au Caire et de sa prise de possession. Mais bientôt la querelle prit une tournure encore plus personnelle et désagréable : dans une requête d'août 1708, M. de Maillet ayant appelé son successeur « M. Armand Pelleran », celui-ci met en marge de la pièce que ses fonctions l'obligeaient de transmettre au Ministre : « Cette manière nouvelle de me traiter de M. Armand Pelleran, marque en M. Benoist Maillet une aigreur qu'on auroit peine à pardonner à une petite femme de la lie du peuple,

de divers tripotages commerciaux, espérant que ces calomnies sans preuves pourraient trouver quelque crédit par suite du séjour assez prolongé que fit encore au Caire le consul remplacé; il n'y avait pourtant rien que de très naturel à ce qu'un fonctionnaire en résidence depuis seize ans dans une localité, n'en partît pas du jour au lendemain, surtout à une époque où les communications étaient si rares, si difficiles, et même si dangereuses. M. de Maillet méprisa avec raison ces attaques inqualifiables, et il s'embarqua tranquillement à Alexandrie pour Livourne le 15 septembre 1708, ayant reçu jusqu'au dernier moment de son séjour les honneurs dus à son caractère, et emportant sinon l'affection des brouillons de la colonie française du Caire, au moins l'estime de ses supérieurs et celle des honnêtes gens, aussi bien en Egypte qu'en France.

Quoi qu'il en soit, le désastre de la mission placée sous la direction de M. du Roule mit fin pour longtemps aux relations entre les nations chrétiennes de l'Europe et l'Abyssinie. Quelques religieux isolés, Capucins, Franciscains ou Jé-

mais certainement elle ne m'a causé nulle émotion et ne m'a inspiré que du mépris que j'ai cru lui mieux faire connaître par mon silence que par la réponse que j'aurois pu lui faire... » Dans une autre pièce, M. de Pelleran accuse son prédécesseur d'avoir fait mettre ses armes en beaucoup d'endroits de la chapelle des capucins du Caire « et celles du Roi en nulle part, non plus que dans la maison consulaire. » Toutes ces petites querelles sont bien misérables et le caractère hautain de M. de Maillet ne suffit pas à les expliquer; il faut y joindre aussi une bonne dose de basse envie de la part de M. de Pelleran.

suites, essayèrent bien d'y pénétrer, mais peu réussirent à le faire, et quelques-uns payèrent de leur vie leur audacieuse tentative.

Parmi ces missionnaires, on signale plusieurs religieux qui entrèrent en Abyssinie sous le règne et avec la connivence de l'usurpateur Oustas et qui, obligés de se cacher en 1714, furent mis à mort par David IV (1714 à 1719) (1).

On cite encore trois Franciscains : les Pères Remedio et Martino, de Bohême, et le P. Antonio, d'Alep, qui purent parvenir jusqu'à Gondar sous le règne de Yasous II (1750), dont ils surent se concilier la faveur, ce qui amena encore dans le pays des troubles assez graves.

Il faut arriver à l'année 1768 pour trouver un voyage accompli dans un but purement scientifique. C'est en effet cette année-là qu'un gentilhomme écossais, nommé Bruce, que nous avons déjà cité plusieurs fois dans ce récit, eut

(1) D'après Bruce, ces missionnaires, au nombre de trois, qui s'étaient mariés en Abyssinie, n'étaient autres que les instigateurs du massacre de la mission française. (*Op. cit.*, II, 620, 634.) — Je trouve également quelques renseignements à ce sujet dans un Mémoire extrait de la Correspondance consulaire (voir plus loin, appendice E), et dont l'auteur est M. Rosset, consul de France à Rosette : « La mission d'Ethiopie a été entreprise plus d'une fois. Divers missionnaires *de propaganda* (*sic*) y ont été. Les deux derniers y furent lapidés en 1716 ou environ, par la révolution du païs. Le Roy établi ensuite les a demandés, et même l'établissement de la nation françoise en son état, selon que le preffet (*sic*) de ladite mission disoit, il y a deux années. Depuis peu, deux desdits missionnaires y ont passé de Moka, voie plus seure que Sennaar pour y aller... »
Mémoires d'Egipte, écrits pour M. de Maillet, en 1728.

l'honneur d'exécuter dans ce pays mystérieux la première exploration qui le fit réellement et complètement connaître à l'Europe. Nous lui devons, pour la période qui a précédé l'époque contemporaine, les renseignements les plus circonstanciés sur l'Ethiopie, où il séjourna pendant cinq ans (1768-1773), et où il ne trouva d'autres traces des anciennes missions catholiques que quelques édifices en ruines construits autrefois sous la direction des religieux portugais.

Le voyage de Bruce — quelque intéressant qu'il ait été — n'eut, du reste, aucun résultat au point de vue des relations commerciales et politiques de l'Europe avec l'Ethiopie ; il en fut de même de la mission de M. Salt, chargé à deux reprises, en 1805 et en 1810, par le gouverneur général des Indes anglaises, de nouer des relations avec la cour de Gondar. Deux Anglais adjoints à ses missions, MM. Pearce et Coffin, nous ont laissé le récit des divisions et des guerres civiles qui désolaient alors l'empire du Négous. Les Raz, véritables maires du palais, avaient fini par absorber tous les pouvoirs, militaires et civils, et à la mort du plus illustre d'entre eux, Welled-Selassé, en 1816, le pays tomba dans une véritable anarchie.

Cette anarchie durait encore lors du voyage de MM. Samuel Gobat, de Berne, et Christian Kugler, de Wurtemberg, missionnaires protestants envoyés en Ethiopie par la Société épiscopale d'Angleterre en 1829. A cette époque, l'empire du Négous était divisé entre Oubié, roi du Samen, Marié, roi de l'Amhara, et Sabagadis, roi du Tigré. La seule province qui jouissait d'une tranquillité relative était le Choa, laquelle, depuis sept générations, servait de refuge aux derniers descendants de la race de Salomon et dont le maître actuel était, depuis dix-huit ans, le roi Sahlé-Salassi. Les Gallas païens étaient les seuls ennemis qu'il avait à craindre, mais il les tenait en respect tandis que, moins heureux que lui, Sabagadis et Marié étaient, en 1831, vaincus et tués par ces belliqueux sauvages.

Quelques années après, en 1835-37, deux Français, MM. Combes et Tamisier, essayèrent de traiter avec les divers princes de l'Ethiopie et ébauchèrent avec eux des conventions commerciales ; presque à la même époque, MM. Antoine et Arnaud d'Abbadie explorèrent l'Abyssinie où ils séjournèrent de 1837 à 1848 ; enfin, c'est à un autre de nos compatriotes, M. Rochet d'Héricourt, que l'on doit le premier traité d'amitié et de commerce qui depuis le XVIe siècle ait lié un souverain éthiopien, Sahlé-Salassi, roi du Choa, avec une nation européenne.

Nous avons parlé ailleurs (1) des incidents qui ont marqué en ces derniers temps la lutte d'in-

(1) Dans : « Les intérêts français dans le Soudan éthiopien. » Paris, Challamel aîné, 1884, 1 vol. in-18 jésus.

fluence entre la France, l'Angleterre et l'Italie dans la Mer Rouge et le Soudan éthiopien ; nous renvoyons à ce travail ceux de nos lecteurs qui voudraient poursuivre jusqu'à nos jours l'étude des relations politiques de l'Ethiopie chrétienne avec les diverses puissances européennes.

APPENDICES

Appendice A

(Voir p. 58.)

Lettre de M. de Peiresc à M. Vermeil « en la cour de l'empereur des Abyssins » (1).

« Monsieur,

« Sur les bonnes relations que j'ay eues de vostre vertu et de vostre valleur, aussy bien que vostre piété, non seulement de la bouche du R. P. Gilles de Loches, capucin, et du R. P. Césarée de Bosjo (2), son collégue, lesquels vous

---

(1) Bibliothèque de Carpentras. *Manuscrits de Peiresc.* — Correspondance. Vol. VIe, fol. 550 à 554. Copie envoyée par M. Barrès, conservateur de la Bibliothèque. — Le registre LXXIX, vol. I des manuscrits de Peiresc, contient la note qui suit, de la main de Peiresc, sur le sieur Vermeil : « Le sieur Vermeil (Gaston), de Montpellier, qui faisoit des esmeraudes et médailles artificielles, est allé en Æthiopie, où il est favory de l'Empereur et pour qui il demande des libvres d'Europe, pour raison desquels il s'est adressé au sieur Jacques Albert, marchand de Marseille au Cayre, qui a le plus de crédit en absance du sieur Jean Magi, lequel Albert a renvoyé la commission au sieur Joseph Baulme, droguiste à Marseille, pour le recouvrement desdits libvres. »

(2) Nous n'avons rien à dire ici de ces religieux. Peut-être pourrait-on trouver quelques renseignements sur eux dans le *Catalogue des Manuscrits de la Bibliothèque de Carpentras*, publié par M. Lambert en 1862. — Dans tous les cas, il appartiendra à M. Tamisey de Larroque, correspondant de l'Institut, qui a entrepris de publier in extenso la correspondance toute entière de Peiresc, de donner des éclaircissements sur les personnes dont nous trouvons les noms ici ; nous ne doutons pas qu'il ne le fasse avec toute la science et toute la sagacité auxquelles il a habitué les lecteurs de ses nombreuses publications ;

en avez voulu rendre bons témoignages et lesquels nous avons eu le bien d'entretenir et gouverner icy quelques jours à leur retour du Levant, mais aussi par les advis de tout plein de bons amis que nous avons du Levant et par la voix publique et la grande réputation que vous avez desia acquise en ces païs là, dont le bruit a passé jusques icy; bien que je n'aye l'honneur d'estre cogneu de vous, je me suis néanmoins bien dispensé à vous escrire soubs l'adveu du bon père Gilles et de M. Albert (1), en ayant sçeu la peine où il avoit mis ses amis de par deçà à vous fournir des libvres qui ne se trouvent pas si communément icy comme ailleurs à faulte de gens qui en aient pris effet de curiosité; pour pouvoir satisfaire à la vôtre et à celle de ce grand Prince qui a daigné vous admettre à son service. A quoy je vouldrois bien pouvoir contribuer chose digne de Sa Majesté et de vos mérites, et me fusse incontinent offert de vous despartir très volontiers tout ce que je pourrois avoir en ma petite bibliothèque qui puisse vous estre advisable, quoique ce soit trop peu de chose et indigne de paroistre à la veue d'un si grand Prince. Mais il y a si peu de commerce de ces quartiers icy avec cette nation là, que les choses

---

nous lui renvoyons donc la solution de ce petit problème, et nous nous excusons de nous être permis, en imprimant la présente lettre qui est encore inédite, de braconner quelque peu sur des terres qui lui appartiennent si légitimement.

(1) Pour ce M. Albert, voir la note 1 à la page précédente.

les plus communes et les plus viles entre nous pourroient estre de quelque considération à ceux qui n'en ont encore veues, comme celles dont, possible, on tient le moins de compte de par delà, passeroient icy pour très rares et prétieuses. Je vous envoye donques des libvres qui m'ont semblé les plus propres à vostre usage et les plus capables de vous fournir des occasions d'entretenir ce grand monarque ou les principaux ministres de sa Cour sur le subjet de la guerre et des fortifications, aussy bien que de l'architecture et des fabriques de maisons royalles et champestres, avec les principales règles tant de la perspective que de la géométrie, capables de se faire concevoir le plus facilement et quasi sur les simples figures, quand mesme on ne sçauroit pas la langue du païs pour se faire entendre que par des signes. Sy vous nous faictes cognoistre que ce tesmoignage de la dévotion que j'ay au service de ce digne maistre que vous avez acquis et au vostre particulier, il y aura moïen de vous faire tenir d'autres pièces qui ne seront, possible, pas moins de son goust et du vostre, soit en matière de livres de toutes autres sortes, enrichis de portraits et figures non seulement de dévotion, mais aussy des païs, des villes, des fleurs et des plantes de toute façon et des hommes les plus illustres tant de l'antiquité que des derniers siècles, attendant d'heure à autre un livre des portraits de nos roys de France beaucoup plus beau et plus fidèle que tout ce qui s'en estoit veu jusques à présent, que je vous envoyerai par la première commodité, si il ne peut estre arrivé à temps pour celle du navire qui vous portera cette despêche avec le peu de libvres que j'ay pu mettre ensemble pour le coup, que je n'eusse pas laissé en si mauvais estat qu'ils sont, sans les faire relier le plus proprement qu'il m'eust esté possible en maroquin du Levant doré à la mode de Paris par un assez bon relieur que j'entretiens chez moy. Mais j'ay appréhendé que la reliure ne donnast trop d'envie de voir le contenu en iceulx, ayant à passer par tant de mains, et que le Bassas ou autres officiers de l'Egypte, à la discrétion desquels il fault que tout passe, ne les voulussent retenir pour eux. J'ay escript à M. Lambert que s'il ne tenoit qu'à cela que ceux-là nous voulussent estre favorables pour nous laisser une pleine liberté de commerce avec vous, qu'il pouvoit asseurer ces messieurs de ma part que je leur ferois très volontiers avoir d'aultres semblables libertés pour eulx et pour leur usage particulier, pourveu qu'ils veuillent laisser aller ceux-là jusques à vous, et le feray très volontiers au moins pour ceux du Marolais qui pourroient estre plus de leur goust, car ces aultres vieux (1) des bastiments de France ne le

(1) Pour vieues, vues. J'ignore ce que signifie ce « Marolais. » Quant à ces autres vues des bâtiments de France, s'agit-il du fameux ouvrage d'Androuet du Cerceau, dont une édition avait paru en 1607 ?

seroient pas tant, je m'asseure, et j'aurais bien de la peine d'en recouvrer d'autres exemplaires; j'y ferois pourtant mon possible. Il y a deux grands volumes de planches en taille douce en la graveure au naturel soubs le tiltre de Hortus Eistetensis (1) que vous pourrez avoir veu qui seroit, je m'asseure, une pièce bien digne de vostre Roy et que je me chargeray volontiers de luy faire avoir, sy vous jugez qu'il soit à propos. Car il ne s'est jamais rien gravé de sy fidèlement et délicatement que cela en cette matière. Pour des livres de la milice pareillement, il y a moyen de vous envoyer tous les assortiments que vous vouldrez à la moindre semonce que nous en ayons de vostre part, si les passages peuvent estres assez libres. Voire s'il y a de par de çà des plantes qui se puissent communiquer ou par les semences ou par les bulbes, nous aurons bon moien de vous en faire tenir des plus curieuses dont nous avons assez bonne provision en un jardin des champs que nous avons à Boysgencier (2), au diocèse de Thollon, où nous avons des quantités de fleurs, non seulement d'oranger, d'œillets et de roses dont il se retire des essences grandement suaves, mais aussy du jassemin tant jaulnes des Indes et bleus d'Arabie que du Grand d'Espagne, duquel nous avons commencé de tirer de

---

(1) Nous n'avons pu trouver aucun renseignement sur cet ouvrage.
(2) Aujourd'hui Baugencier.

l'eau très odorante dont l'invention n'avoit point encore été bonne, et espérons d'en avoir, possible, bientost l'essence, comme nous en avons l'usage excellent pour les huiles, pomades et pouldres. Et pour le baulme encore, me résolvant de vous envoyer quelques eschantillons de ce que nous en avons qui pourroit bien réussir au goust sinon de vos bons princes, au moins des princesses de la cour et y estre aussy bien reçu que tout autre chose.

« En revanche de quoy je seray trop content quand vous me pourrez faire avoir quelque inventaire des libvres qui se peuvent trouver de par de là, et s'il y avoit moyen d'en trouver quelques-uns de ceux que vous trouverez cottez au Mémoire (1) cy-joint, l'obligation en seroit tant plus grande sur nous, et oserois me promettre de vous en pouvoir un jour envoyer quelque eschange tel qu'il pourroit despendre de mon petit crédit. Cependant s'il y a moien d'avoir quelque bien fidèle relation et description des monts Amarra tant célèbres pour avoir esté la demeure des princes du sang royal, nous la reçevrions avec très singulière faveur, et d'aprendre bien au vray s'il se trouve en tous ces païs là des licornes (2)

---

(1) Ce Mémoire ne paraît pas avoir été conservé dans les papiers de Peiresc.
(2) La légendaire Licorne, issue du *Monoceros* de Pline (*Hist. nat.*, lib. VIII, cap. XVI), a toujours joué un grand rôle dans l'imagination des naturalistes du moyen âge, et on voit qu'elle préoccupait encore Peiresc au XVIIe siècle. — Voir à ce sujet nos

ou animaulx (autres que le rinocéros) qui n'ayent qu'une corne, et s'il y auroit moien d'en voir ce portraict fidèle desseigné sur le naturel de la beste vivante avec une relation de son naturel et des dimensions de son corps : nous verrions fort volontiers aussy une relation exacte de ces gros bœufs qui ont des cornes si prodigieusement grosses comme nous en avons veu, et de ces gros serpents qu'on dit estre plus gros que la jambe d'un homme et n'avoir la teste guère moins grosse, pour savoir s'ils ne vivent point dans l'eau plus que dehors et si l'on ne leur trouveroit point deux petites pierres dans la cervelle, comme il s'en trouve dans la cervelle de tous les poissons. Nous ne refuserions pas non plus de toutes les semences ou fruits des arbres de ce païs là qui se puissent transporter de si loin pour essayer s'il s'en pourroit eslever chez nous comme nous y avons eslevé tout plein de ceux des Indes, quand les semences n'ont esté trop envieillies ou gastées, entre autres le caijoux (1) et laurier à larges feuilles, le rosier de la Chine et tout plein d'autres jusques au vray papyrus dont se servoient les anciens pour faire leur papier à escrire, bien que son naturel ne fusse de provenir qu'aux rivages du Nil. Mais surtout, enquérez-vous, je

---

Mélanges pour servir à l'histoire du département de l'Oise, 1886, tome I.

(1) Ce mot, copié par M. Barrès avec un point d'interrogation, ne serait-il pas pour Cachou, produit végétal qui nous vient, en effet, des Indes Orientales ?

vous supplie, s'il ne se trouveroit pas là dans les forêts ou sur les bords des rivières d'une sorte d'arbre dont la racine estoit madrée ou damasquinée et ondoyée en si admirable façon que les anciens romains s'en estoient affriandés pour en faire cyer (scier) leurs tables rondes jusques à cet excès qu'ils dépeuploient les forets entières pour en avoir et les payoient aussy chèrement que les pierres les plus précieuses. Ils les appeloient des tables citrines (1) et fault que ce soit une espèce de cèdre ou de citronnier estant bien certain qu'ils les alloient chercher jusques au plus profond de l'Afrique.

« Je vouldrois bien apprendre aussy par vostre moien une fort exacte et particulière relation de tout ce que se pourra avoir des mœurs et façon de vie et habillement de certains peuples subjects ou tributaires ou assez voisins de vostre grand monarque, des Abyssins nommés Galla ou Imbrangalle ou Imbangole, et surtout de la religion ou superstition du paganisme qui s'est conservé parmi eux, de la manière des jugements qu'ils exercent entre eux pour la police et punition des crimes, et pour leur milice tant de cheval que de pied, sans oublier la cruauté dont ils

---

(1) On sait maintenant que les tables citrines étaient faites en thuya, et que l'on tirait surtout cet arbre de la province d'Afrique et de la Numidie. Qui sait si l'aridité actuelle d'une partie de notre Algérie et de la Tunisie — aridité provenant pour une grande part du déboisement — n'a pas eu pour cause et pour point de départ la luxueuse manie dont parle ici Peiresc ?

usent contre leurs ennemis quand ils en ont vaincus aulcuns en guerre, et principalement sur la coustume de conserver et embaulmer les testes de leurs ennemis et de les faire enchasser ou accommoder en forme de coupes à boire par vanité ; et s'il est vrai qu'ils en assemblent aulcune fois l'une dans l'autre pour plus grande prérogative de valeur et de générosité, comme l'on me l'a dit, et sans oublier aussy la pratique d'entourtiller leur chevelure d'une façon si estrange qu'ils sont contraints pour ne la gaster, de dormir leur teste en... sur des fourches (1) ; ce que j'estime beaucoup plus notable que l'on ne croiroit et payerois de bon cœur quelque chose pour en avoir le portraict de quelqu'un avec toutes ses armes et habillemens ou coiffures et enjollivures (?) tant de ses yeux que du frain de son cheval sans négliger jusques aux sandales de leurs pieds, car je sçauray bien faire mon profit de tout cela, si je puis avoir de bonnes et fidèles instructions, soit que ce soient des peuples noirs ou blancs, et soit qu'ils se cautérisent le visage et la teste de la personne ou non. Et verrois aussy très volontiers le portraict des femmes de cette nation avec tous les ornements ou habillements dont elles se servent, soit bracelets de cuivre ou

---

(1) On sait que cette coutume existe encore chez bon nombre de tribus d'Afrique et d'Amérique, et on peut voir au Musée d'ethnographie du Trocadéro des échantillons des fourches dont parle ici Peiresc.

d'autre métail ou d'ivoire ou d'autre sorte de matière de bois ou de pierre précieuse ou autre. S'il y a là des gens qui en puissent portraire, comme je n'en doubte point, ne qu'il ne soit aisé de voir là des personnes de toutes qualités et conditions pour en pouvoir tirer toutes les instructions qu'on vouldra, soient qu'ils soient subjects ou tributaires, et quand même ils seroient ennemis — car il ne vous seroit pas difficile de faire donner sauf-conduit à quelqu'un d'entre eux pour cet effet : que s'ils ont conservé aulcuns restes de leur idolâtrie, je vouldrois sçavoir entre autres choses s'ils n'ont pas en vénération quelques arbres, et de quelle espèce, et si le soleil et la lune ne sont pas leurs principales déités ; et je vouldrois surtout voir, s'il estoit possible, quelqu'un des vases dont ils se servent en leurs sacrifices, principalement s'ils sont de bronze ou autre matière qui ne soit pas trop fragile ou qui se puisse transporter jusques icy avec un peu de soing, quand ce ne seroit qu'en terre cuite ou de verre, pourveu qu'ils fussent un peu plus forts et plus massifs que les communs pour pouvoir résister aux tracas d'un si long voyage. Mais il fauldroit par mesme moien voir un peu des graines ou autres fruits et de tout ce qu'ils employent en leurs dits sacrifices, hors le portrait ou description ; à peu près avec la façon de faire de leurs sacrificateurs et la traduction des paroles par eux prononcées en sacrifiant, s'il estoit possible de les avoir pour sçavoir au vray ce qu'ils ont retenu ou corrompu de ces plus anciennes formules de la primitive antiquité, qu'ils ont plus opiniastrement conservé sans doubte que tous autres; ce qui ne seroit pas inutile au bout du compte tant pour mieux comprendre ce que les anciens en ont escript que pour avoir plus de moiens de les convaincre de leurs erreurs pour prescher la foy chrestienne en réfutant plus précisément ce qui est de leurs mystères plus obstrus.

« On nous fait à croire que non seulement au mont Amara, mais aussy dans les masures de l'ancienne ville de Rhaxumo (1), capitale de ce grand empire, il se voit encore grand nombre de pyramides et colonnes figurées ou escriptes en caractères incogneus aux plus doctes du païs; que s'il s'en pouvoit avoir des portraicts bien fidèlement représentés et que pour les caractères d'escripture l'on trouvast moien de les contretirer en y plaçant dessus des feuilles de papier mouillé doubles ou simples, selon que le papier est plus ou moins mince ou assez fort pour résister à la mouillure et souffrir qu'avec un mouchoir pressé dessus quand le papier est encore mouillé, il puisse s'imprimer dans des lettres et en retenir la figure en le laissant quasi seicher sur la pierre; possible s'en descouvriroit-il quelque chose un

---

(1) Pour Axoum. — On n'ignore point qu'il existe encore dans cette ville un au moins des obélisques dont parle ici Peiresc.

jour comme on a fait d'autres quasi aussi désespérées que sçauroient estre celles-là dans les hiéroglyphiques des obélisques d'Egypte et de Rome, avec l'aide des anciens autheurs et d'un Raby Barachias (1), nephy de Babylone, qui a escript en Arabe concernant l'interprétation des mystères hiéroglyphiques des Egyptiens depuis quelques siècles ; mais le livre ne s'est pas trouvé tout entier ; il y manque certaines feuilles qui se pourroient peut estre bien suppléer avec les vieux libvres de la bibliothèque du mont Amarra ou autres de ce païs là, car il y a longtemps que l'on a escript qu'il y avoit là des livres exprès concernant l'intelligence des hiéroglyphes, ce qui mérite bien d'estre esclaircy, car ce seroit une des plus grandes obligations que toute la chrestienté pourroit avoir à ce grand monarque vostre maistre et à vous, si par son authorité on pouvoit acquérir cette cognoissance et avoir tant plus de moien de réfuter tous les fondements du paganisme, ce qui rendroit sa mémoire et la vostre immortelle entre les chrestiens : aussy bien que si pour la communication de quelques autres de ces livres, nous pouvons acquérir d'autres notions, possible encore plus utiles tant pour l'his-

---

(1) J'ignore si l'ouvrage auquel il est fait ici allusion a été publié. Mais je trouve dans le *Manuel du Libraire* de Brunet, I, p. 642, qu'un jésuite a imprimé à Prague, en 1661, un Recueil d'apologues moraux de « rabbi Barachiæ Nikdani », qui peut être le même que le savant israélite dont il est ici question.

toire sainte que profane, à quoi nous pourrions nous prévaloir en cognoissant cette langue abyssine que le bon Père Gilles (1) a acquise en ce païs là d'Egypte, pour les traduire et imprimer non seulement en langue latine, mais aussy en Abyssin, le Roy ayant estably un fonds pour l'édiction des livres en langues estrangères à ses dépens, afin d'en aider les missionnaires qu'on y peut employer; de sorte que pour un livre, nous vous en pourrions faire rendre le centuple de la mesme sorte, si on l'a pour agréable. Et d'aultant que j'ay esprouvé que l'on a souvent de bons livres que l'on ne pense pas avoir, à faulte de personnes qui les sachent faire valoir et examiner comme il fault, et que les Abyssins mesme du Cayre en ont bonne provision, je dois présumer que s'il y a des bibliothèques et des monastères en ce mont Amarra ou ailleurs dans un si grand empire, l'air n'est pas si disposé à corrompre ces livres, non plus que l'Egypte, comme celuy de l'Europe, ce ne peult estre qu'il n'y ait esté conservé de tels bons livres, qu'il y a bon moien de faire valoir, s'il plaist à Dieu, beaucoup plus que s'ils ne bougent de là, où ils peuvent courir la fortune de se perdre au moindre inconvénient du feu ou de pillage qui peut arriver lorsqu'on s'y attend le moins, comme il est advenu à toutes ces autres plus grandes bibliothèques du monde; tel-

---

(1) Le P. Gilles de Loches dont il est question plus haut.

lement qu'il y doibt avoir quelque charge de conscience de laisser eschapper l'occasion qui s'offre présentement par une si opportune entremise que la vôtre, à quoi la mienne aussy ne sera possible, pas trop inutile, ayant les habitudes et correspondances que j'ai avec la plupart des plus grands hommes de lettres de l'Europe, d'en conserver quelque chose à la postérité, comme nous avons commencé de faire du Pentateuque des Samaritains (1), qui s'est imprimé à Paris avec un très grand format, d'autres livres qui s'impriment et là et dans Rome, où je contribue assez souvent quelque chose non inutile. Si vous en prenez tant soit peu de soing, vous mériterez grandement du public et de toute la postérité, et je ne laisseray pas de vous en estre infiniment redevable en mon particulier, et de rechercher tous moyens de vous rendre sinon la pareille, au moins toute la revanche qui pourra dépèndre de moi, principalement de tout ce que vous me vouldrez commander, vous suppliant de le faire avec absolue authorité, m'étant desvoué à vous tout à fait, Monsieur, comme

« Vostre très humble et très obéissant serviteur,

« DE PEIRESC. »

(1) Brunet ne cité que des éditions très postérieures à celle à laquelle fait ici allusion Peiresc.

« A Aix-en-Provence, 25 febvrier 1634.

« Si vous nous envoyez le portraict de l'Empereur des Abyssins et de la Royne sa femme, nous tascherons de les faire imprimer en taille douce de quelque bonne main, et à Rome et à Paris, où les meilleurs graveurs sont fort de mes amis et particulièrement Melan..... (1) à Paris qui y travailleront volontiers et à l'envy pour la réputation du grand Empereur et de ce grand Empire. »

A la suite de ce post-scriptum s'en trouvent trois autres peu importants et dans lesquels Peiresc s'excuse surtout à son correspondant de lui écrire une lettre si longue et si indiscrète.

Quelques jours après, c'est-à-dire le 27 février et le 3 mars 1634, Peiresc adressa encore deux lettres au même M. Vermeil « en la Cour de l'Empereur d'Abyssinie. » Ces deux lettres, également conservées dans les manuscrits de Peiresc, à la bibliothèque de Carpentras, sont fort courtes et ne contiennent guère que des compliments et des politesses. Dans la seconde, cependant, après avoir réitéré à son correspondant les assurances de son service et du désir qu'il a de pouvoir s'acquitter envers lui un jour, le savant Président demande encore à M. Vermeil

---

(1) M. Barrès, dans sa copie, signale en cet endroit deux noms illisibles. — Il s'agit sans doute ici de Claude Mellan, alors pensionnaire du roi au Louvre et à qui l'on doit un excellent portrait de Peiresc.

de lui adresser « des dessins des pyramides et obélisques qu'on dit estre encore droites en la ville de Rhaxumo (Axoum) ou ès environs, si on les peut représenter toutes ensemble en une seule feuille de papier ou en plusieurs feuilles..... Et quand même il y en auroit d'aulcunes abattues ou renversées par terre, il n'y auroit pas grand danger quand on les représenteroit en l'état qu'elles sont. Mais s'il y en a aulcunes droites principalement des esguilles ou obélisques qui ne sont que d'une seule pièce de pierre pointues par le hault, je vous prie de faire exactement voir de prez sur quoi elles sont posées, car les anciens les souloient placer sur quatre morceaux de bronze, tous quarrés comme les déz à jouer et marqués des mêmes nombres dont sont marqués les déz dont on joue communément à trois déz comme on dit; l'usage plus ancien étant de jouer à quatre déz ensemble ou bien à quatre osselets ou astragales, qui sont les petits oz qui se trouvent au bout du manche ou de la jambe ou gigot de mouton... »

Appendice B

(Voir p. 68.)

« Mémoire sur les veües que l'on a de pénétrer en Ethiopie. »

« Il n'y a que deux routes pour passer d'Egypte en Ethiopie : la première est celle de terre en remontant le Nil ; l'autre est celle de la mer Rouge par le port de Mesoua. Pour pénétrer d'Egypte en Ethiopie par la voie des caravanes, on remonte d'abord le Nil jusqu'à Essené appelée des Latins Sienné — Sienen in Extremo Egypti, dit Cicéron — ; elle est, en effet, sur les confins de l'Egypte supérieure. D'Essené jusque aux Cataractes il y a encore dix ou douze journées de chemin ; mais on navigue très peu au-dessus d'Essené. Le cours du Nil est d'ailleurs immédiatement au-dessous des Cataractes embarrassé entre des rochers par l'espace de cinq à six journées ; on passe donc d'Essené à Saannar, capitale du Fungi, par la voie des caravanes ; et soit que les bords du Nil se trouvent embarrassés de montagnes difficiles ou inaccessibles comme quelques-uns me l'assurent ou que la voye du désert soit plus courte, comme il y a plus d'apparence, on prend la route des déserts de la Lybie dans lesquels on marche pendant 15 à 16 jours, trouvant à peine de 3 en 4 de méchante eau pour se désaltérer. Ce désert sépare les terres du roy de Fungi ou de la Nubie de l'Egypte supérieure. Lorsque l'on est arrivé après cette marche sur le pays de ce prince, on employe encore 25 jours jusque au lieu de sa résidence ou capitale qui est Saannar; ce mot signifie en Arabe « dent de feu » pour désigner les extrêmes chaleurs auxquelles cette ville est sujette. Il y pleut néanmoins une partie de l'été, c'est-à-dire que les pluies dont les pays qui sont au deça de la ligne sont rafraischis pendant quatre mois continuels, s'étendent jusque à Saannar, encore qu'elles ne se fassent point sentir dans les Estats de ce Roy qui sont les plus voisins de l'Egypte. Il part chaque année du Caire deux caravanes pour Saannar, où il y a des marchands turcs établis; l'on peut aller jusque là en seureté. Le Prince qui règne aujourd'huy dans ces contrées est un barbare qui fit mourir son fils l'année dernière et jetter le corps aux chiens ; mais le grand nombre de ses sujets qui servent par toute l'Egypte, ce qu'il y fournit de ses Estats qui sont principalement des esclaves noirs, de l'ébène, de l'ivoire, des plumes d'autruches et quelques gommes, et ce qu'il tire aussy d'Egypte dont il prend des droits assez considérables sont les garants des personnes estrangères qui résident ou passent dans ses estats et dont un Pacha d'Egypte sçauroit luy demander bon compte, si ce Roy venoit à abuser envers elles de son pouvoir. On pourroit faire escrire au Pacha en faveur des personnes que l'on y envoyeroit et engager aussy un grand nombre de valets de ce pays que la nation française tient à son service d'écrire à leurs parents que si l'on maltraitoit ces estrangers, on se vengeroit sur eux de ce traittement.

« Il faut observer avant d'étendre ces observations plus loing que l'on souffre beaucoup dans ces caravanes qui vont d'Egypte à Saannar, et par le défaut des eaux et par les extrêmes chaleurs et des autres incommodités auxquelles est sujette la pauvreté qu'il faut y affecter et pratiquer pour les vivres et le dormir : on ne mange plus de pain de froment à Saannar ; on y est aussy mal pour le logement que pour les vivres ; le plus riche vêtement qu'on puisse y avoir est une chemise bleue ; je doute fort même qu'il fut permis d'y avoir un bonnet à moins que ce ne fut en faveur de la qualité d'étranger, car le seul Roy a ce privilège et tous ses sujets vont tête nue, les cheveux tressés en la manière des anciens Egyptiens, ce qui se justiffie par des momies de bois où on les voit de cette sorte ; ils ne descendent pas jusque sur les espaules ; ils représentent à peu près des cheveux naissans qui seroient tous nattés. C'est là la seulle coeffure des habitans du pays infiniment misérables, la plus part nuds, sans autres maisons qu'une hutte, sans autre bien que quelques animaux qui se nourrissent dans les herbages du Nil et de quelques légumes qu'ils sêment dans les terres après les inondations.

« Le Royaume de Saannar est fort vaste, divisé en diverses provinces dont les gouverneurs qu'ils honorent du nom de Pacha et qui sont souvent des sujets qui nous ont servi de valets (1) fournissent par an au Roy une certaine quantité d'argent, tant de moutons, de bœufs, de chameaux, de chevaux, d'esclaves, selon la situation des provinces qu'ils gouvernent. Une des plus grandes entrées (2) de ce Prince sont les esclaves. Les gouverneurs des frontières qui confinent à l'Ethiopie et surtout à la Libie ont avec leurs voisins des guerres continuelles qui consistent plus en des embûches que dans des faits d'armes ou de valeur. Ils vont, durant les nuits, assaillir des hameaux et en enlèvent les habitans dont le Roy a la plus grande part ; il les envoye dans les suittes vendre au Caire, ou les vend à Saannar mesme aux marchands qui y résident. Que si ces gouverneurs ont la paix avec leurs voisins, ces voisins ont la

---

(1) On a vu plus haut (p. 259, note 3) que bon nombre de Nubiens allaient au Caire pour se mettre au service des Francs.
(2) Probablement pour *rentrées*, dans le sens où nous disons aujourd'hui : rentrée d'argent, rentrée d'impôts.

guerre avec d'autres peuples sur lesquels ils font des esclaves qui sont par eux vendus aux sujets du Roy de Saannar ou mesme à des marchands turcs qui osent aller jusque dans leurs pays y porter quelques bracelets de ver(re) et de ces ornements barbares dont Venise fournit l'Afrique et avec lesquels on achepte ordinairement ces malheureux. C'est à la faveur d'un pareil commerce qu'on peut pénétrer en Ethiopie dont les avenues sont exactement gardées et déffendues à toutes sortes d'étrangers ; on vous visitte exactement de la tête aux pieds et cela n'est pas bien difficile, car on y est presque nud pour ne pas dire entièrement. On observe surtout si vous estes circoncis et c'est une précaution que la haine pour la religion chrétienne différente de la Copte a inspiré à ces peuples. Les autres sont les effets de la crainte qu'ils ont d'admettre des espions dans leurs Estats, lesquels à la faveur de la connoissance des lieux viennent ensuitte durant les nuits conduire leurs ennemis dans les endroits qu'ils habitent et les enlever pour la servitude. Les Abissins coptes portent cette précaution à un tel point qu'ils ne laissent presque jamais retourner personne de leur Religion même qui soit entré une fois dans leurs Estats. Nous en avons un exemple singulier dans le dernier archevesque qu'ils demandèrent ici selon la coutume au Patriarche des Coptes. Ils n'étoient pas d'abord satifaits d'un premier qui leur avoit esté envoyé ; ils députèrent d'autres personnes pour en demander un autre qui leur fut accordé. Mais avant qu'il arrivát en Ethiopie, ils s'accommodèrent du premier sans qu'ils ayent jamais voulu consentir de renvoyer l'autre qui est encor dans ces contrées, quelques instances que le Patriarche ait fait pour son retour (1).

« Il est aisé de juger de cecy, des difficultés qu'il y a de pénétrer de Saannar en Ethiopie. Nous ne sçavons pas précisément soub quel prétexte et par quelle voye on pourroit s'y introduire ; on verroit mieux cela de Saannar. Mais il est seur que la langue éthiopienne et la couleur olivâtre sont au moins nécessaires à ce dessein. Il y a 20 à 25 ans que des Ethiopiens venus au Caire firent à leur retour à leur Roy un récit si avantageux d'un religieux capucin qu'ils avoient veus icy et qu'ils luy vantèrent comme un grand médecin que ce Roy, dont le fils estoit incommodé depuis longtemps, fit sçavoir à ce capucin qu'il seroit le très bien venu dans ses estats. Mais comme il se disposoit d'y passer, les religieux franciscains italiens venus au Caire pour le dessein d'Ethiopie se persuadèrent que cette assurance ne les regardoit pas moins que ce capucin et partirent pour s'y rendre sans vouloir attendre ce bon père ; ils furent reçeus sur les confins du Royaume avec tout l'accueil possible,

(1) Voir plus haut, p. 168, note 2.

les ordres ayant estez envoyés à l'avance pour cela. Mais lorsqu'ils parurent devant le Roy et qu'il eut appris de celuy de ses sujets qui luy avoit vanté le mérite du capucin et qui l'avoit veu, qu'il n'étoit pas du nombre de ces Religieux, il en fut si outré qu'il donna ordre de les faire mourir : ainsy par leur imprudence, on perdit une occasion favorable de rentrer en Ethiopie.

« La seconde route pour y pénétrer est celle de la mer Rouge, et voicy comment on peut y arriver : Il y a vis-à-vis de Gedda ou de la Meque, du costé de l'Ethiopie, un petit Bachali (Pachalik) appelé de l'Abyssinie ; il ne consiste qu'en deux places ou, pour mieux dire, en deux petits bourgs. L'une est nommée Soakin (Souakim) et posée dans une isle aux environs de laquelle se fait la pêche des perles de la mer Rouge ; l'autre est en terre ferme et se nomme Messoua (1), et c'est là où réside le Pacha, qui n'a pas plus d'une trentaine de personnes pour la conservation de ces deux lieux. C'est par ce dernier endroit que passent tous les esclaves noirs que l'on transporte de l'Ethiopie à la Meque. Le Pacha en a la dixième partie, ainsy que des perles que l'on pêche à Soaken, et c'est en quoy consiste son principal revenu. Comme il est sur les frontières du roy d'Ethiopie, dans le pays duquel Mesoua

---

(1) Il est inutile de faire remarquer qu'il y a là une erreur : Massouah est dans une île reliée à la terre ferme par une longue jetée artificielle.

est enclavé, et que c'est par cet endroit que les Abissins font quelque commerce sur la mer Rouge, le Pacha envoie de temps en temps quelques uns de ses gens à la cour du Roy, et l'on y a de la considération pour eux plustôt sur la réputation du Grand Seigneur que par aucun sujet qu'ils ayent d'appréhender ce Pacha, qui ne reste dans ces endroits que par la bonté qu'ils ont de l'y souffrir et de permettre qu'on luy porte des vivres. Ce seroit à la faveur de ces Missions qu'on pourroit prendre des veües pour d'autres plus importantes que celles-là. Un Pacha auquel on seroit fortement recommandé pourroit en mil(le) manières favoriser votre entrée dans la cour du Roy, où l'on verroit les choses de plus près ; on se feroit passer pour tout ce que l'on voudroit et l'on s'y rendroit agréable et nécessaire par l'exercice de la médecine ou par la peinture, que les Abissins aiment avec passion. Il suffiroit d'abord de n'être pas réputéz pour des Francs, les religieux coptes qui gouvernent là ayant pris un soin extrême de rendre ce nom odieux.

« J'estime que cette route est beaucoup moins difficile que la première. Mais il seroit nécessaire, si on se livroit à ce dessein, d'avoir un petit establissement à Gedda, qui est le port de la Meque et le passage nécessaire à ceux qui vont à Mesoua. Pour parvenir à cet establissement, qui pourroit servir aussy à deux autres desseins, à lier les Indes avec l'Affrique et à ouvrir un jour aux sujets du Roy le commerce de la mer Rouge, il seroit nécessaire d'entretenir un François à Gedda soub prétexte seulement de la seureté des lettres qui passent à Surate ou qui en viennent. Gedda, quoy qu'il y ait un Pacha nommé par la Porte, comme à Mesoua, ne laisse pas d'être soumis aux ordres du Gouverneur du Caire ; les milices de ce royaume y ont leurs officiers et une garnison qui se relève tous les ans, de sorte qu'il est très facile à un Consul d'Egypte d'y protéger un homme qu'il y establiroit. On pourroit joindre un ou deux religieux à cet homme, lesquels y exerceroient un peu de médecine et s'y feroient aisément aimer et estimer. On trouveroit moyen avec le temps de mettre une felouque sur la mer Rouge en faveur de leur entretien et soub prétexte de tirer d'Egypte les provisions qui leur seroient nécessaires. De cette felouque, qui périroit lorsqu'on voudroit, naîtroit un bâtiment plus gros qui pourroit aller jusqu'à Surate. Il n'y a rien dont on ne vienne à bout avec les Turcs quand on a de la patience et qu'on veut y sacrifier quelqu'argent. Mais comme ils donnent beaucoup à la coutume, il est nécessaire d'user d'adresse pour destruire les usages qui sont contre vos desseins et establir ceux que vous désirez, et s'y prendre d'une manière insensible ; un premier pas entraîne le second. Qui auroit pensé il y a vingt ans, lorsque le peuple d'Alexandrie se souleva à la première balle de caffé qui s'embarqua pour Marseille, que l'on y verroit sans murmure charger des vaisseaux entiers de cette marchandise? Les chrétiens d'Egypte trafiquent à Gedda, y vont, y demeurent; pourquoy avec le temps les François n'en feroient-ils pas autant, surtout si cela est conduit sagement et que l'on évite dans les commencements de donner de la jalousie aux marchands mores? On sçait les projets qui avoient estez formez autrefois pour introduire par la mer Rouge les marchandises des Indes en Egypte; ce dessein si favorable à la France trouva des obstacles dans son exécution, comme en trouveront toujours toutes les entreprises extraordinaires qu'on voudra conduire trop promptement à leur fin. Des sommes considérables, des catecherifs les plus absolus n'auront aucun effet pour introduire des nouveautés dans ces lieux et on en viendra à bout lorsqu'on paroîtra n'y travailler que par hazard. Les Anglois viennent au Moka; ils sont mesme bien reçeus à Gedda; il en seroit de mesme des vaisseaux françois si on y accoustumoit les habitants de la mer Rouge. Un vice-consul estably à Gedda sans qu'il parut être destiné à leur protection les favoriseroit de là d'autant plus fortement; il trouveroit avec le temps les moyens de les faire passer jusque au Süez ou par le canal d'un pacha qui le demanderoit de la sorte et paroitroit les y forcer, ou par les milices establies à Gedda qui n'ont pas toujours des bâtimens pour faire le voyage de Süez ; on éviteroit de donner de la jalousie en mettant à terre les canons ainsy que le pratiquent les vaisseaux turcs lorsqu'ils sont entrés dans la mer Rouge ; on auroit un petit esquipage ; on perdroit sur les nolis s'il estoit nécessaire ; on ne feroit aucune aucune entreprise concurremment avec les Turcs ; enfin on chercheroit à se rendre préférable à tout autre bâtiment pour abolir incessamment l'usage de se servir des leurs. C'est avec ces manières qu'on s'introduiroit dans la mer Rouge et qu'on pourroit enfin se rendre maître du commerce de cette mer, à la faveur de laquelle on apporteroit non seulement les marchandises des Indes en Europe avec une entière seureté et une promptitude esgalle, mais on feroit encore passer dans les Indes sans risques tout ce que l'on y porte avec beaucoup de péril et de dépense par la grande mer. Pour faire comprendre quelle différence il y a entre l'une et l'autre route, il n'y a qu'à faire réflexion que les passages des vaisseaux de Marseille à Alexandrie ne sont ordinairement que de 15 à 20 jours. Les effets apportés sur ces vaisseaux viennent aussi souvent en 3 et 4 jours au Caire ; du Caire au Süez il n'y a que trois journées et l'on peut presque en tout temps et surtout dans celuy des moussons passer en 30 et 35 jours du Süez jusque à Suratte. Il n'est pas impossible, ainsy que j'en ay fait convenir diverses personnes, de faire passer en 50 jours une lettre de Paris à Suratte si toutes les circonstances concouroient. Quand (sic) aux difficultés de la navigation de la mer Rouge, elles ne sont pas pour les bâtiments qui vont aux Indes ou, pour m'expliquer en termes plus maritimes, qui passent du couchant au levant, du Süez à Suratte ; les vents servent toujours, et comme le milieu de la mer Rouge est net et que les vents sont droits, on en sort avec facilité. Il est vray qu'au retour il n'en est pas de mesme parce que, excepté dans le printemps et dans l'automne, on trouve toujours les vents contraires et qu'alors on n'y navigue pas parceque la mer est estroitte, que les costes sont embarrassées d'écueils et que l'on (n')a pas osé jusque icy y louvoyer, peut-être par le peu de connoissance qu'ils ont de cette mer mesme et de l'art de la navigation. Mais enfin il y a le long de cette mer dans le milieu une largeur nette continuelle de 30 à 40 milles qui peut servir d'autant plus seurement qu'on n'y voit point de tempêtes ; on peut d'ailleurs donner fond tous les soirs et user de bâtiments légers si on reconnoissoit qu'il y eut trop de danger dans les plus grands. Quoy qu'il arrivât de ces projets, la dépense que l'on sacrifieroit pendant quelque temps à l'entretien d'une personne à Gedda ne seroit pas inutile selon toutes les apparences, et quand elle ne rendroit pas dans la suitte avec usure l'argent qu'on y auroit mis, la somme seroit trop peu considérable pour regretter de s'être esclaircy à ce prix de ce qu'il y auroit à faire de ce costé là tant en faveur des missions d'Ethiopie que de la seureté des lettres et des passages de l'Europe pour les Indes et enfin sur le commerce. »

(En marge) :

« 1697. N° 1784. Au Caire.

« Mémoire sur les veües que l'on a de pénétrer d'Egypte en Ethiopie par les routtes du Nil ou de la mer Rouge par rapport à l'introduction du commerce des Indes orientales.

« Envoyé par le Sr Maillet. »

Appendice C

(Voir plus haut, page 219.)

« **Mémoire pour servir d'instruction au sieur du Roule, vice-consul à Tripoli de Sirie** ».

« 5 juillet 1702.

« Le Roy d'Ethiopie ayant envoyé un ambassadeur à Sa Majesté, elle a chargé le sieur Maillet de le retenir au Caire parceque son abord en France n'auroit pas donné plus de connoissance par rapport au motif pour lequel elle veut bien entretenir correspondance avec ce Prince ; mais elle a résolu de se seruir de l'occasion de cette ambassade pour paruenir à remplir ce motif qui est celuy de la Religion, et a choisi ledit sieur du Roule (1) pour son envoyé auprès du Roy d'Ethiopie auquel elle escrit la lettre qu'il trouvera cy-jointe qui contient une créance pour luy.

« Sa Majesté a deux veues dans le voyage dudit sieur du Roule en Ethiopie. La première et la principale est de connoistre si les principes du Christianisme que les peuples de ce Royaume ont et qui sont infectez de plusieurs hérésies, et des

(1) Dans cette instruction, le nom *de Maillet* se trouve partout biffé sous celui de *du Roule*.

vices qu'elles produisent seurement, peuuent estre amenéz à ceux de la véritable esglise, s'il n'y a point des mauuais usages qui y soient absolument contraires, et enfin si leur réunion à l'esglise catholique peut estre espérée après que les missionnaires qu'on y laissera auront travaillé à combattre ces erreurs. Sa Majesté qui a estendu ses soins pour la Religion jusques à la Chine et dans les pays les plus esloignés, a jugé que le trauail des missionnaires pourroit auoir plus de succès auprès des peuples d'Ethiopie qui connoissent le vray Dieu, et la plus part de nos mistères, et c'est pour estre plus seurement informée de ce qu'on en peut espérer et des seuretés que sa protection peut y donner qu'elle envoye le sieur du Roule. Pour cet effect, elle veut que pendant le séjour qu'il fera en Ethiopie, il examine auec attention la sçituation des peuples pour la Religion, les dispositions qui peuuent estre contraires à la Catholicité, celles que les religieux peuuent causer qui seront les plus difficiles à surmonter, si ce qu'on rapporte de leur nombre et de leur libertinage est vray. Il verra aussy à ce sujet quelle authorité le patriarche a sur eux ; comme il est donné par le patriarche copte d'Alexandrie auquel il est subordonné, il aura apparemment moins de peine à reconnoistre le pape que s'il n'auoit point de supérieur ; les biens dont ces religieux jouissent, et la manière dont ils en disposent ; si les peuples ont une grande créance en eux, s'il y en a de différentes espèces, celles qu'on peut espérer de ramener plus promptement, leur administration intérieure; et enfin il examinera auec toutte l'attention et le destail dont il est capable l'estat présent de la Religion dans ce pays, et des Ecclésiastiques ou Religieux qui y ont part; et les moyens dont il est plus conuenable de se seruir pour engager le Roy et les peuples à renoncer à leurs erreurs.

« La seconde veue que Sa Majesté a eu de l'enuoy dudit sieur du Roule regarde le commerce ; elle a pensé qu'on pourroit débiter en Ethiopie auec auantage les manufactures et marchandises de son Royaume, que les peuples de ce pays tirent des Indes Orientales par la Mer Rouge, et qu'on y trouueroit une utilité d'autant plus grande qu'ils paient en or le prix de leurs besoins, qu'ils n'ont aucuns arts, et que les plus petites marchandises s'y vendent bien. Sa Majesté veut que ledit sieur du Roule en entrant à cet esgard dans le plus grand destail, examine ce qui est praticable, et la voye la moins difficile pour tenter le commerce d'Ethiopie ; celle d'Egypte est trop longue et trop incommode à cause des déserts qu'il faut trauerser, et ne pourroit estre prise que pour les marchandises riches et de peu de volume ; mais pour les autres, celle de la Mer Rouge paroist la plus naturelle en abordant à Messoua ou à Suaquem, si les officiers du Grand Seigneur qui y commandent, le permettent.

« Après auoir bien considéré ce qui a rapport au commerce en général, ledit sieur du Roule descendra au destail en faisant des estats exacts de touttes les marchandises et quinquailleries qui se débitent en Ethiopie, de la valeur qu'elles y ont pour connoistre le proffit qu'on y peut faire, et de celles qu'on aura en retour, et s'il pouuoit juger que les unes ou les autres, les couleurs ou la manière de les disposer, ne fussent pas connues, il en rapportera des eschantillons, sur lesquels ceux qui voudront entreprendre ce commerce, auront à se conformer.

« Il sçaura aussy s'il y a dans les villes où on aborde des marchands riches dans lesquels il conuienne de prendre confiance, et des droits de douanes ou autres dont l'exaction puisse estre à charge et en ce cas il proposera au Roy d'Ethiopie de le faire cesser pour les François, qu'il faudra bien désigner dans les priuilèges s'il en est question, et si ledit sieur du Roule en obtient, les Hollandois cherchant depuis quelque temps les moyens d'en obtenir, et d'entrer en Ethiopie.

« Il examinera encore, si par quelqu'endroit qu'on entre dans ce Royaume il convient d'en laisser la liberté publique, ou si dans les commencements d'un establissement qui tomberoit à la première difficulté s'il estoit entre les mains des particuliers, il ne vaut pas mieux engager quelque compagnie telle que celle des Indes Orientales ou autres à s'en charger. Et comme en y allant par les Indes on sera obligé de passer par Messoua et Suaquem, il verra s'il y a des moyens de se procurer quelque seureté par un accommodement auec les officiers turcs qui y résident, ce que les marchands d'Ethiopie qui négotient à Suratte et ailleurs luy indiqueront.

« Sa Majesté a jugé à propos de commencer par expliquer au sieur du Roule ses motifs dans le voyage qu'elle lui ordonne d'entreprendre ; elle connoist assez son zèle et son application pour ne pas doutter qu'il ne les remplisse bien, et elle l'exhorte d'y penser auant sa sortie du Caire, affin que si par quelques mesures ou par les lumières qu'il y prendra, il pouuoit espérer d'y mieux réussir, il ne néglige aucun des moyens qu'il jugera pouuoir y attribuer ; elle doit luy expliquer à présent la conduitte qu'il a à tenir dans le cours de sa mission.

« L'intention de Sa Majesté est qu'il parte aussy tost que la saison, c'est-à-dire la cessation des pluyes le permettra, et qu'il emmène auec luy deux pères Jésuittes pour Chappelains, et le sieur Poncet qui luy sera d'un grand secours par le voyage qu'il vient d'y faire. Il remmènera aussy l'Ambassadeur qui est resté au Caire, et fera emporter auec soin les présents destinéz pour le Roy d'Ethiopie, pour le Patriarche et pour cet Ambassadeur, dont la liste est cy-jointe ; il pourra tirer des premiers quelques verreries ou cristaux pour les Roys de Saannar et Dongola, lorsqu'il passera par leurs terres, pour en obtenir plus facilement les secours dont il aura besoin.

« Lorsqu'il sera arrivé à Gondar, capitale de l'Ethiopie, il demandera audience en la manière usitée, et obseruera qu'elle luy soit donnée auec les cérémonies qui suiuant les coustumes des lieux conuiennent aux enuoyez des plus grands Roys. Il remettra au Roy la lettre de créance qui est jointe au présent mémoire, et lui dira ensuitte que Sa Majesté informée de ses vertus par le rapport du sieur Poncet, et de ses sentiments sur la Religion qui laissent espérer qu'il reprendra aysément ceux de ses ancestres lorsqu'il sera esclairci, a estimé digne d'elle de respondre à l'empressement qu'il a marqué pour obtenir son amitié, et qu'elle enuoye ledit sieur du Roule pour l'en asseurer, pour chercher les moyens de l'entretenir en establissant quelque commerce entre les deux Empires et pour examiner les voyes les plus promptes et les plus courtes pour auoir de ses nouvelles. Il expliquera ensuitte les raisons qui ont empesché de faire venir l'Ambassadeur, dont la principale est celle de la guerre qui s'est renouuellée contre Sa Majesté à l'occasion de l'auènement du Roy d'Espagne à la couronne par la plus part des princes auxquels elle venoit d'accorder la paix; et adjoustera que l'Ambassadeur n'estant point nommé dans la lettre du Roy d'Ethiopie à Sa Majesté, il estoit difficile de juger si c'estoit luy qui en avoit esté chargé, et de quelle manière ce Prince désiroit qu'il fust traitté.

« Ledit sieur du Roule aura soin de sçauoir auant son arrivée à Gondar quels sont les principaux ministres du Roy d'Ethiopie, et ceux en qui il prend plus de confiance pour les voir aussy tost qu'il aura salué la famille Royale s'il y en a, et le patriarche auquel il doit rendre tous les honneurs qu'il peut désirer, pour se concilier son esprit, et n'y mettre aucun obstacle qui puisse l'exciter contre les missionnaires, ou empescher le sieur du Roule de pouvoir dans la suitte luy parler de sa réunion à l'Esglise catholique ou de ce qui peut l'y conduire lorsqu'il aura jugé, par ses manières et sa conduitte, de la disposition qu'on y peut trouuer.

« Sa Majesté veut qu'il reste une saizon entière dans l'Ethiopie pour auoir tout le temps nécessaire pour prendre des connoissances justes sur ce qui luy est prescrit, et qu'il y attende que les pluyes suruenues depuis son arrivée, soient entièrement cessées pour reprendre la routte du Caire d'où il enuoyera une relation ample et détaillée de son voyage et de tout ce qui se sera passé dans sa mission pour l'exécution des ordres contenus dans la présente instruction ; Sa Majesté luy permettant mesme de l'apporter, s'il luy conuient pour lors de revenir en France pour se remettre de la fatigue de ce voyage. Il pouruoyera auant son départ de Gondar à la seureté des missionnaires qu'il y laissera et prendra à cet esgard les précautions que les circonstances demanderont.

« Sa Majesté estime encores nécessaire de luy obseruer qu'apparemment le Roy d'Ethiopie luy demandera des ouuriers françois pour apprendre les arts à ses sujets ; comme ledit enuoy seroit d'une despense considérable, et désauantageuse aux manufactures du Royaume, le sieur du Roule ne s'en chargera point, mais cependant sans le refuser auec quelque procédé qui pust rendre son voyage inutile, pouuant dire au Prince que le françois a naturellement de la peine à quitter son pays, et que celuy qui est habile dans une profession y trouuant aysément à subsister, en aura encores plus, et qu'on n'y détermineroit que de mauuais ouuriers ; que chaque pays produisant différentes choses pour seruir à la subsistance des peuples, et les climats de la France et de l'Ethiopie estant aussi très différents, on ne peut espérer que les choses nécessaires aux arts qui règnent en France se trouuent en Ethiopie ; qu'ainsy l'enuoy de ces ouuriers que le chagrin de ne pouuoir retourner chez eux feroit seurement mourir, seroit inutile et qu'il vaut beaucoup mieux chercher à establir les moyens de tirer de la France tout ce qui peut estre agréable à ce peuple, et conuenir à ses sujets. Après cette discussion générale, le sieur du Roule peut entrer dans le destail, s'il s'y arreste absolument, et luy promettre de luy enuoyer quelques-uns des ouuriers qui ne peuuent nuire au commerce du Royaume, tels que des fondeurs de canons, s'il en demande ainsy qu'on le dit, et autres de cette espèce pourueu qu'il leur establisse des gages et une subsistance convenables.

« Fait à Marly, le............. »

Au dos :

« A Marly, le 5 juillet 1702.

« Mémoire servant d'instruction pour le sieur du Roule sur son enuoy près le Roy d'Ethiopie.

« E. »

Appendice D

(Voir p. 220.)

**Minute de lettre (de Pontchartrain)
au Sr du Roule, en date du 9 août 1702.**

« Le sieur Maillet ne pouuant, à cause de sa santé, remplir le service pour lequel le Roy l'auoit destiné, le nommant pour porter au Roy d'Ethiopie les lettres de Sa Majesté, Elle vous a choisi pour y aller à sa place, estant informée que vous auez les dispositions nécessaires pour vous en bien acquitter. Vous trouuerez dans l'instruction qui est cy jointe les veues du Roy dans ce voyage, et celles que vous debvez auoir; je ne vous les répéteray point; mais je vous adjousteray deux obseruations qui vous doibuent toujours estre présentes et régler votre conduitte particulière, et que vous ne debuez confier à personne.

« La première est que le motif de votre enuoy est de sçauoir la vérité sur les idées qu'on a donné des facilitéz qu'on pouuoit trouuer à ramener les peuples de ce pays à la vraye religion. Il ne faut point qu'aucun zèle indiscret, ny aucune complaisance, vous empeschent de la rapporter à votre retour, ny de dire ce qui vous en aura paru. Vous debuez le bien examiner, proffiter des lumières qu'on aura eu, mais quand vous reviendrez, rendre compte de ce que vous penserez, et non de ce que les missionnaires, qui vont auec vous, vous auront suggéré.

« La seconde est que le Roy veut que vous ayiez touttes sortes de déférence et d'honestetéz pour les missionnaires, mais que vous n'agissiez pas uniquement sur ce qu'ils vous inspireront, pouuant très souuent se régler par des motifs de zèle qui ne conuiendroient point à la gloire du Roy, ni à ses intentions qui sont de n'entrer dans aucun engagement de fournir des ouvriers au roy d'Ethiopie ; lorsqu'on vous fera des propositions, vous les examinerez auec eux et auec le sieur Poncet, pour les entendre, et vous respondrez ensuitte ce qui vous aura paru plus conforme à votre Instruction.

« Vous debvez, au surplus, bien vivre avec le sieur Poncet (1) lequel venant de ce pays a une expérience qui peut vous estre utile, et éviter beaucoup de difficultés et d'embarras durant votre routte. Le séjour qu'il a fait dans les pays estrangers luy a fait prendre des manières peu conformes à nos usages, et il se détermine aysément et sur ses premiers mouvements ; c'est à vous à attirer sa confiance par votre procédé

---

(1) Nous avons vu plus haut, p. 196, que Poncet ne partit pas avec M. du Roule.

pour en tirer le service qu'il aura occasion de rendre.

« Le Roy vous a accordé 1.000 livres par mois pour vos appointemens et table, et 4.000 livres pour l'achat des chameaux et autres despenses nécessaires par rapport à ce voyage que vous auez à faire. Vous serez chargés de la subsistance des missionnaires et du sieur Poncet, mais ils achèteront leurs chameaux. Le sieur Maillet vous remettra les présens destinez pour le roy d'Ethiopie qui consistent en ce que le sieur Poncet m'a dit estre plus rares (*sic*) et pouvoir faire plus de plaizir et mieux exciter la curiosité de ce Prince. Vous pourrez tirer des couteries (1) et cristaux ceux qu'il faudra pour les roys de Saannar et de Dongola, si vous passez assez près des lieux où ils seront pour leur pouvoir rendre sans vous détourner beaucoup les lettres que Sa Majesté leur escrit, pour leur demander leurs secours pour vous.

« Le sieur Maillet vous expliquera la conduitte particulière que vous debuez tenir avec le Patriarche et les Religieux de l'Ethiopie, après en estre convenu avec le Patriarche des Coptes qui est le supérieur ; vous vous attacherez à la suivre, parce que de là dépendra en partie le succès de votre voyage par rapport à la Religion, et aux veues que les missionnaires ont de rester dans

---

(1) Probablement pour *coutelleries*.

ce pays et vous en ferez mesme un plan auec luy, que vous ferez voir au Père Verseau pour ce qui a rapport aux missionnaires et à la Religion, et vous signerez avec luy l'original qui en restera au sieur Maillet affin qu'il ne puisse survenir d'occasion d'incident entre vous lorsque vous serez sur les lieux.

« Je vous recommande de vous appliquer à bien remplir les ordres qui vous sont donnez, et de regarder que le succès de votre voyage doit estre une occasion pour moy de vous procurer de meilleurs employs. Vous en proffiterez aussy pour faire touttes les observations que vous estimerez dignes de quelque curiosité durant votre routte ou pendant votre séjour en Ethiopie par rapport à la nature et dispositions des pays, aux mœurs des peuples ou à leur gouvernement... »

« A Marly, le 9 aoust 1702. »

Appendice E

(Voir p. 267.)

J'ai eu connaissance, pendant l'impression de cet ouvrage, de deux cartons de la *Correspondance consulaire* du Ministère des affaires étrangères, contenant des lettres de M. de Maillet pendant son séjour à Marseille. Je me suis hâté de les examiner, et j'ai constaté qu'ils ne m'auraient fourni aucun document de nature à éclaircir l'histoire des relations de la France avec l'Ethiopie ou à modifier les appréciations contenues dans ce petit volume. Les seuls renseignements utiles à en extraire sont quelques détails complémentaires sur M. de Maillet, et je les résume ici pour l'édification de ses futurs biographes.

La première lettre de M. de Maillet que nous rencontrons dans ces cartons est datée de Marseille, le 15 mars 1724. C'est par erreur qu'on y a classé une autre correspondance qui commence en 1708. Les lettres qui composent cette correspondance sont signées en effet Maillet (et non de Maillet, ainsi que signait toujours notre consul), elles sont bien datées de Marseille, mais elles émanent d'un sieur Joseph Maillet, négociant et riche armateur du grand port provençal, qui n'a rien de commun avec notre Benoist de Maillet. Ce Joseph Maillet faisait des fournitures à la Marine, il était associé à un nommé Michel Gleize pour la direction d'une société créée en vue de l'armement de trois vaisseaux du Roi par la Chambre de commerce de Marseille, lesquels vaisseaux devaient être placés sous le commandement de M. Cassard (1), chef d'escadre (lettre du 14 octobre 1712). Cet armateur était fort riche : il avait des commis jusqu'à la Guadeloupe et il tirait des sommes énormes pour l'époque sur ses banquiers, « les sieurs du Carel et Cie, rue du Cimetière Saint-Nicolas-des-Champs », à Paris. Cette affaire d'armement pour le compte du Roi, mettant Joseph Maillet en correspondance directe avec le Ministre, il n'est pas étonnant que cette circonstance ait été la cause d'une erreur qui a fait classer ses lettres dans les *Cartons consulaires*, erreur facile à réparer du reste, puisque ces documents ne sont pas reliés (2).

(1) Jacques Cassard, né à Nantes en 1672, se distingua par de nombreux exploits maritimes ; mais la ville de Marseille ayant refusé de payer un armement fait pour elle — nous ignorons si c'est celui dont il est question ici, — il fatigua tellement la Cour par des réclamations incessantes et même injurieuses, qu'il fut arrêté et enfermé au château de Ham, où il mourut en 1740.

(2) Joseph Maillet avait un frère appelé Pierre, qui, en 1709, était associé à ses affaires dans le Levant. Un de ses beaux-frères, Joseph Dimitri de Gaspary, marié à une jeune fille d'une riche famille de Smyrne, était consul à Athènes en 1708, et il demandait pour son autre beau-frère, M. de Paris, le 29 avril

Après avoir signalé cette confusion de noms, nous revenons à M. de Maillet.

Comme nous l'avons vu au cours de cet ouvrage (p. 266), M. de Maillet avait quitté l'Egypte pour aller à Livourne en qualité de consul général à la fin de l'année 1708. Il y resta jusqu'en 1715 et fut alors nommé Inspecteur des Echelles du Levant, position qu'il occupa pendant deux ans ; il visita en cette qualité toutes les côtes barbaresques, le Levant proprement dit et l'Egypte. Dans la première lettre de sa correspondance de Marseille, en date du 15 mars 1724 (1), il insiste auprès du Ministre sur le triste état dans lequel il a trouvé la colonie française d'Egypte. D'après lui, quand il avait quitté le Caire seize ans auparavant, il y avait laissé vingt-cinq maisons françaises et il n'en retrouva plus alors que huit ou neuf.

Au retour de ce voyage, M. de Maillet alla passer deux années, 1719 et 1720, à Paris, puis il obtint du Roi une pension de deux mille livres et vint se fixer définitivement à Marseille. Il ne paraît pas avoir occupé depuis cette époque de fonctions officielles, mais il correspondait direc-

---

1710, le consulat de Candie. C'est probablement aussi à la même famille qu'appartenait un sieur Jean Maillet, qui était consul de France à la Canée en 1692. (Voir la Corresp. consul. du Minist. des Aff. étr., cartons consulaires, Athènes et Napoli de Romanie, procès-verbal en date du 25 septembre 1692.)

(1) Dans une autre lettre du 10 avril 1724, M. de Maillet parle de M. Le Noir, drogman ; c'est probablement le même auquel nous avons fait allusion dans ce volume, p. 212.

tement cependant avec le Ministre qui, sachant qu'il avait en lui un homme intelligent, expérimenté et tout dévoué aux intérêts du Roi, lui demandait son avis sur une foule de questions qui intéressaient le commerce du Levant (1). M. de Maillet eut cependant, vers 1728, quelque velléité de reprendre un service plus actif. C'est vers cette époque, en effet, qu'il redemanda le consulat général du Caire. Peut-être son tempérament actif lui rendait-il difficile à supporter le repos relatif où il était condamné à vivre ? Peut-être aussi avait-il la nostalgie de ce beau ciel d'Orient et le regret des honneurs si enviés attachés aux fonctions qu'il y avait exercées ? Il y avait de tout cela certainement dans son désir de retourner au Caire, mais un motif plus sérieux le poussait aussi très certainement.

Il avait entrepris, en effet, de réunir les notes qu'il avait prises sur l'Egypte pendant son long consulat et il souhaitait y retourner pour compléter ses renseignements et mettre la dernière main à son œuvre. Le 28 janvier 1728, il écrivait

(1) Il est probable qu'un des motifs qui engagèrent M. de Maillet à ne pas retourner en Lorraine et à se fixer à Marseille, fut la nécessité de poursuivre un *malheureux* procès (comme il dit dans une lettre datée du 8 janvier 1731), qu'il avait au Parlement d'Aix, et qui, comme tous les procès de ce temps, devait durer un nombre d'années interminables. Il ne finit, en effet, qu'en 1735, par une transaction ; en donnant cette nouvelle au ministre, dans une lettre du 27 avril de cette année, M. de Maillet dit que cet événement lui rend une tranquillité « que j'emploierai, ajoute-t-il, à repasser mes Mémoires sur l'Ethiopie et d'autres de mes ouvrages. »

à ce sujet au Ministre, M. le comte de Maurepas :
« ..... Mon dessein est aussy, Monseigneur, de travailler dans mon loisir, à l'histoire du païs (d'Egypte) depuis le Mahométisme, tant sur les historiens arabes que j'ay desja que sur ceux que je pourray encore recouvrer, à celle des établissements de commerce que les nations franques y ont fait, surtout de la nostre, de faire voir leur progrès et leur décadence, et d'en establir les raisons..... »

Le 28 février 1729, il reparle de ce projet que, dans l'impossibilité de l'exécuter lui-même, puisqu'il n'était pas retourné en Egypte, il avait confié au sieur Rosset, consul de France à Rosette (1).

M. de Maillet termina sa vie à Marseille le 30 janvier 1738, âgé de quatre-vingt-deux ans et ayant conservé jusqu'à sa mort ses belles facultés. Il les utilisa à composer, dans sa studieuse retraite, une quantité de Mémoires qu'il envoyait au Ministre ; nous lisons dans sa lettre du 29 juin 1735 dans laquelle il annonce l'envoi de deux de ses Mémoires sur l'Egypte : « Comme je suis occupé à arranger mes Mémoires sur les affaires que j'y eus à traiter à l'occasion de la mission d'un envoyé du Négus vers le Roy qui fit alors tant de bruit, et m'exposa à une infinité d'accusations

---

(1) Cette même lettre contient un premier Mémoire de M. Rosset sur l'Egypte, et une Note de M. de Maillet sur ce Mémoire.

auprès de Mgr le comte de Pontchartrain qui ne servirent qu'à m'établir mieux dans l'honneur de son estime, je suis parvenu à un fait, que j'ay cru devoir faire copier pour être envoyé à V. E. avant qu'il soit imprimé avec tous les autres, parce qu'il l'informera d'autant mieux des instructions qu'il conviendra de donner à celluy qu'elle y enverra. Mes Mémoires sur l'Ethiopie feront le second tome de mes Mémoires sur l'Egypte qui sont imprimés à ces heures à Paris, et où il n'est pas dit un mot des affaires que j'y eus au sujet du commerce... »

La même année 1735 s'imprimait en effet à Paris, en format in-4° (1), et sous le nom de l'abbé J.-B. Le Mascrier, une « Description de l'Egypte, composée sur les Mémoires de M. de Maillet. » Dans une lettre du 25 novembre, ce dernier dit au Ministre en parlant de cet ouvrage : « J'ay leu depuis peu, Monseigneur, la compilation que M. l'abbé Le Mascrier a fait de mes Mémoires sur l'Egypte et que deux libraires de Paris ont fait imprimer, en quoy ils me paroissent n'avoir point perdu l'argent qu'ils y ont employé par le débit qu'ils en ont trouvé. Cet abbé n'y a pas oublié l'article du commerce, surtout dans l'avant-dernière des lettres qu'il a extraites d'un grand nombre de Mémoires qui doivent entrer dans les Archives et qui deviennent comme superflus par

---

(1) Il y a une autre édition de La Haye, deux volumes in-12, fig. 1740.

cet endroit, en sorte que cette seule copie qu'on peut lire en une heure de tems peut suppléer à tous ces Mémoires et en faciliter la cognoissance depuis son origine jusques en ces tems, et cette lettre ne m'a pas paru l'endroit le moins mauvais du livre (sic). Et suis bien fâché que les grandes occupations de V. E. ne luy permettent point d'en prendre la lecture... »

M. de Maillet n'avait pas été marié ; il exprime en maint endroit de sa correspondance cette opinion que le célibat s'impose à ceux qui entrent dans la carrière des consulats du Levant et des États barbaresques et il blâme beaucoup ceux de ces fonctionnaires qui demandent et obtiennent l'autorisation d'emmener leurs femmes avec eux dans leur résidence (1).

La famille de M. Benoist de Maillet se composait de deux cousins issus de germain : M. le comte Le Bègue, qui demeurait à Nancy, où il occupait une charge à la cour de Lorraine, et son frère cadet, qui devint chevalier de Malte en 1729. Il avait aussi deux neveux du nom de Rozières, dont l'un, le chevalier de Rozières, vint le voir à Marseille en 1730, et dont l'autre était jésuite. Ce dernier fut chargé de prononcer en juin 1729, aux obsèques du duc de Lorraine, l'oraison funèbre de ce prince. Enfin, nous trouvons encore mentionné dans la correspondance de

---

(1) Voir notamment à ce sujet la lettre du 17 février 1735.

M. de Maillet une de ses parentes qui fut en 1729, nommée supérieure des Annonciades de Saint-Mihiel.

On voit que toute la famille de M. de Maillet était lorraine comme lui. Ses meilleures et ses plus honorables relations d'amitié le rattachaient de même à son pays d'origine ; nous en avons la preuve dans quelques lettres que l'on trouve encartées dans celles qu'il écrivait au Ministre et qui lui sont adressées notamment par le duc d'Elbeuf et par le prince de Craon, son parent. Ce dernier l'appelle ordinairement « mon cher Chevalier ».

C'est donc bien par erreur que Bruce le croit normand (voir plus haut, p. 104) trompé sans doute par sa qualité de « seigneur de Mézerai », qu'il croit très certainement à tort être le même village de Normandie dont a pris le nom le célèbre historien Eudes de Mezerai.

Il nous reste à compléter par quelques mots ce que nous avons dit à la note de la page 71 sur les portraits de M. de Maillet.

C'est par erreur que nous avons écrit dans cette note que le portrait gravé en 1737 par J.-C. de Lacroix, et accompagné d'une légende en hollandais, était antérieur à celui qui porte une légende française. Le premier en date des portraits de M. de Maillet est au contraire celui qui a été gravé par E. Jeaurat, en 1735, et qui porte la légende suivante : « Benoît de Maillet, Gentilhomme lorrain, Consul Général du Roi en Egypte et en Toscane, depuis Visiteur général des Echelles du Levant et de Barbarie : et nommé par Sa Majesté en qualité de son envoyé vers le Roi d'Ethiopie : Auteur des *Mémoires sur l'Egypte et sur l'Ethiopie* (1). » Ce portrait paraît avoir été le prototype de celui de Lacroix qui en reproduit la pose et le costume. Il en est de même d'un autre, sans signature, que nous avons trouvé au département des Estampes de la Bibliothèque Nationale. Nous avons vu encore dans le même dépôt un autre portrait du même personnage, plus petit que les précédents, mais revêtu aussi d'une cuirasse ; seulement la tête y est tournée à droite, tandis que dans les gravures de Jeaurat et de de Lacroix elle est tournée à gauche. Au-dessous de ce portrait, on lit : « De Maillet, né en 1652 ; mort en 1738. » Un tirage de la même gravure avec la même légende, mais ornée d'un cadre ornementé, porte la signature : « J. Blanchon, inv. et sculp. »

(1) Les *Mémoires sur l'Ethiopie*, envoyés par M. de Maillet à l'abbé Le Mascrier en 1736, n'ont jamais été publiés. Ils ne devaient paraître qu'à la suite d'une nouvelle édition de la *Description sur l'Egypte*. C'est ce que nous dit l'abbé Le Mascrier dans sa vie de Maillet, placée en tête de la seconde édition de cet ouvrage, en 1755. Mais l'éditeur étant mort en 1760, sans avoir pu mettre au jour la troisième édition annoncée, nous ne savons ce que sont devenus les *Mémoires sur l'Ethiopie* de M. de Maillet.

TABLE ANALYTIQUE

TABLE ANALYTIQUE

A

ABBADIE (MM. Antoine et Arnaud d'), explorateurs français en Abyssinie (1837-1848), 269.

ABDELMASSE, nom que prit Zaga-Christ dans sa fuite en traversant les pays arabes, 59.

ABOUD, frère d'Ibrahim-Hanna, 163.

ABOUNA, chef religieux des Ethiopiens, nommé par le Patriarche Cophte d'Alexandrie, 10 note, 168.

ABYSSINIE (origine du mot), 3. — Est une injure aux yeux des Abyssins, 3.

ACHMET-EL-KOUM (Sidi) (Voir KOUM).

ACHMIN, ville de la Haute-Egypte, la *Panopolis* des anciens, 93.

ADEL (côte d'), 9.

ADEN, port de la Mer Rouge, peu fréquenté au XVIIe siècle, 78. — Appartenait au roi de l'Yémen, 78. — Utilité pour la France de s'y installer, 78.

ADIAM-SEGUED (Voir FACILIDAS).

ADULIS, possession française dans la Mer Rouge, XI, XII.

AEIZANA, roi d'Ethiopie au temps de l'empereur Constance, 4.

AELAF-SEGUED (Voir JOANNÈS).

AFFAIRES-ETRANGÈRES (Voir Archives et Ministère des).

AÏCH, île du lac Tzana, où séjournaient les deux jeunes fils de Hasse-Yakoub, 32.

Albert (Jacques), marchand marseillais au Caire, 273, 274.

Albuquerque (d'), vice-roi des Indes portugaises, retient à Goa Matthieu, ambassadeur de l'empereur d'Ethiopie, 7.

Alep, ville d'Asie Mineure, 122. — Patrie de Mourad, 202.

Alexandre (Voir Iskander).

Ali-Chelebi, lieutenant du gouverneur de Siout, fait des confidences à M. du Roule au sujet des obstacles mis à son voyage par les marchands et les religieux du Caire, 240.

Ali-Zogaiar (Voir Zogaiar).

Alvarès (Francisco), chapelain d'une ambassade portugaise au XVIe siècle, publie une Historiale description de l'Ethiopie, 7.

Ambassade portugaise en Ethiopie (1490), 5 ; — au XVIe siècle, 7 ; — du Négous en Portugal (1526), 8 ; — des Anglais de Bombay ne peut pénétrer en Ethiopie, 112. — (Bruits d'une) du Négous au roi Louis XIV, 103, 105. — Les ambassades des Négous ne sont que des échanges de politesse auxquels ils n'attachent pas la même importance que les Européens, 108. — Ambassade des Hollandais de Batavia envoyée au Négous qui refuse de la recevoir, 109. — Ambassades reçues ou envoyées par les Négous, 140. — Ambassade de Louis XIV au Négous en 1704 (Voir Le Noir du Roule).

Ambre gris, objet de commerce entre l'Ethiopie et l'Egypte, 87.

Amhara, royaume de l'Ethiopie septentrionale, XI. — (Voir Marié).

Amharras, montagnes où étaient exilés les princes éthiopiens du sang royal, 278. — Pyramides qui existaient, disait-on, sur ces montagnes, 283.

Amharites, 3.

Anglais (forbans) à Madagascar, 79. — Les Anglais dans la Mer Rouge, 79, 80. — Commerce des Anglais à

Moka et à Djeddah au XVIIe siècle, 298. — Marchands anglais au Caire, 114.

ANGLETERRE (l') dans la Mer Rouge et sur le littoral éthiopien, x.

ANNONCIADES de Saint-Mihiel (la supérieure des) en 1729, parente de M. de Maillet, 324.

ANTOINE (le P.), capucin du Caire, s'offre pour aller en Ethiopie avec Hadgi-Ali, 90.

ANTONIO (le P.) (Voir REMEDIO).

ARABIE méridionale, possession éthiopienne jusqu'à Mahomet, 4. — Côtes d'Arabie, occupées par les Turcs au XVIe siècle, 6.

ARBAGI, ville du royaume de Sennaar, 243. — Son gouverneur se révolte contre Bady, roi de Sennaar, 243.

ARCHIVES du ministère des Affaires Etrangères, VII, 68, 246 note, 317.

ARKIKO, petit port près de Massaoua, II ; — récemment occupé par les Italiens, XI.

ASCOLONO (le duc d'), vice-roi de Naples, reçoit Poncet et le P. Verseau, 162 note.

ASSAB, colonie italienne de la Mer Rouge, XI.

ASTRAGALES (Voir OSSELET).

ATHANASIO, nom que prenait Zaga-Christ avec les Italiens, 59.

AXUM, ville principale de l'Ethiopie où existaient des pyramides et des colonnes ornées de sculptures et d'inscriptions, 283, 288.

AYASOUS (Voir YASOUS).

AZAPS (Voir JANISSAIRES).

B

BADY, roi de Sennaar, met à mort son ministre Zogaiar, 243 ; — ses sujets se révoltent, 243 ; — reçoit d'abord favorablement M. du Roule, 244 ; — bat ses sujets révoltés, 248 ; — ordonne des réjouissances à ce sujet, 248 ; — envoie ses femmes visiter M. du Roule, 249 ; — demande de l'argent à l'ambassadeur français qui le lui refuse, 249 ; — fait massacrer l'ambassadeur français et ses compagnons, 250, 251 ; — on lui prête l'intention d'attaquer l'Ethiopie, 250 ; — est lui-même massacré par ses esclaves vers 1707, 262.

BAGARI ou BAGARRY (Joseph), marchand français du Caire, 133 note, 153.

BAGDAD, ville de Mésopotamie, 122.

BAHARNAGACH, titre du gouverneur éthiopien du littoral de la Mer Rouge, 8.

BARACHIAS (le Rabbi), néphy de Babylone, a écrit sur les hiéroglyphes avant le xviie siècle, 284.

BARKO, localité de l'Ethiopie près de Gondar, 101.

BARRÈS (M.), conservateur de la Bibliothèque de Carpentras, communique des pièces inédites de Peiresc, 61, 273, 287.

BARTCHO (bataille de) dans le Godjam, où périt Za-Denghel (Voir ce nom).

BASILE, prince éthiopien, fils aîné du Négous Yasous, sa mort, 110.

BAUGENCIER, maison de campagne de Peiresc, près de Toulon, 277.

BAULME (Joseph), marchand droguiste à Marseille, 273.

BAYARD ou BAYART, dessinateur et graveur en médailles, membre de l'ambassade de M. du Roule, 225, 242 note ; — tombe malade avant d'arriver à Sennaar et échappe ainsi au massacre, 252 note ; — se réfugie chez un marabout et forme le projet de se rendre seul en Ethiopie, 253 note.

BÉCLA (?), royaume tributaire de l'Ethiopie, 34.

BÉLAC, maure, facteur du roi de Sennaar et chef de la caravane d'Ethiopie avec laquelle voyageait M. du Roule, change à Siout d'attitude vis-à-vis de l'ambassadeur français, 239 ; — extorque de l'argent à M. du Roule, 239 ; — revient à de meilleurs sentiments par suite de l'arrivée de Fornetty et de deux officiers turcs, 240 ; — se lie à du Roule par le serment de Fedtah, 240 ; — fait des confidences à l'ambassadeur sur les obstacles suscités à son voyage par le patriarche cophte et les gens du Caire, 241.

BENEDETTO (le P.), religieux franciscain italien, réside à la cour du Négous en qualité de médecin, 182, 183.

BENOIST (voir DE MAILLET).

BÉRARDY ou BERRARDY (le Sr), négociant français du Caire, 114, 153, 154..

BERMUDÈS (Juan), portugais, favori de David III, est nommé Abouna ou patriarche d'Ethiopie, 10 ; — sa mission en Europe, 11 ; — est exilé au Kaffa et quitte l'Ethiopie, 13.

BERNAT (le P. du), jésuite, compagnon de Poncet à son retour en Ethiopie, 201 ; — sous le nom de Mathé ou Mathieu, 202 ; — revient de Djeddah au Caire, 206, 207 ; — regrets de M. du Roule d'être obligé de partir sans lui, 226.

BIBLIOTHÈQUE de Carpentras (manuscrits de la), 7, 61.

BICHOT (le P.), jésuite, arrive de Saïda au Caire, 163 ; — séduit Ibrahim-Hanna, 163 ; — se met en rapport avec le patriarche cophte Joannès, 164 ; — décide l'envoi en France d'Ibrahim porteur de lettres du patriarche, 165 ; — l'accompagne à Alexandrie, 169 ; — lui écrit une lettre, 170 note ; — s'emporte en menaces contre M. de Maillet, 166 ; — intervient auprès de lui en faveur de Mourad, 198 ; — négocie avec Mourad et Poncet pour les renvoyer en Ethiopie, 200 ; — promet un bénéfice à l'abbé de Rutaut s'il sert les Jésuites contre M. de Maillet, 229 note ; — essaie de suborner le drogman Fornetti, 230 note 1 ; — insulte grossièrement M. de Maillet, 230 note 1 ; — tente de mettre obstacle au départ de M. du Roule, 234 ; — meurt au Caire en 1704, 230 note 1.

BIGNON (l'abbé), reçoit un Mémoire de M. du Roule à M. de l'Isle sur le Nil, 214.

Biographie Michaud citée, 50, 133 note, 96 note 1 ; — ses inexactitudes, 96 note 1, 48.

Bisan, monastère de l'Ethiopie, 8.

Blanchon (J.) grave le portrait de M. de Maillet, 325.

Bœufs d'Ethiopie, 279.

« Borboniana, mélanges d'histoire et de littérature », de Nicolas Bourbon, cités, 56.

Bosjo (le P. Césarée de), capucin, 273.

Boucher (le Sr), marchand français du Caire, 154.

Boulaq, port d'embarquement du Caire, 158.

Boysgencier (Voir Baugencier).

Branca-Leone (Francisco di), peintre vénitien à la Cour du Négous au xv° siècle, 5.

Brèvedent (le P. de), jésuite français du Caire, ancien missionnaire dans l'Archipel et la Syrie, désigné pour partir avec Poncet pour l'Abyssinie, 98 ; — prend l'habit d'un domestique, sous le nom de Joseph, 98 ; — part avec Poncet, 99 ; — leur voyage, 99 et suivantes ; — est maltraité par Hadgi-Ali et Poncet, 101 ; — tombe malade et meurt à Barko, près de Gondar, 101.

Bruce, voyageur anglais en Ethiopie, son « Voyage en Nubie et en Abyssinie » cité, 5, 100, 104, 109, 158, 239, 240, 241, 242, 248, 249, 252, 257, 267, 268 ; — son hostilité contre M. de Maillet, 104 note ; — rend justice à Poncet, 109 note 3 ; — erreurs de ce voyageur, 259 note 2, 324 ; — accuse formellement les Franciscains italiens d'être les auteurs du massacre de M. du Roule, 261, 267.

C

Cachou (?), 279.

Cadeaux dont Mourad était porteur, 111 ; — emportés par M. du Roule pour le Négous, 242 ; — du même au roi de Sennaar, 244.

Café (commerce du) dans la Mer Rouge ; — commerce du café de l'Egypte avec Marseille, 298.

Calmet (Dom), sa Bibliothèque de Lorraine citée, 70, note 2.

Canal (projet d'un) entre la Mer Rouge et la Méditerranée en 1698, 72, 82. — On le croyait impossible à cause d'une différence entre le niveau des deux mers, 82 ; — et on craignait, en le creusant, d'inonder la Basse-Egypte, 82.

Capucins italiens (Voir Franciscains) ; — lapidés par les Ethiopiens, 22 ; — cherchent une occasion de pénétrer de nouveau en Ethiopie, 90 ; — proposent à Hadgi-Ali de lui fournir le médecin qu'il demandait pour le Négous Yasous, 90 ; — rivalité entre eux et les Franciscains, 67, 68 ; — supérieur des Capucins du Caire, 156.

Caravane arménienne à Nazareth, 39 ; — partant du Caire pour Sennaar, 71, 290, 291 ; — partant d'Ethiopie pour l'Egypte sous Yasous Ier, 87 ; — richesse de cette caravane, dissimulée sous les dehors de la pauvreté, 87 note.

Carel (les sieurs du) et Cie, banquiers à Paris au commencement du xviiie siècle, 318.

Carpentras (Manuscrits de la Bibliothèque de) cités, 7, 61, 273.

Caschtam, c'est-à-dire chrétiens, nom que se donnent à eux-mêmes les Ethiopiens, 3.

Cassard (M.), chef d'escadre au commencement du xviiie siècle, 318.

Catholique (mission) au Tigré en 1558, 14. — Existence de prétendus catholiques au Sennaar, 92 ; — en Ethiopie, 93.

Cèdre, arbre d'Ethiopie, 280.

Célibat imposé aux consuls dans le Levant et les Etats barbaresques, 323.

Cervon, près Corbigny, bénéfice de l'abbé de Rutaut, 229 note.

Chambre de commerce de Marseille, 318.

CHARPENTIER (le Frère), compagnon du P. Bichot jésuite, 166 ; — présente à la Nation du Caire une requête contre M. de Maillet, 166 ; — l'insulte grossièrement, 230 note 1.

CHÉRIF de la Mecque arrête Mourad, Poncet et leurs compagnons à leur passage à Djeddah, 205 ; — les relâche, 206.

CHOA, royaume de l'Ethiopie méridionale, xi, 247 note, 269 ; — sert de refuge à la dynastie Salomonienne du xie au xiiie siècle, 4. — (Voir SAHLÉ-SALASSI.)

CHRISTOPHLE (Jacques), cypriote dévoué aux Jésuites, part avec Mourad et Poncet lors de leur retour en Ethiopie, 204 ; — revient de Djeddah au Caire, 207.

CITRINES (Voir TABLES).

CITRONNIER, arbre, 280.

CIVETTE d'Ethiopie, 136, 140, 157 ; — apportée en Egypte, 87 ; — envoyée comme présent en France, 151, 152, 153.

CLARSO, nom que donnait à Zaga-Christ, enfant, son père Hasse-Yakoub, 59.

CLAUDIO, frère bâtard de Zaga-Christ, étranglé par Socinios, 59, 60.

CLAUDIUS, fils de l'empereur David III, 12.

CLÉMENT XI, pape, reçoit une lettre du patriarche cophte d'Alexandrie, 167 ; — reçoit Ibrahim Hanna, 174 ; — envoie un homme de confiance au patriarche cophte d'Alexandrie, 176.

CLÉMENT (le P.), chapelain du consulat du Caire en 1703, menace la colonie de se plaindre à la Cour de ses désordres, 228 ; — craint des représailles et se fait musulman, 229 ; — est pris de remords et se fait décapiter par les Turcs, 229.

COFFIN (M.) (Voir PEARCE).

COLBERT (projet de) de faire passer les marchandises françaises par la Mer Rouge, 74.

COLLETET, cité, 47 note.

COLONIE franque du Caire (en 1702), 114 ; — se montre

hostile à la mission de M. du Roule, 222, 232 ; — obstacles qu'elle met à cette mission, 233, 234, 238, 239 ; — triste état où se trouvait cette colonie en 1724, 319.

Combes (M.) et M. Tamisier, voyageurs français en Abyssinie en 1831-37, 269.

Commerce français dans la Mer Rouge, 78, 79, 82, 83. — Vues du gouvernement de Louis XIV sur le commerce avec l'Ethiopie, 305.

Compagnie royale française des Indes orientales, sous Louis XIV, 69, 74.

Coni, ville à la frontière de la Nubie et du Sennaar, 243.

Constance (l'empereur), 4.

Consul général de France en Egypte avait rang de Bey, 210.

Consulat (le) du Caire était le plus avantageux de tous les consulats français du Levant ; privilège du Consul, 70 note.

Consuls européens au Caire en 1702, 114 note.

Contrées du quartier franc du Caire, 114, 115.

Conversion des Ethiopiens au christianisme, 4 ; — ils embrassent la doctrine d'Eutychès, 4.

Cophtes (patriarche des) (Voir Patriarche).

Corbigny (Voir Cervon).

Correspondance consulaire aux Archives des Affaires Etrangères, 317, 318.

Corsaires portugais dans la mer des Indes, 79.

Cosme, fils aîné de Hasse-Yakoub et de Nazarena, menacé par Socinios, quitte l'Ethiopie et se dirige vers le Midi, 32.

Covilham (Pedro de), ambassadeur portugais en Ethiopie au xve siècle, 5.

Craon (le prince de), parent et ami de M. de Maillet, 324.

Crato (Voir Portugal).

Créqui (le duc de), ambassadeur de France à Rome, engage Zaga-Christ à passer en France, 41, 51.

Custodie de Terre Sainte, 92.

D

DAMBÉA, localité d'Ethiopie où naquit Zaga-Christ, 58.

DAMIEN (le P.), missionnaire français en Nubie, 242.

DAMIETTE (sédition à) contre les chrétiens, 131, 213 ; — création d'un consulat français dans cette ville, 212 ; — M. du Roule est désigné pour ce poste, 212 ; — cette création est remise, 224.

DANCAS, localité d'Ethiopie, 15.

DAVID III, négous d'Ethiopie, 6, 10, 12.

DAVID IV, négous d'Ethiopie (XVIIIe siècle), 22, 267.

DECK, île du lac Tzana (Ethiopie), 28.

DÉMÊLÉS de M. de Maillet avec la Nation franque du Caire, 227.

DÉMÉTRIUS, grec en résidence en Ethiopie, frère d'un moine du Mont Sinaï, 204.

DENIS (M. Ferdinand), son « Portugal » cité, 5.

DÉS à jouer des anciens, 288.

« DESCRIPTION de l'Egypte, composée sur les Mémoires de M. de Maillet » par l'abbé Le Mascrier, 322.

DES MARETS, cité, 47 note.

DESSI (île de), possession française de la Mer Rouge, XI.

DIALECTES divers de la langue éthiopienne, 55.

DIARBEKIR, ville d'Asie Mineure, 122.

DJEDDAH, ville d'Arabie, sur la Mer Rouge, 71, 75, 296 ; — la moitié de sa douane affectée à des usages religieux, 76 ; — son commerce avec l'Egypte, 298 ; utilité d'y établir un consul français, 297, 300 ; — peste à Djeddah, 205, 207.

DOMINICAINS en Abyssinie, 22.

DONGOLA, ville de Nubie, 100, 243.

DREUX DU RADIER, cité, 47 note.

DROITS sur les chameaux allant du Caire en Ethiopie,

218 ; — sur les esclaves ramenés d'Ethiopie au Caire, 218.

Durival, sa « Description de la Lorraine » citée, 70, note 2.

E

Ebrim, dernière forteresse de l'Egypte, près de la première cataracte, 194.

Ecole de langues, 115.

Eglise bâtie par Yasous, 85.

Egypte conquise par les Turcs au xvie siècle, 6.

Elbeuf (le duc d') ami de M. de Maillet, 324.

Eléphants envoyés en présent à Louis XIV par le Négous d'Abyssinie, 112 ; — meurent en chemin, 113.

Elias Enoch, syrien maronite au service de la France au Caire, part pour l'Ethiopie avec Mourad et Poncet, 204 ; — mais s'embarque séparément à Suez, 205 ; — passe seul et déguisé à Djeddah, 207 ; — arrive en Abyssinie, 207 note 1 ; — il est envoyé à Sennaar par le Négous avec une lettre pour M. du Roule et d'autres pour les autorités du Caire, 245 ; — apprend avant de sortir d'Ethiopie le renversement du négous Yasous et retourne à Gondar, 245 ; — quand il revient vers Sennaar, il apprend le massacre de la mission française, 246 ; — il retourne en Ethiopie où il vit jusqu'en 1718, 259.

El-Ouah, l'*oasis parva* des anciens, localité de la Haute-Egypte, 100.

Emmanuel, roi de Portugal, fait bon accueil à Mathieu, ambassadeur d'Ethiopie, 7.

Empreintes d'hiéroglyphes d'Axum, demandés par Peiresc, 283.

Enfants de langues, 115 (Voir Macé).

Enoch (Voir Elias).

Epitaphe de Zaga-Christ, 47.

Esclaves abyssins (prétendus), envoyés en présent à Louis XIV par le Négous, 111 ; — commerce des esclaves en Nubie, 291, 292, 293 ; et en Ethiopie, 295.

Essences de jasmins, d'oranges, d'œillets et de roses, distillées chez Peiresc, à Baugencier, 277.

Essène (Voir Siène).

Etchéquié, chef temporel du clergé éthiopien, 10 note.

Ethiopie (rois d'), maîtres de l'Arabie jusqu'à Mahomet, 4 ; — leur décadence à l'avènement de l'islamisme, 4 ; — leurs luttes contre les mahométans et contre les juifs de Samen, 4 ; — commerce par terre avec l'Ethiopie, 292, 293.

Ethiopiens (jeunes) à envoyer en Europe, 106, 186 ; embarqués par M. de Maillet, 191 et suiv. ; — jeune éthiopien de la famille royale, envoyé en France pour étudier, 187 ; son histoire romanesque, 187-190.

Eutychéenne (hérésie), 69.

Eyriès (M.), auteur de l'article Poncet dans la Biographie Michaud, cité, 133, note.

F

Facilidas ou Faciladas, fils de l'empereur éthiopien Socinios, donne à son père des conseils de modération, 19 ; — son père abdique en sa faveur, 19 ; — il expulse les missionnaires catholiques, 20, 21. — Voir aussi 60, 85.

Fechradin, émir de Nazareth, 38.

Fedtah, prière de paix que font les musulmans au commencement d'un voyage et qui lie jusqu'à la mort les voyageurs qui partent ensemble, 240. (Voir Bélac.)

Fernandez (le P. Antonio), jésuite, 18.

Ferriol (le comte de), ambassadeur de France à Constantinople, 114 ; — reçoit une plainte de M. de Maillet contre le pacha du Caire pour l'affaire de la lettre,

127 ; — intervient auprès de la Porte, 128 ; — se plaint au Ministre de M. de Maillet, 129 ; — refuse de prendre sur lui de donner des instructions demandées par M. de Maillet pour l'ambassade d'Ethiopie, 214.

Fez (querelles des), au Caire, 227.

Finjans à boire le café, 152.

Fleuriau ou Fleuriot (le P. Thomas-Charles), jésuite, chargé de toutes les correspondances de son ordre avec les missionnaires du Levant, ami du Père de la Chaize, écrit à M. de Maillet que l'envoi d'un ambassadeur éthiopien serait très agréable à la cour de France, 103 ; — était-il chargé officiellement de transmettre cette demande ? 107. — Il aide Poncet à rédiger ses mémoires dans un sens favorable aux Jésuites, 161, 162 ; — reçoit l'avis de l'arrivée d'Ibrahim-Hanna à Marseille, 169 ; — écrit des lettres menaçantes à M. de Maillet, 230 note 1.

Flotte portugaise à Massaoua, en 1520, 7. — Flotte de commerce française à organiser dans la Mer Rouge, 77, 78 ; — serait bientôt maîtresse du commerce des Indes, 79, 83 ; — moyen de faire passer un bâtiment de commerce dans la Mer Rouge, 83.

Fonton (le Sr), drogman de l'ambassade de France à Constantinople, 130.

Forbans (Voir Anglais).

Fornetti (le Sr), interprète du Consulat de France au Caire, 116 ; — son intervention auprès du Pacha en faveur de Mourad, 126 ; — envoyé avec deux officiers turcs à Siout pour y protéger le passage de M. du Roule, 239 (Voir Pelleran).

Foucher de Careil (le comte), ses Œuvres de Leibnitz citées, 46 note.

Fourches sur lesquelles les Gallas posent la tête pour dormir, 281.

France (relations de la) et de l'Ethiopie sous le règne de Louis XIV, 65. — La *Contrée* de France au Caire, 115.

Français (commerce) à organiser dans la Mer Rouge, 78, 83. — Marchands français du Caire, 114.

Franciscains italiens (rivalité des) et des Capucins en Ethiopie, 68 ; — ils essaient de pénétrer en Ethiopie (1675), 294 ; — sont mis à mort parce qu'ils trompent le Négous, 295 ; — leurs querelles avec les Jésuites au sujet des missions d'Ethiopie, 91 et suiv. ; — chassés du Caire vers 1680, 92 ; — présentent au Pape un mémoire, 92 ; — proposent d'aller au Fungi et de pénétrer en Abyssinie, 92 ; — Innocent XII leur donne cette mission et crée en leur faveur un fonds considérable, 93 ; — il leur permet d'avoir un couvent au Caire et un hospice à Achmin, 93 ; — jalousie des Jésuites, 93 ; — ils s'appuient sur la France, 94 ; — néanmoins, le Pape donne au supérieur des Franciscains le titre de Légat *a latere* auprès du Négous, avec des lettres pour ce prince, 95 ; — patronnés par la Cour Pontificale contre les Jésuites français, 182 ; — obtiennent l'exclusion des Jésuites de la mission d'Ethiopie, 172 ; — essaient de mettre obstacle au départ de M. du Roule, 237 ; — leurs manœuvres contre l'ambassadeur français à Dongola et à Sennaar, 247 ; — s'éloignent de Sennaar quand la mission française arrive, 242 ; — leur conduite préoccupe beaucoup M. du Roule, 242 ; — leur responsabilité dans le massacre de la mission, 242 ; — soupçonnés par M. de Maillet d'en être les instigateurs, 262, 263 ; — accusés formellement par Bruce d'en être les auteurs, 261, 267 ; — sont chassés de la Haute-Egypte, 262.

Fremona, monastère du Tigré, 15.

Frumence (saint), premier apôtre de l'Ethiopie, 4.

Fungi (Voir Sennaar).

G

Gabriel (Dom), moine maronite de l'ordre de Saint-Antoine, envoyé par le pape Clément XI vers le patriarche cophte d'Alexandrie, 176 ; — reste deux ans en Egypte sans réussir dans sa mission, 176.

GALLA (pays de), apanage de Facilidas, 60.

GALLAS, peuple païen de l'Ethiopie, 8 ; — ennemis du Choa, 269 ; — leurs mœurs, leurs coutumes, leur religion, 280 et suiv.

GALOAN, ambassadeur du Portugal en Ethiopie ; sa mort, 7.

GAMA (Christophe de), officier portugais, bat Mohamed Gragné en 1542, à Aïval ; est tué quelque temps après, 12.

GAMA (Etienne de), vice-roi des Indes Portugaises ; son expédition à Massaoua, 11.

GANDAR CATTAMA, capitale du Négous Yasous, 185 (Voir GONDAR).

GANEM, fils d'Orbat, roi de Sennaar, ami de Zaga-Christ, 33 ; — lui obtient le passage à travers le royaume de son père, 35.

GARRY, ville du royaume de Sennaar, 243 ; — son gouverneur, 259.

GASPARY (Joseph Dimitri de), beau-frère de Joseph Maillet, et consul à Athènes au commencement du XVIIIe siècle, 318 note 2.

GASTINES (Louis le Bigot de), conseiller du Roi, intendant de la Marine, et commissaire pour la visite des Echelles du Levant, vient au Caire en 1706, 231 ; — se prononce en faveur de M. de Maillet contre la « Nation » du Caire, 231.

GEDDA (Voir DJEDDAH).

GENTIL (le S[r]), domestique français de M. du Roule, massacré avec lui, 251.

GILLES DE LOCHES (le P.), capucin, 273, 274, 285.

GIRARD DE RIALLE (Voir RIALLE).

GIRGÉ, ville de la Haute-Egypte, 233.

GLEIZE (Michel), négociant marseillais au XVIIIe siècle, associé de Maillet (Joseph) (Voir ce nom), 318.

GOBAT (Samuel), de Berne, et Christian Kugler, de Wurtemberg, missionnaires protestants en Abyssinie (1829), 22, 268.

GODJAM ou GOGIAM, montagnes d'Abyssinie, 28 ; — localité où périt Hasse-Jacob, 60.

GONDAR, capitale de l'Ethiopie, 86, 101, 102, 308, 309.

GRAGNÉ (Mohamed), chef de Zeylah, 9 ; — ses guerres avec les Ethiopiens, 9, 10, 11, 12.

GREC (renégat), au service du roi Bady de Sennaar, 249 ; — conseille le massacre de la mission de M. du Roule, 250.

GREGORIOS, prêtre éthiopien désigné d'abord pour revenir avec Poncet en qualité d'ambassadeur du Négous, 108.

GRENIER (le P.), jésuite, vient au Caire de la part des Supérieurs pour empêcher le départ du P. de Brèvedent ; arrive trop tard, 99 ; — part pour l'Ethiopie en 1700, 106 ; — est chargé par M. de Maillet d'arrêter, s'il le pouvait, l'ambassade du Négous que l'on croyait en route pour le Caire, 106 ; — son but était d'avoir des nouvelles du P. de Brèvedent, 179 ; — arrive au Sennaar avec son compagnon le P. Paulet et sont bien reçus, 180 ; — arrivent en Ethiopie le 26 mai 1701, 181 ; — sont arrêtés et renvoyés brutalement ; ils meurent tous deux de fatigue, 181.

GUADELOUPE, île, 318.

GUERRE entre le Négous Yasous et le roi de Sennaar, 112.

H

HADJI-ALI, chef de la caravane d'Ethiopie sous Yasous I, 87 ; — est guéri de la lèpre au Caire par le Sr Poncet, 87 ; — chargé de ramener un médecin franc au Négous, 89 ; — les Capucins lui offrent un d'entre eux, le P. Pascal, médecin, 90 ; — il se décide à emmener Poncet, 90.

HANNA-MASSER, cophte du Caire, 138.

HARBAGI (Voir ARBAGI).

Hassé-Yakoub ou Jacob, fils naturel du Négous Sertza-Denghel, 27 ; — Prince de Naria, 27 ; — couronné Négous, 28, 16 ; — secoue le joug des grands, 29 ; — ses partisans l'abandonnent et il est livré à son rival Za-Denghel, 29 ; — exilé au Kaffa, 29 ; — les Ethiopiens le redemandent pour Négous à la mort de Za-Denghel, 30 ; — il est battu et tué à Lébart par son compétiteur Socinios, 31.

Hélène, impératrice d'Ethiopie, veuve d'Alexandre et grand'mère de David III, 6.

Héricourt (d') (Voir Rochet).

Hollandais (relations des) avec l'Ethiopie, 109 ; — envoient au Négous une ambassade que ce prince laisse à Massaoua et refuse de recevoir, 109 note 2 ; — leurs nouveaux efforts pour pénétrer en Ethiopie au xviie siècle, 306 ; — marchands hollandais du Caire, 114.

Hortus Eistetensis, ouvrage du xviie siècle, cité, 277.

Hostilité de la colonie franque du Caire contre la mission de M. du Roule, 222.

Hussein, pacha du Caire, tombé en 1700, 123.

I

Ibna, localité de la Haute-Egypte, 99.

Ibrahim, chrétien de Bagdad, 122.

Ibrahim-Hanna, maronite, arrive au Caire en 1701, 163 ; — il lie connaissance avec le P. Bichot, jésuite, qui l'entretient de la mission d'Ethiopie, 163, 164 ; — il accepte la mission d'aller en France, 165 ; — il est mis en rapport avec le patriarche cophte Joannès, 165 ; — son impertinence vis-à-vis de M. de Maillet lui attire une méchante affaire, 165, 166 ; — il part pour l'Europe (1702) avec des lettres du patriarche, pour Versailles et pour Rome, 167, 168 ; — il est reçu à la Cour de France, 170, 171 ; — revient par Rome, 171, 172 ; — ses difficultés dans cette ville par suite des intrigues des religieux italiens ; 172, 174, et de celles du patriarche Joannès au Caire, 175 ; — parvient à se justifier, 176, 177 ; — quitte Rome en 1705 ; — fait naufrage à Chypre et rentre à Saïda ruiné et malade, 177.

IMAN (Voir YEMEN), (roi de).

IMBANGOLE et IMBRANGALLE (Voir GALLA).

IMPERTINENCES de Mourad vis-à-vis de M. de Maillet, 197, et de M. du Roule, 199.

IMPOSTEUR (Zaga-Christ fut-il un) ? 47 et suiv.

INDES (route des), 46.

INGUIMBERT (manuscrits d') à la Bibliothèque de Carpentras, 7.

INNOCENT XII, pape, restaure la mission d'Ethiopie en faveur des Franciscains italiens, 93 ; — reçoit de Louis XIV une demande sur le même sujet au profit des Jésuites français, 94 ; — donne au Supérieur des Franciscains le titre de légat auprès du Négous, 95.

INSTRUCTIONS de M. de Pontchartrain à M. du Roule, 219.

« INTÉRÊTS français dans le Soudan Ethiopien (les) », ouvrage cité, VII, IX, X, 270.

ISKANDER, négous d'Ethiopie, 6, 140 ; — retient auprès de lui un ambassadeur portugais, 6.

ISLE (M. de l'), géographe du Roi, demande des travaux géographiques à M. du Roule, 213 ; — mémoire que lui adresse ce dernier, 214.

ISOLEMENT (politique d') des Ethiopiens, 6, 8, 9, 13, 22.

ISRAÉLITES du Samen (Ethiopie), 4.

ITAÏK, île du lac Tzana, le même que Aïch, 58.

ITALIE (l'), dans la Mer Rouge et sur le littoral abyssin, X ; — occupe Massaoua et Arkiko, XI.

ITALIENS (rivalité des missionnaires) et des français (Voir CAPUCINS, FRANCISCAINS, JÉSUITES, etc.) ; — jalousent l'envoi de l'ambassadeur Mourad à Louis XIV, III ; — les Franciscains italiens de Sennaar sont hostiles aux Jésuites, 181 ; — écrivent au Négous, à l'Abouna et au clergé abyssin pour les convaincre de leurs erreurs, 181 ; — contrecarrent tant qu'ils peuvent le voyage des PP. Grenier et Paulet, 182 ; — calomnient Poncet, 182 ; — sont patronnés par la Cour Pontificale, 182 ; — obtiennent l'exclusion des Jésuites de la mission d'Ethiopie, 172.

ITHASSI, nom que prit Zaga-Christ dans sa fuite en traversant les pays païens, 58.

J

JACOB (l'empereur) ou Sertza-Denghel, 15 ; — Jacob, prince de Naria (Voir HASSE YACOUB) ; — Jacob, surnom de Poncet, 202.

JANISSAIRES du Caire s'opposent au transit des marchandises par la Mer Rouge, 74, 75 ; — veulent mettre obstacle au départ de Poncet et de ses compagnons pour la France, 158.

JANSON (le cardinal de), ambassadeur de France auprès du Saint-Siège, 94 ; — reçoit l'ordre de présenter Ibrahim au Pape, 171, 172 ; — lettre que lui adresse M. de Maillet, 183.

JASMINS des jardins de Peiresc, 277. — Baume de jasmin, 278.

JEAN III, roi de Portugal, 11.

JEAURAT (É.) grave le portrait de M. de Maillet (1735), 324.

JÉRUSALEM (couvent éthiopien à), 5 ; — donne l'hospitalité à Zaga-Christ, 37 ; — les religieux portent plainte au pacha contre Zaga-Christ, 38.

JÉSUITES (arrivée des) en Ethiopie, 14. — Sept Pères de cette Compagnie se proposent d'entrer en Ethiopie (1698), 89 ; — leurs querelles avec les Franciscains italiens au sujet des missions d'Ethiopie, 91 à 95 ; 215, 216 ; — font de nouveaux efforts, lors du voyage de Ibrahim Hanna, pour évincer les Franciscains et s'assurer la mission d'Ethiopie, 167, 168 ; — méfiance de

M. de Pontchartrain contre les Jésuites, 220 ; — il perce à jour leurs intrigues dans l'affaire d'Ibrahim Hanna, 174 ; — les Jésuites calomnient M. de Maillet, 133 ; — ils s'entendent avec Mourad et Poncet pour les renvoyer en Abyssinie, 200 ; — M. du Roule devait emmener des Jésuites comme chapelains, 220 ; — ils essaient de mettre obstacle à son ambassade, 234 à 236 ; — manœuvres qu'ils emploient pour cela (Voir Verseau).

Jésus (Voir Yasous).

Joannès, patriarche cophte d'Alexandrie ; ses intrigues avec le P. Bichot et Ibrahim Hanna, 164 et suiv. ; — s'entend avec les Jésuites pour renvoyer Mourad et Poncet en Ethiopie, 201 ; — réunit une assemblée de ses évêques, et consacre les huiles saintes pour le couronnement du Négous (Voir Patriarche).

Joannès, négous, fils de Facilidas.

Joseph (le P.), religieux italien, chargé en 1701 d'une mission en Ethiopie par le Pape, reçoit les pleins pouvoirs du Négous, 185 ; — veut amener de jeunes Ethiopiens à Rome, 186 ; — demande à M. de Maillet de les faire embarquer, 190 ; — opposition de la colonie franque du Caire, 191 ; — M. de Maillet passe outre, 192 ; — les fait embarquer à Alexandrie (1703), 193 ; — malgré l'opposition des Musulmans, 194 ; — le P. Joseph revient de Rome avec le titre d'envoyé du Pape auprès du Négous, 226 ; — son arrivée à Sennaar, 226 note 1 ; — crainte de M. de Maillet à ce sujet, 226 ; — hostilité de ce religieux contre les Français, 256 note.

Justin (le P.), capucin, 256 note.

Juveni, huguenot en résidence au Caire, 88 ; — fonde dans cette ville une pharmacie avec Poncet, 88.

K

Kaffa (pays de), 13.

Kaly Zogoier, premier ministre du roi de Fungi au Sennaar, 180.

Kara Mehemet, pacha du Caire, 123 ; — mépris que lui inspire Mourad, 124 ; — le fait venir au château du Caire, 125 ; — lui demande des lettres de créance, 126 ; difficultés qu'il a à ce sujet avec M. de Maillet, 127 ; — rend la lettre au consul, 127 ; — est blâmé par la Porte, 128 ; — fin de cet incident, 130, 131.

Khargué, ville de la Haute-Egypte d'où M. du Roule écrit à M. de Maillet, 241 ; — son gouverneur extorque de l'argent à l'ambassadeur français, 241, 242.

Koum (Sidi Achmet el), premier ministre de Bady, roi de Sennaar, 244 ; — avoue à M. du Roule les manœuvres employées contre lui par les gens du Caire, 247.

Kugler (Voir Gobat).

L

Laborde (comte de), son ouvrage sur « Athènes aux xve, xvie et xviie siècles », cité, 247 note.

Lachaize (le P. de), jésuite, confesseur de Louis XIV, 69, 94 ; — présents qui lui sont destinés par Mourad, 151.

Lacombe (le Sr François), marchand français du Caire, 115 ; — partisan acharné de Mourad, 143 ; — intrigue d'abord avec les Jésuites contre M. de Maillet, 146 à 151 ; — se brouille ensuite avec eux, 151 ; — est proposé à M. de Pontchartrain par M. de Maillet pour l'ambassade d'Ethiopie, 211 ; — se brouille de nouveau avec M. de Maillet, 211 note 2 ; — obligé de s'enfuir dans la Haute-Egypte, est mis au ban de la Nation en 1709 par le Consul de Pelleran, 211 note 2.

La Croix (le S^r de), secrétaire d'ambassade, auteur d'une Relation de la Haute-Ethiopie, 246 note.

Lacroix (J. C. de) grave le portrait de M. de Maillet en 1737, 71 note, 324.

Laffemas interroge Zaga-Christ au For-Lévêque, 45.

Lambert (le S^r), négociant français du Levant en 1634, 276.

LAMBERT (M.), auteur du Catal. des Manuscrits de la Bibliothèque de Carpentras (1862), cité, 273.

LANDE (le P. Paul de), chef de la mission des Récollets en Egypte, 39 ; — Gardien du couvent de Jérusalem, 40.

LANGUE éthiopienne (Voir DIALECTES).

LANGUES (enfants de), 115 ; — Ecole de langues, 115.

LARROQUE (Voir TAMISEY de).

LAURIER d'Ethiopie, 279.

LÉBART, lieu de la bataille décisive entre Socinios et Hasse-Yakoub, 30.

LE BÈGUE (le comte), cousin-germain de M. de Maillet, 323.

LE BÈGUE (le chevalier), frère du précédent, 323.

LE BIGOT (Voir GASTINES).

LÉGAT pontifical, nommé par le Pape Innocent XII auprès du Négous d'Ethiopie, 95.

LE GRAND, éditeur du livre du R. P. Lobo sur l'Abyssinie, 68 note.

LEIBNITZ pousse Louis XIV à faire la conquête de l'Egypte, 45 ; — son Mémoire à ce sujet, 46 note.

LE MASCRIER (l'abbé J. B.), éditeur de la « Description de l'Egypte, composée sur les Mémoires de M. de Maillet », 322.

LE NOIR, drogman, 319 note 1 ; 212.

LE NOIR DE SAINT-JULIEN, consul de France à Lisbonne (1762), 212.

LE NOIR DU ROULE, vice-consul de France au Caire, 144 ; — nommé au vice-consulat d'Alexandrie, 224 ; — l'ambassade en Abyssinie est décidée, 170, 172 ; — est insulté ainsi que M. de Maillet par Ibrahim-Hanna, 165 ; — chargé d'une mission en France, 155 ; — assiste à un entretien de M. de Maillet et de Mourad, 156 ; — désigné pour le vice-consulat de Damiette, 212 ; — fait des travaux scientifiques pour M. de l'Isle, 213 ; — va à Constantinople, 214 ; — est désigné pour l'ambassade d'Ethiopie, 215 ; — écrit à M. de Pontchartrain, 216 ; — ses Instructions, 219 ; — part pour Versailles avec des dépêches de M. de Maillet, 222 ; — demande de nouvelles instructions à la Cour, 223 ; — son Mémoire à M. de Pontchartrain, 214, 223 ; — est circonvenu par la Colonie franque du Caire qui veut l'empêcher de partir, 232, 233 ; — écrit à M. de Pontchartrain pour se plaindre des Jésuites et du P. Bichot, 234 ; — quitte le Caire avec ses compagnons (19 juillet 1704), 238 ; — attitude hostile des marchands français du Caire, 238 ; — constate les bruits fâcheux répandus sur sa mission, 239 ; — rejoint la caravane d'Ethiopie à Sioit, 239 ; — difficultés qu'il éprouve dans cette localité, 239 ; — il y apprend que les marchands du Caire et les Franciscains italiens ont juré de faire avorter son ambassade, 240 ; — son passage en Khargué, 242 ; — à Dongola, 243 ; — il arrive à Sennaar, 243 ; — réception qui lui est faite, 244 ; — demande vainement l'autorisation de poursuivre sa route, 244 ; — prévient le Négous de sa situation, 245 ; — récit du massacre de M. du Roule et de ses compagnons, 247 et suivantes ; — tentatives faites pour tirer vengeance de ce massacre, 255 ; — véritables auteurs de ce massacre, 260 et suiv. ; — instructions données à M. du Roule par M. de Pontchartrain, 303 à 316.

LÉON XII, pape, cité, XIV, XV.

LESSEPS (M. de), 83.

LETTRE (affaire de la) du Négous à Mourad, 124 et suiv. ; — fausse lettre du Négous présentée à M. de Maillet par Mourad, 134 et suiv. ; — lettre confidentielle de Pontchartrain à du Roule, 219 ; — id. du roi remise à M. du Roule pour les rois de Sennaar et de Dongola, 219 ; — id. de Pontchartrain au Cardinal de Janson, ambassadeur à Rome, sur la mission de M. du Roule, 172.

LETTRES édifiantes, citées, 98, 100 note, 108 note, 109 note 3.

LEXANA-CHRISTOS, ou *Langue du Christ*, nom que donnait à Zaga-Christ son gouverneur, 58.

Lezara-Christos, prince d'Ethiopie, 27.

Licorne d'Ethiopie, 278.

Lima (Roderigo de), chef d'une ambassade portugaise au xvie siècle, 7.

Lipi ou Lippi (Augustin), médecin de Zante désigné pour accompagner M. du Roule comme secrétaire, 225; — massacré avec lui, 251, 252.

Livres hiéroglyphiques, dans la Bibliothèque du Mont Amhara, 284, 285.

Lobo (le P. Jérôme), sa « Relation historique d'Abyssinie » citée, 68 note, 201 note.

Loches (Voir Gilles).

Lombardo (Marc), renégat vénitien et général au service de Socinios, 35; — est envoyé contre Zaga-Christ, 35; — sauve Zaga-Christ en trahissant sa mission, 36; — le retrouve à Nazareth, 40.

Louis XIV suivait avec intérêt les affaires d'Ethiopie, 68; — au point de vue du commerce et au point de vue de la religion, 69; — protège les Jésuites contre les Franciscains italiens pour la mission d'Ethiopie, 94, 95; — vues de ce prince en envoyant M. du Roule en Ethiopie, 303.

Ludolf, auteur de l' « Historia Æthiopica », etc., cité, 54; — son opinion sur Zaga-Christ, 54; — critiquée par M. Parisot, 54, 55.

M

Macé (Louis), enfant de langues, 115; — désigné pour accompagner M. du Roule en Ethiopie, 225; — vient en France pour ramener sa sœur à leur oncle, curé de Sainte-Opportune, à Paris, 225; — massacré avec M. du Roule, 251, 252.

Madagascar (forbans anglais fortifiés à) au xviie siècle, 79.

Magi (le S^r), correspondant de Peiresc au Caire, 61.

Maillet (Jean), consul de France à la Canée en 1692, 319 note.

Maillet (Joseph), négociant à Marseille au commencement du xviii° siècle, 317; — fait des fournitures à la marine, 318; — ses relations, sa famille, ses richesses, 318.

Maillet (Pierre), négociant marseillais du Levant en 1709. Frère de Joseph Maillet, 318 note 2.

Maillet (Benoist de), gentilhomme lorrain, protégé de M. de Pontchartrain, est nommé consul général en Egypte (1692), 70; — donne des renseignements et écrit des Mémoires relatifs au commerce de la Mer Rouge et à l'Ethiopie, 71 et suiv.; — sa querelle avec la chambre de commerce de Marseille, 80 note 2; — reçoit l'ordre de favoriser l'entrée de sept jésuites en Ethiopie, 89; — organise le départ de Poncet avec Hadgi-Ali, 90, 97, 98; — son opinion sur la difficulté de faire pénétrer des missionnaires en Ethiopie, 96; reçoit une lettre du P. Fleuriau lui demandant d'obtenir du Négous l'envoi d'un ambassadeur en France, 103, 104; — instructions contradictoires qu'il reçoit à ce sujet, 106, 107; — reçoit Poncet et Mourad au Caire, incidents, 114 et suiv.; — affaire de la lettre, 124 et suiv.; — il est décidé que Mourad n'ira pas en France; tact dont fait preuve M. de Maillet dans cette circonstance, 139 et suiv.; — intrigues des Jésuites contre M. de Maillet, 165 et suiv.; — il envoie en France un soi-disant prince éthiopien, 186 et suiv.; — il fait passer en Europe sept autres jeunes Ethiopiens, 190 et suiv.; — rupture des relations avec Mourad, 196; — M. de Maillet envoie Elias Enoch en Ethiopie pour préparer l'arrivée de l'ambassade française, 203; — il est d'abord désigné lui-même comme ambassadeur, se récuse et est remplacé par M. du Roule, 209 et suiv.; — préparatifs de l'ambassade et son départ, 219 et suiv.; — difficultés de M. de Maillet avec les marchands du Caire, 228, 230; — envoi de M. de Gastine comme commissaire, il donne raison à M. de Maillet, 231; — M. de Maillet apprend le massacre de M. du Roule et de ses compagnons, 255 et suiv.; — ses efforts pour les venger, 256; — il accuse les missionnaires d'être les instigateurs du massacre, 262 ; — M. de Maillet est nommé à Livourne, ses querelles avec son successeur, 265 ; — son Mémoire sur la possibilité de pénétrer en Ethiopie, 289 ; — M. de Maillet est nommé Inspecteur des Echelles du Levant (1717), 319 ; — il obtient une pension du roi et se retire à Marseille, 319 ; — ses travaux sur l'histoire et le commerce, 320, 321 ; — sa mort (1798), 321 ; — sa famille et ses amis, 323 ; — portraits que l'on possède de lui, 324.

Maintenon (Mme de), 69, 94.

Malac-Segued, empereur d'Ethiopie, le même que Sertza Denghel (Voir ce nom).

Malem-Isouf, drogman juif du Caire, 133 note.

Mammo, nom que portait Zaga-Christ dans son enfance, 58.

Manfalout, localité de la Haute-Egypte, 99.

Manœuvres des Jésuites, des Franciscains et des Cophtes pour nuire à l'ambassade de M. du Roule, 247.

Marchands français, anglais et hollandais du Caire (1702), 114.

Marié, roi de l'Amhara (vers 1830), 269 ; — vaincu et tué par les Gallas (en 1831), 269.

Marlot (M. de), consul général de France en Egypte, prédécesseur de M. de Maillet, 70, 88.

Marseille (Chambre de commerce de), 318.

Martin (Etienne), candidat comme député de la Nation contre Lazare Piquet, 228.

Martino (le P.) (Voir Remedio).

Mascate, ville d'Arabie, 207.

Masle (le), Voir Roches (des).

Massacre de l'ambassade de M. du Roule, 250 et suiv.

Massaoua, île de la côte d'Ethiopie, 7, 71, 295 ; — occupée par les Turcs (en 1558), 86 ; — par les Italiens récemment, xi ; — l'Ethiopie ne communiquait que par là avec le reste du monde, sous les prédécesseurs de Yasous Ier, 85.

MATHÉ ou MATHIEU (Voir BERNAT) (du).

MATHIEU, marchand arménien d'Ethiopie, envoyé en mission à Lisbonne par l'impératrice Hélène, 6.

MAXIMILIEN de Paris (le frère), nommé « Curé de la Nation du Caire » à la place du P. Clément, 229 ; — effrayé des menaces de ses paroissiens, se réfugie au Vieux Caire, 229.

MAZLOUM, père de Mourad, 157 note.

MECQUE (la), ville sainte des Mahométans ; le roi de cette ville prélève des droits sur les marchandises passant par Djeddah, 75 ; — transport des pèlerins, 79 (Voir CHÉRIF).

MEHEMET (Voir KARA-MEHEMET).

MELEK-SEGUED, le même que Socinios, empereur d'Ethiopie (Voir SOCINIOS).

MELLAN (Claude), graveur, cité, 287.

MÉMOIRE de M. de Maillet « sur les veues que l'on a de pénétrer en Ethiopie », 68 note, 71. Appendice B. — Mémoire (du même) sur le commerce de la Mer Rouge, 72. — Troisième Mémoire du même sur l'Ethiopie, 82. — Autre mémoire sur le même sujet par M. de Ressons, 82. — Mémoire remis à Versailles par M. du Roule à M. de Pontchartrain (en 1703), 223. — Mémoire pour servir d'instruction à M. du Roule, 219. — Mémoire sur la mort de M. du Roule au Ministre des Affaires Etrangères, 246 note. — Mémoires et travaux de M. de Maillet sur l'Egypte et sur l'Ethiopie, 320, 321.

MENACES de persécutions contre les missionnaires francs du Caire, 132.

MENDEZ (Affonso), jésuite portugais, patriarche d'Ethiopie (1625), 18 ; — ses querelles avec l'Empereur Socinios, 18, 19 ; — avec l'Empereur Facilidas, 20 ; — il est chassé d'Abyssinie, 21.

MÉNÉLIK, fils de Salomon et de la reine de Saba, réunit sous son sceptre tous les Ethiopiens, 4.

MER ROUGE (projet de Colbert de faire passer les marchandises françaises par la), 74 ; — sa navigabilité,

76, 300 ; — on croyait que son niveau était supérieur à celui de la Méditerranée, 82 ; — commerce de la Mer Rouge, 82 ; — la meilleure route pour pénétrer en Ethiopie, 305 ; — manière d'y introduire le commerce français, 295 et suiv.

Mezerai, 324 (Voir Maillet).

Michaud, son « Histoire des Croisades » citée, 46 note. — Biographie Michaud (Voir Biographie).

Michault cité, 47 note ; — son opinion sur Zaga-Christ, 56.

Michel, arménien, envoyé par le Négous au roi de Sennaar, avec une lettre de menaces au sujet de l'assassinat de M. du Roule ; emprisonné, 257.

Michel (le chevalier), ambassadeur de France en Perse (en 1708), 208.

Mines d'or d'Ethiopie (recherche des), sous Yasous, 86.

Ministère des Affaires Etrangères (Archives du), 68, 246 note (Voir Archives).

Miroirs grossissants donnés par M. du Roule au roi de Fungi, 244 note.

Mission d'Ethiopie attribuée d'abord aux Jésuites, 91 ; — maladresses qu'ils y commettent, 92 ; — elle leur est retirée et donnée aux religieux italiens réformés de Saint-François, 92, 93 ; — ils réclament auprès de Louis XIV et du Pape Innocent XII, qui permet à sept d'entre eux d'aller en Ethiopie, 94, 95.

Missionnaires européens au Caire (en 1702), 115 note ; — union des missionnaires nécessaire pour réussir en Ethiopie, 184 ; — missionnaires en Abyssinie au XVIIIe siècle, 267 ; — instructions données à ce sujet à M. du Roule, 309, 314, 315, 316.

Mohamed-Gragné (Voir Gragné).

Moka, port de la Mer Rouge où s'arrêtaient la plupart des vaisseaux des Indes, 77, 207, 298 ; — nécessité d'y créer une agence française, 77 ; — dépend du roi de l'Yémen, 78.

Monhenault (Claude-Jacques de), chancelier du Consulat du Caire, 120 ; — part pour la France avec les lettres de Mourad, 158 ; — emporte un Mémoire de M. de Maillet pour le Ministre, 159 ; — rédige lui-même un Mémoire, 159 ; — revient de France au Caire avec des présents pour Mourad, 196 ; — lui signifie que sa mission est considérée comme terminée, 198 ; — est nommé vice-consul de France à Alexandrie (1702), 230 note 2.

MONHENAULT (Jean-Jacques de), chancelier du Consulat du Caire après son frère, 230 note 2 ; — va à Constantinople avec une mission de M. de Maillet ; — est insulté à son retour par la populace musulmane du Caire, 231.

MONTMORT (M. de), 214.

MONT-SINAÏ (abbé du), appelle Poncet pour le soigner d'une paralysie, 112.

MOSCHO, ville de Nubie, 100, 242.

MOSSOUL, ville d'Asie, 122.

MOURAD le vieux, arménien au service de Yasous Ier, 108 ; — servait le Négous depuis cinquante ans, 109 ; — avait été chargé de missions auprès du Mogol et des Hollandais de Batavia, 109 ; — obtient pour son neveu la mission d'aller de la part du Négous auprès de Louis XIV, 109.

MOURAD le jeune, envoyé du Négous près de Louis XIV, 109 ; — malheureux débuts de son voyage, 110 ; — il arrive au Djeddah, 111 ; — puis au Caire, 114 ; — ses premières difficultés avec M. de Maillet, 115 et suiv. ; — se plaint du Consul, 121 ; — son audience du Pacha, affaire de la lettre, 122 et suiv. ; — caractère probable de la mission de Mourad, 141 ; — M. de Maillet avait reçu l'ordre formel de ne pas le laisser aller en France, 142 ; — comment il arrive à exécuter cet ordre, 143 et suiv. ; — violences auxquelles se livre Mourad, 144, 153, 199 ; — son traité avec M. de Maillet, 156 ; — ses lettres sont envoyées en France par les soins du Consul, 157 et suiv. ; — cessation des relations officielles avec Mourad, 196 ; — les Jésuites lui proposent de retourner en Ethiopie sous leurs auspices, 200 ; — son départ, 203 ; — son voyage et sa mort, 204-207 ; — il avait fait courir à Djeddah des bruits fâcheux pour la réussite de la mission de M. du Roule, 248 ; — celui-ci avait d'abord reçu l'ordre de l'emmener avec lui, 307.

Mourat (Voir Mourad).

Mulets pris à Sennaar au lieu des chameaux, pour gravir le plateau éthiopien, 218.

Murat (Voir Mourad).

Mustapha-Cazdagli, chef des Janissaires du Caire, 158.

Mutilations infligées aux princes éthiopiens vaincus, 29.

Mystères représentés en Ethiopie au xviie siècle, 85.

N

Naod, empereur d'Ethiopie, 6.

Navigabilité de la Mer Rouge, 76.

Nazarena, veuve de Hasse-Yakoub, prévient ses deux fils du danger qui les menace de la part de Socinios, 32.

Nazareth (émir de), indépendant du Pacha de Jérusalem, 38.

Négous appelle en 1675 un capucin du Caire comme médecin, auprès de son fils malade, 67 ; — ce sont des Franciscains qui partent, 68 ; — ils sont mis à mort, 68. (Voir Joannès, Oustas, Taklimanout, Facilidas, Socinios, Yasous, etc., etc.)

Nègre éthiopien envoyé par Mourad à M. de Pontchartrain, 157.

Néphy de Babylone (Voir Barachias).

Nil (croyance où étaient les Egyptiens que les Ethiopiens pouvaient à volonté couper les eaux du), 50, 241, 256, 257 ; — cours du Nil, 289 ; — M. de l'Isle demande des renseignements à ce sujet à M. du Roule, 243.

Noir (le) du Roule (Voir Le Noir du Roule).

Nour, gouverneur musulman de Massaoua, tué par les Portugais, 11.

Nubiens au service des Français du Caire, 291, 292; — chassés à la suite du massacre de M. du Roule, 260 note.

O

Oasis parva, localité antique, aujourd'hui El-Ouah (V. ce nom).

Obélisques (Voir Axum).

Obock, colonie française, xi.

Obstacles que rencontre la mission de M. du Roule, 232 et suivantes.

Omer Pacha, gouverneur de l'Abyssinie turque, 256 note, 258; — M. de Maillet lui remet un Mémoire au sujet de l'assassinat de M. du Roule, 258; — promet à M. de Maillet de faire restituer l'argent volé à M. du Roule par le roi de Sennaar, 260.

Or (poudre d'), apportée d'Ethiopie en Egypte, 87.

Orbat, roi de Fungi ou Sennaar, reçoit Zaga-Christ, 33; — lui propose d'épouser sa fille; et sur son refus, change d'attitude et lui devient hostile, 33; — Salem, son vassal, se révolte contre lui, 34; — il se laisse toucher par les prières de Zaga-Christ et lui donne des guides pour traverser ses Etats, 35.

Ortès (M. d'), ancien page du duc de Navailles, ancien officier, s'offre pour accompagner M. du Roule comme volontaire, 225; — il est envoyé en mission à Paris par M. de Maillet, ce qui l'empêche de partir et le sauve du massacre, 231.

Osselets chez les anciens, 288.

Oubié, roi du Samen (vers 1830), 269; — vaincu et tué par les Gallas païens (en 1831), 269.

Ounsa, roi de Sennaar, 243.

Oustas, négous usurpateur au xviiie siècle, 267; — renversé pour avoir soutenu les catholiques, 22.

Outils d'armurier emportés par M. du Roule, 219 note 1.

Ouvrier serrurier, désigné pour accompagner M. du Roule, 225.

Ouvriers français demandés par le Négous au Roi Louis XIV, 157 note 2, 220, 225, 310, 314.

P

Pacha d'Egypte, est à la merci des janissaires, 75; — consent à l'établissement d'une tartane française dans la Mer Rouge, 81 (Voir Kara Mehemet).

Paëz (Gaspare), jésuite, mis à mort par les Ethiopiens (1635), 21.

Paëz (Pierre), jésuite espagnol, vient en Ethiopie (1603), 15; — convertit le Négous, 15, 17; — bâtit un couvent à Gorgora, 16; — visite les sources du Nil Ethiopien, 16; — meurt (1622), 18; — ses ouvrages, 18 note.

Panapolis, ville antique de la Haute-Egypte (Voir Achmin).

Pape (le), charge en 1701 le supérieur des Franciscains d'une lettre pour le Négous Yasous, 185.

Papyrus, 279.

Paris (le S[r] de), beau-frère de Joseph Maillet, demande le consulat de Candie, 318 note 2.

Parisot (M.), auteur de l'article Zaga-Christ dans la *Biographie Michaud*, 48; — critique de cet article, 48; — défend Zaga-Christ contre Ludolf, 54; — son opinion sur ce prince, 56.

Pascal (le P.), capucin et médecin, s'offre à Hadgi-Ali pour aller soigner le Négous, 90.

Paschal (Dominique), marchand français du Caire, envoyé par M. de Maillet en mission dans la Mer

Rouge et aux Indes, 80 ; — pris par un corsaire anglais, 80 ; — représailles à son sujet contre les Anglais en résidence à Surate, 80.

Passion des Abyssins pour la peinture et la médecine, 296.

Passion (représentation des mystères de la) en Ethiopie par l'Empereur Yasous, 85.

Patiniana cité, 47 note.

Patriarche cophte d'Alexandrie (Voir Joannès) ; — son peu de pouvoir sur sa nation, 169 note ; — renie la mission qu'il avait donnée à Ibrahim Hanna ; sa fourberie, 175 ; — sa lettre à Ibrahim, 176 ; — reçoit un envoyé du Pape, 176 ; — refuse de signer la profession de foi qui lui est demandée, 177 ; — se détourne de plus en plus des francs, 177 ; — il essaie de mettre obstacle au départ de M. du Roule, 236 ; — ses manœuvres contre l'ambassadeur français à Dongola et à Sennaar, 247. — Patriarche abyssin déposé, retenu néanmoins de force par les Ethiopiens, 293, 294. — Patriarche grec d'Alexandrie, est sollicité par les Abyssins de leur envoyer des prêtres, 169.

Paul III, pape, 11.

Paulet (le P.), jésuite, compagnon du P. Grenier (Voir ce nom).

Pearce (M.) et M. Coffin, adjoints à la mission Salt en Abyssinie, 268.

Peïra (Affonso de), ambassadeur du Portugal en Ethiopie au xve siècle, 5.

Peiresc (M. de) cité d'après Michault, 57 ; — son opinion sur Zaga-Christ, 58. — Lettre de lui à M. Vermeil, « en la cour de l'Empereur des Abyssins », 273 ; — envoie au même des livres pour le Négous, 275 ; — lui demande des manuscrits éthiopiens, 278 ; — et des graines ou semences d'Ethiopie, 279.

Pelleran (M. de), successeur de M. de Maillet au consulat général d'Egypte, 265 ; — marié à Anne Fornetti,

265 ; — ses difficultés avec M. de Maillet, 265 note ; — prend parti contre M. de Maillet, 265.

PENTATEUQUE des Samaritains, 286.

PERLES (pêche des) à Souakim, 295.

PERSÉCUTION contre les catholiques à la mort de Socinios, 67 ; — contre les missionnaires francs du Caire, 132.

PESTE à Djeddah (1703), 205.

PETROS, abouna d'Ethiopie, tué à Lébart avec Hasse-Yakoub dont il avait pris le parti, 31.

PICPUS (Père de), chapelain d'Alexandrie (1704), 226.

PIETRO (le Sr), arménien, parent de Mourad, 134 ; — empêche ce dernier de se frapper d'un couteau, 153, 154.

PILAVOINE (M.), directeur de la Compagnie des Indes Orientales à Surate, 207.

PIQUET (Lazare), marchand français du Caire, proposé par M. de Maillet comme « Député de la Nation », 228 ; désigné pour le vice-consulat de Damiette, 212 note 2, 228 ; — meurt en juin 1700, 228 note.

POISLEVACHE (Poilevache ou Pollevache, le P. J. de), jésuite, accapare Mourad, 117 à 124 ; — ses manières impérieuses, 133, 134 ; — meurt le 2 septembre 1701, 217 ; — avait proposé de faire de fausses lettres du Négous pour le Pape, 217.

PONCET (Charles-Jacques), médecin et voyageur français en Ethiopie, 22 ; — établi d'abord au Caire, 87 ; — son origine, son caractère, commencement de sa fortune, 88 ; — reçoit d'Hadgi-Ali l'offre d'aller en Ethiopie soigner le Négous, 89 ; — accepte et demande à M. de Maillet l'autorisation de partir, 89 ; — il part avec le P. de Brèvedent, jésuite, déguisé en domestique, 98 ; — son voyage, 99 ; — le P. de Brèvedent tombe malade et meurt, 100, 101 ; — Poncet arrive seul à Gondar ; il est bien reçu par le Négous, et le guérit ainsi qu'un de ses fils, 102, 103 ; — il reçoit l'ordre d'engager le Négous à envoyer un ambassadeur au roi de France, 107 ; — il obtient du Négous l'envoi de Mourad, 108 ; — il quitte Gondar ; son voyage de retour, 109 et suiv. ; —

il arrive au Caire, 113; — il prend le parti de Mourad et des Jésuites contre le consul, 117; — sert d'intermédiaire entre M. de Maillet et Mourad, 118 et suiv.; — son opinion vraie sur Mourad, 123; — il s'embarque pour la France avec le P. Verseau et M. de Monhenault, 158; — son séjour à Paris, 160; — il rédige, d'accord avec les Jésuites, le récit de ses aventures, 161; — il va à Rome et à Naples, 161 note; — son retour au Caire, 196; — il devait d'abord accompagner M. du Roule, 307, 314; — les Jésuites l'engagent pour retourner en Ethiopie avec Mourad, 200; — ils partent par la voie de la Mer Rouge, 203; — leur voyage, ils sont emprisonnés à Djeddah, 205; — ils font courir des bruits fâcheux sur la mission de M. du Roule, 248; — ils se séparent, 206; — Poncet est envoyé au roi de l'Yémen qu'il guérit; puis il va à Surate, 207; — de Surate il passe à Ispahan en Perse où il se fixe et où il épouse une demoiselle Robin; il meurt dans la misère (en 1708), 208.

PONTCHARTRAIN (M. de), ministre d'Etat, ami et protecteur de M. de Maillet, 70; — chancelier, 71; — donne ordre à M. de Maillet de bien recevoir l'ambassadeur du Négous au Caire, mais de ne pas l'envoyer en France, 105; — écrit à Rome au Cardinal de Janson au sujet de la mission de M. du Roule, 172; — perce à jour les intrigues des Jésuites lors du voyage d'Ibrahim-Hanna, 174; — sa méfiance contre ces religieux, 220; — il reçoit une lettre de Mourad au moment du départ de ce dernier pour retourner en Ethiopie, 202; — ses instructions à M. du Roule, 303; — lettre particulière qu'il écrit à cet envoyé comme complément d'instruction, 220, 313.

POPULATION chrétienne et juive du Caire (en 1702), 115 note.

PORTRAITS de M. de Maillet, 71, 324, 325. — Portrait du Négous demandé par M. de Peiresc, 287.

PORTUGAIS en Ethiopie, 5 et suiv.; — corsaires dans la Mer des Indes au XVII° siècle, 79.

PORTUGAL (Antoine de), prieur de Crato, meurt à Rueil, 46.

PREMIÈRES relations de l'Ethiopie avec l'Europe chrétienne, IX.

PRÉSENTS emportés par M. du Roule, 219.

PRÊTRE-JEAN (le), nom légendaire donné aux Négous d'Ethiopie au moyen âge, 5, 69.

PRINCE (un) éthiopien à la cour de Louis XIII, 27 (Voir ZAGA-CHRIST); — prince éthiopien, fils de l'Empereur Yasous Ier, guéri par Poncet, 102.

PYRAMIDES (Voir AXUM).

Q

QUERELLES entre les Jésuites et les Franciscains au sujet des missions d'Ethiopie, 91 et suiv.

R

RABBI (Voir BARACHIAS).

RAFFRAY (M.), voyageur français, cité, 10 note.

RAMBOUILLET (Madame de), citée, 63.

RAMUSIO, compilateur du XVIe siècle, cité, 69.

RAZ, nom du premier ministre du Négous, 268.

RÉCHAC (de), (pseudonyme du P. Jean de Sainte-Marie), auteur de l'ouvrage sur « les Estranges événements... du prince Zaga-Christ », 31 note.

RÉCOLLETS de Jérusalem et de Nazareth, 37, 38.

REIIS HANNA, supérieur des Abyssins de Jérusalem, se convertit au catholicisme, 40; — est envoyé en 1633 de la part du Pape au Négous Socinios, 40, 51.

REINE (la) de Saba et Salomon, 3.

RELATION de l'Ethiopie orientale, par le P. dos Santos, 246 note; — traduction française aux Archives du Ministère des Affaires Etrangères, 246 note; — relation de la Haute Ethiopie ou Abyssinie..., par le S^r de

La Croix, conservée au Ministère des Affaires Etrangères, 246 note.

Relations de la France et de l'Ethiopie sous le règne de Louis XIV, viii, 65 ; — premières relations de l'Ethiopie avec l'Europe chrétienne, 3, 5.

Religieux capucin du Caire, mandé, comme médecin, vers 1675, par le Négous, 294.

Remedio (les PP.) et Martino, de Bohême, et Antonio, d'Alep, missionnaires à Gondar au milieu du xviiie siècle, 267 ; — causent des troubles en Ethiopie, 267.

Ressons (M. de) fait pour le comte de Pontchartrain un Mémoire sur le Commerce de la Mer Rouge, 82.

Révérend (le S^r), interprète du Consulat de France à Saïda, 163.

Rhaxumo (V. Axum).

Rhinocéros, 279.

Rialle (J. Girard de), Ministre Plénipotentiaire, Directeur des Archives au Ministère des Affaires Etrangères, v, viii.

Richelieu (le Cardinal de), reçoit une lettre de Zaga-Christ, 42 ; — sa bienveillance pour ce personnage, 45 ; — le prince éthiopien meurt dans son château de Rueil, 46.

Rivalité des ordres religieux dans les missions d'Egypte et d'Ethiopie, 65, 67, 68. — (Voir Capucins, Franciscains, Jésuites, etc.)

Robin, français établi à Ispahan en 1705 depuis quarante ans ; marie sa fille à Poncet, 208.

Roches (Michel le Masle, sieur des), portefeuille du Cardinal, chanoine de Notre-Dame, amant de la Saulnier, 44, 45.

Rochet d'Héricourt, voyageur français en Abyssinie au xixe siècle ; traite au nom de la France avec Sahlé-Salassi, roi du Choa, 269.

Rocolès (J.-B.), historiographe de France et de Brandebourg, auteur de l'ouvrage : « les Imposteurs insignes », 31 note ; — son opinion sur Zaga-Christ, 52.

Roger (Fr. Eugène), récollet, cité, 49 ; — son opinion sur Zaga-Christ, 53, 55 ; — son ouvrage « Relations ou Histoire de Terre-Sainte » cité, 53, 56 note.

Rosette, ville d'Egypte, 83, 321.

Rosier de la Chine, 279.

Rosset (M.), consul de France à Rosette, 321 ; — envoie en 1728 à M. de Maillet un Mémoire sur l'Egypte, 267 note.

Roule (du), (Voir Le Noir du Roule).

Roure (M. du), consul de France à Alexandrie, 116.

Route d'Ethiopie par Suez et Massaoua, 71 ; — routes pour aller d'Egypte en Ethiopie, 289.

Rozières (le chevalier de), neveu de M. de Maillet, 323 ; — il vient voir son oncle à Marseille (1730), 323.

Rozières (le P. de), frère du précédent, chargé de prononcer l'oraison funèbre du duc de Lorraine (1729), 323.

Rueil, château du Cardinal de Richelieu où mourut Zaga-Christ, 46 ; — ce prince enterré dans le cimetière de cette localité, 52.

Rutaut (l'abbé de), attaché au Consulat du Caire, assiste aux entrevues de M. de Maillet avec Mourad, 156 ; — prend parti contre son consul pour les Jésuites, 229 ; — soustrait des dépêches, 229 note. — M. de Maillet et M. du Roule portent plainte contre lui à la cour, 224 ; — son frère s'était fait turc, 230.

S

Saba (la reine de) et Salomon, 3 ; — sa conversion, 4 ; — ses amours avec Salomon, elle en a un fils appelé Ménelik, 4.

Sabagadis, roi du Tigré (vers 1830), 269.

Sabel Wenghel, impératrice d'Ethiopie, 12.

Sacre des Négous, 201.

TABLE ANALYTIQUE

SACRIPANTI (le Cardinal) reçoit une lettre du Négous Yasous Ier, 185.

SAGA-CHRISTOS, « don de Christ », le même que Zaga-Christ (Voir ce nom), 58.

SAGUED (Saghed), surnom des empereurs d'Ethiopie depuis David, 67 ; — sa signification, 67.

SAHLÉ-SALASSI, roi du Choa, fait un traité avec M. Rochet d'Héricourt, voyageur français, 269.

SAIASANA, prince d'Ethiopie, frère du roi Aeizana, 4.

SAÏDA, ville de Syrie, 133, 177.

SAINT-MIHIEL, ville où naquit M. de Maillet, 70. — (Voir ANNONCIADES).

SALEM, renégat chrétien, lieutenant du roi de Fungi, 33 ; — rend service à Zaga-Christ, 34 ; — lui demande en échange le royaume de Bécla (?), 34 ; — est battu par Sumpsir, autre vassal du Négous, 34 ; — se retire à Bécla, 34.

SALOMON et la reine de Saba, 3 ; — les rois du Choa sont leurs descendants, 269.

SALT (missions de M.) en Abyssinie (1805 et 1810), 268.

SAMEN (dynastie des rois du) de race juive, 4. — (Voir OUBIÉ).

SANCTUAIRES, au nombre des présents achetés à Jérusalem pour la mission de M. du Roule, 219 note.

SANTOS (le P. Jean dos), (Voir RELATION).

SAULNIER, conseiller au Parlement de Paris, trompé par sa femme avec Zaga-Christ, 44 ; — fait informer contre eux, 44 ; — ils sont arrêtés à Saint-Denis, 45 ; — la Saulnier est mise au couvent, 45.

SAUVEGARDE demandée par M. de Maillet pour l'ambassade de M. du Roule, 218.

SCEAU gravé au Caire pour le Négous Yasous Ier, 138.

SÉBASTIEN, roi de Portugal, 13.

SEGUED (Voir SAGUED).

SEGUEYRA (Lopès de), commandant la flotte portugaise à Massaoua (1520), 7.

Selim (sultan), conquiert l'Egypte au xvie siècle, 6.

Sélima (désert de) dans la Nubie, 242.

Sennaar ou Fungi, royaume musulman au nord de l'Ethiopie, 32 ; — ses relations avec l'Egypte, 71, 290 ; — ses rois (Voir Bady, Ganem, Orbat, Ounsa), 243, 249 note 2, 289, 290 ; — le roi de Sennaar fait mourir son fils (en 1696), 290 ; — il a des Européens à son service et on lui prête le projet d'attaquer l'Ethiopie, 203 ; — lettre donnée pour le roi de ce pays par M. de Maillet au P. Grenier, 180 ; — prétendus chrétiens du Sennaar, 184 ; — massacre de la mission de M. du Roule à Sennaar ; — les marchands de ce pays n'osent plus, après ce crime, pénétrer en Egypte, de crainte de représailles, 260 ; — mœurs du Sennaar, 290 et suiv.

Sercy (recueils de) cités, 47 note.

Serk, localité sur la frontière d'Abyssinie et du Sennaar, 100.

Serpents d'Ethiopie, 279.

Sertza-Denghel, empereur d'Ethiopie, petit-fils de Claudius, 15, 27.

Sévigné (Madame de) fait allusion à la réputation proverbiale de Zaga-Christ, 44, 57.

Siène, ville de Nubie, 289.

Sinan-Pacha, vizir du sultan Selim, occupe Souakim et les côtes d'Arabie, 6.

Siout, ville d'Egypte, 241.

Socinios (ou Melek-Segued), empereur, se convertit au catholicisme, 16, 17 ; — bat ses sujets révoltés, 17 ; — persécute les non-catholiques, 18 ; — ses revers, rétablit l'ancien culte, 19 ; — il abdique en faveur de son fils Facilidas et meurt, 19 ; — il était fils de Facilidas et d'une esclave Galla, 60 ; — sa lutte contre Hasse-Yakoub, 30 ; — vainqueur à Lébart, il est reconnu par tous les Ethiopiens, 31 ; — fait poursuivre Zaga-Christ, fils de son compétiteur, 34, 35 ; — sa mort, 67.

Socotora (île de), 262.

Soldats portugais au service du Négous, 12.

Souakim, port de la Mer Rouge, occupé par les Turcs au xvie siècle, 6; — le Pacha de cette ville dissuade Zaga-Christ de gagner le Caire par les pays au nord de Souakim, 34, 295.

Sources de la troisième étude de ce volume, 68 note.

Suachem (Voir Souakim).

Suez, 71. — Projet d'un canal entre les deux mers, 72.

Sumpsir, prince vassal du Négous, résiste à Salem et à Zaga-Christ, 34 ; — avertit Socinios des projets de Zaga, 34 ; — ce dernier reçoit une blessure en le combattant, 63.

Surate, factorerie française de l'Inde, 77, 297, 299, 307 ; — M. Pilavoine, directeur de la Compagnie des Indes en cette ville, maltraite Poncet, 207.

Susneos (Voir Socinios).

T

Tables citrines, 280.

Tadjourah, possession française, xi.

Taklimanout, fils d'Yasous Ier, négous d'Ethiopie, renverse son père du trône, 245 ; — il est d'abord soupçonné d'avoir fait massacrer M. du Roule, 256 ; — il essaie, au contraire, de tirer vengeance de cet attentat, 256, 257 ; — sa mort, 257.

Tallemant des Réaux cité, 44, 63.

Tamisey de Larroque (M.) cité, 273.

Tamisier (M.) (Voir Combes).

Tangassi, ville d'Ethiopie, 207 note 2.

Tartane (établissement d'une) française dans la Mer Rouge, 77 ; — ce qu'elle pourrait faire, 78 ; — le Pacha du Caire donne l'autorisation nécessaire, 81 ; — moyen de faire passer, par terre, ce bâtiment dans la Mer Rouge, 83.

Terre-Sainte (custodie de), 92 ; — les Pères de Terre-Sainte, du Caire, leur rôle dans l'affaire d'Ibrahim Hanna, 176, 177.

Thor, port de la Mer Rouge, 112.

Thuya, 280 note.

Tigré, royaume de l'Ethiopie septentrionale, xi. — (Voir Sabagadis.)

Tigréens, 3.

Torelly (le Sr), négociant franc du Caire, 114, 153, 154.

Tribut de six chevaux, envoyé chaque année au Négous par le roi de Sennaar, 219 note 2.

Tzana, lac d'Ethiopie, 28. — (Voir Aïch.)

U

Univers pittoresque cité, 5.

Un prince éthiopien à la cour de France sous Louis XIII, viii. — (Voir Zaga-Christ.)

V

Vaisseaux des Turcs dans la Mer Rouge, 78.

Vasco (Voir Gama).

Vendôme (le P. Jacques de), gardien des Récollets de Nazareth, 39 ; — reçoit l'abjuration de deux rénégats, 41.

Venise (la contrée de) au Caire, 114. — Verrerie de Venise, objet d'échange dans le Soudan, 293.

Vermeil (le Sr Gaston), correspondant de Peiresc à la cour d'Ethiopie au xviie siècle, 58, 273, 287.

Verseau (le P.), jésuite, va à Rome solliciter pour son ordre la mission d'Ethiopie, 94 ; — demande au Pape l'autorisation d'aller dans ce pays avec six autres jésuites, 94; — va à Constantinople, puis au Caire, 95, 96; — voit M. de Maillet qui lui donne des avis défavorables à son entreprise, 96; — quitte le Caire et va en Syrie pour y résider en qualité de supérieur général des missions de Syrie et d'Ethiopie, 96; — envoie le P. Grenier pour empêcher le P. de Brèvedent de partir avec Poncet pour l'Ethiopie, 99; — arrive de Saïda au Caire, 133; — prend une attitude hostile à M. de Maillet, 117, 143; — décide d'envoyer lui-même les lettres de Mourad en France, 145; — s'accorde avec M. de Maillet, 145, 146; — ses intrigues avec Lacombe, 147 et suiv.; — réconcilie Mourad avec M. de Maillet, 154 et suiv.; — part pour la France avec Poncet et M. de Monhenault, 158; — ses intrigues en Europe, 161 note; — propose à une personne du Caire de fabriquer des lettres du Négous pour le Pape, 217; — ordres d'entente avec lui reçus par M. du Roule dans ses instructions, 316.

VESLER (M.), vice-consul anglais à Tripoli de Syrie, en mission dans la Mer Rouge, 79.

VITRIOLÉE (femme) par son mari jaloux de l'affection qu'elle avait pour Zaga-Christ, 43.

VOGUEZRA (le P. Bernard), jésuite, pendu par les Ethiopiens sous le règne de Facilidas, 21.

W

WELLED-SELASSÉ, raz d'Ethiopie. Sa mort, en 1816, plonge l'Abyssinie dans l'anarchie, 268.

Y

YASO-ADIAM-SEGUED (Voir YASOUS).

YASOUS I, négous, fils de Joannès, et petit-fils de Facilidas; sa famille; sa piété, 85; — sa douceur relative,

86 ; — ses rapports de voisinage avec l'Egypte, l'Italie, les Indes, la Perse, etc., 86 ; — sa méfiance contre les Turcs, 86 ; — atteint d'une sorte de lèpre, charge Hadgi-Ali de lui ramener un médecin franc du Caire, 89 ; — reçoit Poncet, est guéri par lui et lui donne congé après un an de séjour, 102, 108 ; — consent, sur la demande de Poncet, à envoyer un ambassadeur à Louis XIV, 108 ; — désigne d'abord Grégorios, puis Mourad, 108 ; — fait la guerre au roi de Sennaar, 112 ; — réprime un soulèvement religieux, 112 ; — écrit au Pape (1702), 185 ; — est renversé du trône par son fils Taklimanout, 245.

Yasous II, négous (en 1750), 267.

Yémen (roi de l'), maître de Moka, 78 ; — atteint d'éléphantiasis, 207.

Z

Zaga-Christ, fils du Négous Yakoub, vaincu par Socinios, et de la reine Nazarena, est averti par sa mère de fuir, 32 ; — se dirige vers Sennaar, 33 ; — est d'abord bien reçu par Orbat, roi de ce pays, et devient l'ami de son fils ; refuse d'épouser la fille d'Orbat, qui change alors d'attitude à son égard, 33 ; — s'échappe de Sennaar, est blessé par Sumpsir, se rend à Souakim, est forcé de revenir vers Orbat et d'implorer son pardon qu'il obtient, 34, 35 ; — poursuivi par Socinios, 36 ; — son voyage à travers l'Egypte ; il arrive au Caire, 36 ; — il y est reconnu comme prince d'Ethiopie par les Cophtes et par le Pacha, puis il va à Jérusalem, 37 ; — intrigues auxquelles donnent lieu ses projets de conversion, 38 et suiv. ; — il est abandonné de tous ses serviteurs et embrasse le catholicisme, 39, 40 ; — il va à Rome puis en France, 41 ; — il est bien reçu par le roi et le cardinal de Richelieu, 42 ; — ses aventures avec la Saulnier, 44 et suiv. ; — il meurt à Rueil, 46 ; — son épitaphe, 47 ; — fut-il réellement prince éthiopien ? Opinions diverses à cet égard, 48 à 64.

Za-Denghel, empereur d'Ethiopie, embrasse le catholicisme, 15 ; — ses sujets se révoltent, 16 ; — est prisonnier, 28 ; — s'échappe, 28 ; — est rappelé au trône, 29 ; — périt sous les coups de ses sujets révoltés, 16, 29.

Zara-Jacob, empereur d'Ethiopie au xve siècle, envoie deux religieux au concile de Florence, 5.

Zaslace, serviteur de Nazarena, apporte aux jeunes fils de cette princesse ses instructions et ses présents, 32.

Zavanti (le S^r), apothicaire italien du Caire, 134.

Zeylah, ville du Golfe d'Aden, 9 ; — capitale de Mohamed-Gragné, 11.

Zogaiar ou Zogoier, ministre et tuteur du roi Bady de Sennaar, est mis à mort par son pupille, 243 (Voir Kaly).

Zoulla (Voir Adulis).

TABLE DES MATIÈRES

Avant-propos, p. VII.

I. Introduction : Premières rélations de l'Ethiopie avec l'Europe chrétienne, p. 1.

II. Un prince éthiopien à la cour de France (1634-1638), p. 25.

III. Relations de la France et de l'Ethiopie sous le règne de Louis XIV. — Voyage de Poncet. — Ambassade de M. du Roule, p. 65.

Appendices :

    A. Lettre de M. de Peiresc à M. Vermeil « en la cour de l'Empereur des Abyssins », p. 273 ;

    B. « Mémoire (de M. de Maillet) sur les veues que l'on a de pénétrer en Ethiopie », p. 289 ;

    C. « Mémoire pour servir d'instruction au sieur du Roule, vice-consul à Tripoli de Sirie », p. 303 ;

    D. « Minute de lettre (de M. de Pontchartrain) au Sr du Roule », p. 313.

    E. Documents sur M. de Maillet, p. 317.

Table analytique des Matières, 327.

CHALLAMEL Aîné, Éditeur
LIBRAIRIE ALGÉRIENNE ET COLONIALE, 5, RUE JACOB, PARIS

Voyage en Abyssinie et chez les Gallas-Raias. L'Ethiopie, ses mœurs, ses traditions, le Negouss Iohannès, les églises monolithes de Lalibéla, par GABRIEL SIMON, ancien officier de cavalerie. 1 volume in-8°, orné de 22 dessins, d'après les croquis de l'auteur, et d'une carte générale de l'Abyssinie. — Prix.......... **10** »

La vallée du Darror. Voyage au pays des Somalis (Afrique orientale), par GEORGES REVOIL. 1 beau volume in-8° jésus sur beau papier, avec plus de 60 dessins, types, paysages, scènes et panoramas hors texte, etc., d'après les photographies et croquis de l'auteur. Plus une carte gravée par Erhard. (Cet ouvrage a mérité à l'auteur une médaille d'or de la Société de géographie à Paris, des médailles d'or et d'argent au congrès géographique de Venise et des diplômes et médailles des Sociétés de géographie de Lyon et de Marseille). — Prix........................ **15** »

Faune et Flore des pays Somalis (Afrique orientale). Très beau volume in-8° de 500 pages, avec 24 planches sur pierre, hors texte. Les études et analyses contenues dans cet ouvrage sont de MM. le docteur T.-E. HAMY, J. HUET, E. OUSTALET, L. VAILLANT, Dr M. H.-E. SAUVAGE, J.-B. BOURGUIGNAT, Dr L. de ROCHEBRUNE, J. FAIRMAIRE, V. LANSBERG, BOURGEOIS, A. FRANCHET et A. ARNAUD. — Prix... **40** »

Le Canada et l'émigration française, par FRÉDÉRIC GERBIÉ. Monographie complète et détaillée du Canada et des différentes provinces qui le composent. (Ouvrage honoré d'une souscription du gouvernement canadien, du gouvernement de la province de Québec, du service colonial français et du ministère du commerce.) 1 vol. in-8°, orné de 23 gravures et 3 cartes. — Prix............... **8** »

Madagascar, par RAOUL POSTEL, ancien magistrat aux colonies, avec une préface de M. de MAHY, député de l'île de la Réunion, ancien ministre. 1 volume in-18 avec 5 cartes. — Prix.... **3 50**

La France orientale (Madagascar), sa situation, ses produits, etc., par E. LAILLET, ingénieur-explorateur de Madagascar... **3 50**

Les Français dans le désert. Journal historique, militaire et descriptif d'une expédition aux limites du Sahara Algérien, par le colonel TRUMELET. 1 beau volume in-8°, 2ᵉ édition, augmentée et ornée de cartes et plans. — Prix..................... **7 50**

Le Maroc moderne, par JULES ERCKMANN, capitaine d'artillerie, ancien chef de la mission française au Maroc. 1 volume in-8°, avec une carte du Maroc occidental, 4 plans en couleurs et 6 gravures. — Prix.. **7** »

www.ingramcontent.com/pod-product-compliance
Lightning Source LLC
Chambersburg PA
CBHW050427170426
43201CB00008B/568